Schwule Männer als Zielgruppe
für das Marketing

Lesben- und Schwulenverband in Deutschland e.V.
Landesverband Berlin - Brandenburg e.V.
Willmanndamm 8 · 10827 Berlin

AUSSORTIERT

Markt und Konsum

Herausgegeben von Prof. Dr. Ursula Hansen

Band 11

PETER LANG

Frankfurt am Main · Berlin · Bern · Bruxelles · New York · Oxford · Wien

Klaus Wieser

Schwule Männer als Zielgruppe für das Marketing

Eine qualitativ orientierte empirische Untersuchung

PETER LANG
Europäischer Verlag der Wissenschaften

Die Deutsche Bibliothek - CIP-Einheitsaufnahme

Wieser, Klaus:

Schwule Männer als Zielgruppe für das Marketing : eine qualitativ orientierte empirische Untersuchung / Klaus Wieser. - Frankfurt am Main ; Berlin ; Bern ; Bruxelles ; New York ; Oxford ; Wien : Lang, 2001
  (Markt und Konsum ; Bd. 11)
  Zugl.: Hannover, Univ., Diss., 2000
  ISBN 3-631-37778-9

Gedruckt auf alterungsbeständigem,
säurefreiem Papier.

D 89
ISSN 0946-5995
ISBN 3-631-37778-9
© Peter Lang GmbH
Europäischer Verlag der Wissenschaften
Frankfurt am Main 2001
Alle Rechte vorbehalten.

Das Werk einschließlich aller seiner Teile ist urheberrechtlich geschützt. Jede Verwertung außerhalb der engen Grenzen des Urheberrechtsgesetzes ist ohne Zustimmung des Verlages unzulässig und strafbar. Das gilt insbesondere für Vervielfältigungen, Übersetzungen, Mikroverfilmungen und die Einspeicherung und Verarbeitung in elektronischen Systemen.

Printed in Germany 1 2 4 5 6 7

www.peterlang.de

Vorwort

Die Marketingtheorie hat sich in ihrer Ausdifferenzierung schon verschiedenen Zielgruppen zugewendet, wie z.B. Senioren, Kindern und Jugendlichen oder Ausländern. Eine derartig gesonderte Zuwendung ist immer dann lohnend, wenn diese Gruppen eine spezifische Perspektive für das Marketing erfordern. Die Gruppe schwuler Männer stellt eine solche interessante und auch ökonomisch reizvolle Zielgruppe für das Marketing dar, die erstaunlicher Weise trotz ihrer ökonomischen Bedeutung bisher in der Literatur nicht beachtet wurde. Dankenswerter Weise hat sich nun Herr Wieser dieses Themas angenommen. Der Verfasser definiert Homosexualität nicht über das Sexualverhalten, weil er diese Sichtweise als zu eng betrachtet, sondern über soziale Rollen, d. h. über die Art und Weise, wie Menschen in der Gesellschaft als Homosexuelle leben. Er benutzt allerdings dennoch den Begriff „schwul", weil die Zielgruppe sich selbst so nennt. Mit der Begriffsvariante der Homosexualität als sozialer Rolle bringt der Verfasser die Problemstellung in eine für Marketingzwecke angemessene und aussagefähige Interpretation. Dabei bildet insbesondere die emotionale Erfahrungs- und Erlebniswelt der Schwulen den zentralen Referenzpunkt für ein zielgruppengerechtes Marketing.

Der Beitrag zeigt, dass der Verfasser einerseits die praktische Relevanz des Themas im Auge hat, die letztlich in dem Marktpotential der Zielgruppe liegt, andererseits von einem grundlegenden Forschungsinteresse bezüglich der schwulen Zielgruppe getragen ist. Sein zentraler Fokus zielt auf das Stigmamanagement ab, das definiert wird als Selbstpositionierung bezüglich der Kategorien „normal" und „anders". Das Stigmamanagement soll als Erklärungsvariable des Konsumentenverhaltens der schwulen Zielgruppe dienen und gleichzeitig als Ansatzpunkt für die Gestaltung eines auf den Schwulenmarkt gerichteten Marketing verwendet werden, das entsprechend als Stigmamanagement-Assistenz interpretiert wird. Herr Wieser unterzieht diese Theorie einer qualitativen empirischen Untersuchung und analysiert die Praxisrelevanz der Ergebnisse als Basis für Marketingstrategien. Dieses Vorgehen ist sinnvoll und führt zu ersten gut begründeten plausiblen Ergebnissen. Der Verfasser erreicht mit seiner Arbeit eine interessante und kreative Verbindung der Marketingtheorie zu soziologischen Verhaltenstheorien, die sich mit dem Phänomen des Stigmas auseinandersetzen. Ansätze von Handlungsempfehlungen zeigen auch Wege in eine Praxisanwendung auf.

Ich wünsche der Arbeit einen guten Markterfolg in dem Sinne, dass die Anwender des Marketing auf der Basis der mit dieser Arbeit dokumentierten Erkenntnisse für die Zielgruppe der Schwulen in Zukunft problem- und bedürfnisgerechtere Marketinglösungen finden.

Hannover, im Februar 2001 *Professor Dr. Ursula Hansen*

Vorwort des Verfassers

Die vorliegende Arbeit entstand, weil ich zwei Themenbereiche zusammenbringen wollte, die mir beide aus jeweils unterschiedlichen Gründen sehr vertraut sind: das Thema Wirtschaft, weil ich dieses Fach studiert habe, und das Thema Homosexualität, weil es mir persönlich sehr am Herzen liegt.

Als Mitglied der hier untersuchten Zielgruppe interessierte mich in erster Linie die Frage, was einen Anbieter oder ein Angebot attraktiv für die Zielgruppe macht. Voraussetzung dafür, dass diese Fragestellung auch in den Augen der Anbieter eine praktische Relevanz gewinnt, ist natürlich, dass die Anbieter ihrerseits die Zielgruppe für attraktiv halten. Insofern hielt ich es für angebracht, beide Aspekte zu behandeln, die Attraktivität der Zielgruppe für die Anbieter und die Attraktivität des Angebots für die Zielgruppe.

Das Problem der Erreichbarkeit der Zielgruppe ist durch das Internet erheblich entschärft, zumindest was die technischen Aspekte der Erreichbarkeit betrifft. Umso interessanter wird es, denke ich, sich die Frage zu stellen, mit welchen Themen, Bildern, Vorstellungen die Zielgruppe inhaltlich erreicht werden kann. Darauf versucht diese Arbeit eine Antwort.

Mein Dank gilt in erster Linie Frau Prof. Dr. Ursula Hansen, die meine Arbeit betreut und durch konstruktive Kritik vorangebracht hat, und die dadurch, dass sie mich als externen Doktoranden angenommen hat, die Arbeit überhaupt erst ermöglicht hat. Dipl.-Ök. Matthias Bode hat die Arbeit in Gänze kritisch durchgesehen, und ohne seine wertvollen Anregungen und Hinweise wäre es dem externen Doktoranden sehr viel schwerer gefallen, nach einigen Jahren außerhalb der Universität einigermaßen souverän zu den akademisch-wissenschaftlichen Gepflogenheiten zurückzufinden. Auch orthographische Gepflogenheiten wollen beachtet sein. Dabei half mir Frau Inge Brauns, auch ihr herzlichen Dank. Darüber hinaus gilt mein Dank all meinen Interviewpartnern, die nicht unwesentlich zu dieser Arbeit beigetragen haben, und um die es in dieser Arbeit – als Mitglieder der hier untersuchten Zielgruppe – eigentlich geht. Und nicht zuletzt danke ich all meinen Freunden, Freundinnen und Bekannten für viele anregende Diskussionen und dafür, dass sie mir den Rücken gestärkt haben, dieses Projekt zu Ende zu bringen.

Düsseldorf, im Januar 2001   *Klaus Wieser*

Inhaltsverzeichnis

Tabellenverzeichnis 13

Abbildungsverzeichnis 13

Abkürzungsverzeichnis 14

Schwule Männer als Zielgruppe für das Marketing 15

1. Die Fragestellung und ihre Einordnung in die wissenschaftliche Diskussion 15
1.1. Thematisches Konzept 15
1.1.1. Marketing für die schwule Zielgruppe als Identifikationsangebot 15
1.1.1.1. Basis der Identifikation 15
1.1.1.2. Adressaten des Identifikationsangebots 16
1.1.2. Erläuterung der Begriffe homosexuell und schwul 17
1.1.2.1. Spektrum der Begriffsinhalte von schwul und homosexuell 17
1.1.2.2. Marketingrelevanz der Begriffsinhalte von schwul und homosexuell 18
1.1.2.3. Unterschiede zwischen den Begriffen schwul und homosexuell 20

1.2. Methodisches Konzept 21
1.2.1. Die Methodologie der Gegenstandsbezogenen Theorie nach Glaser/Strauss 21
1.2.1.1. Grundgedanke der Gegenstandsbezogenen Theorie 22
1.2.1.2. Teilschritte der Gegenstandsbezogenen Theorie 22
1.2.2. Gründe für die Anlehnung an die Methodologie von Glaser/Strauss 24
1.2.2.1. Eignung für Theoriebildung statt Hypothesenprüfung 24
1.2.2.2. Aussagekraft ohne Rekurs auf statistische Repräsentativität 25

1.3. Einordnung der Arbeit 26
1.3.1. Spektrum der Forschungsansätze zum Thema schwule Konsumenten 26
1.3.1.1. Diskriminierung schwuler Konsumenten 27
1.3.1.2. Demographische Daten und Konsumentenverhalten schwuler Männer 29
1.3.1.3. Subjektive Bedeutung des Konsumentenverhaltens 31
1.3.2. Gang der Arbeit 33

2. Das Potential der Zielgruppe im Licht der Segmentierungserfordernisse
   nach Kotler 37
2.1. Meßbarkeit des Marktsegments 37
2.2. Substanz des Marktsegments 38
2.2.1. Größe der Zielgruppe 38
2.2.1.1. Absolute Größe der Zielgruppe 38
2.2.1.2. Relative Größe der Zielgruppe 40

2.2.2. Kaufkraft der Zielgruppe 41
2.2.3. Mögliche Auswirkungen auf die Substanz anderer Marktsegmente 42
2.3. Erreichbarkeit des Marktsegments 45
2.3.1. Medien 45
2.3.2. Subkulturelle Veranstaltungen und Veranstaltungsorte 45
2.3.3. Geographische Konzentration des schwulen Lebens in Großstädten 46
2.4. Trennbarkeit des Marktsegments 48
2.4.1. Unterschiedlichkeit nach außen 48
2.4.2. Grauzonen an den Schnittstellen 48
2.4.3. Interne Homogenität der Zielgruppe 50
2.5. Machbarkeit der Segmentierung 50
2.6. Zusammenfassung 51

3. Die Erlebnis- und Erfahrungswelt schwuler Männer 53
3.1. Der Stigmabegriff bei Goffman als theoretischer Ausgangspunkt 53
3.1.1. Kurzdarstellung der Gedankengänge Goffmans 53
3.1.1.1. Definition des Begriffs Stigma 53
3.1.1.2. Gemeinsamkeiten stigmatisierter Personen 54
3.1.1.3. Einordnung des Ansatzes und Übertragung auf die vorliegende Arbeit 55
3.1.2. Bei Goffman nicht behandelte Aspekte 57
3.1.2.1. Überwindung von Stigma 57
3.1.2.2. Vom Gegensatz In-Group-/Out-Group zum Kontinuum normal-anders 58
3.1.2.3. Übertragung auf den Bereich des Marketing 58
3.2. Dimensionen von Homosexualität: In welcher Hinsicht sind schwule Männer „anders"? 59
3.2.1. Sexualität und Partnerschaft 59
3.2.1.1. Normverletzung 59
3.2.1.2. Stellenwert von Sexualität im Leben schwuler Männer 60
3.2.1.3. Sexualpraktiken und Rollen 61
3.2.1.4. Treue und Promiskuität 61
3.2.1.5. Aidsbedingter Wandel des Verhaltens 63
3.2.2. Männliche Geschlechterrolle 64
3.2.2.1. Verstöße gegen das herkömmliche Männlichkeitsbild 64
3.2.2.2. Wandel des Männlichkeitsbilds 65
3.2.3. Schwuler Werdegang und Coming Out 66
3.2.3.1. Stigma als Auslöser der Herausbildung einer besonderen Selbstdefinition 66
3.2.3.2. Phasen der Herausbildung einer schwulen Selbstdefinition 66
3.3. Schwule Männer und ihre Umwelt: Wie begegnet die „normale" Welt den „Anderen"? 69
3.3.1. Züge des Fremdbilds der Gesellschaft über schwule Männer 69
3.3.1.1. Charakterisierung als unmännlich und weiblich 69
3.3.1.2. Charakterisierung als moralisch verwerflich 70

3.3.1.3. Charakterisierung als sympathisch 71
3.3.2. Reaktionen auf der Ebene der Gesamtgesellschaft 73
3.3.2.1. Gestiegene Toleranz 73
3.3.2.2. Verbleibende Ablehnung 74
3.3.2.3. Gewalt gegen schwule Männer 75
3.3.3. Reaktionen im unmittelbaren Umfeld schwuler Männer 76
3.3.3.1. Reaktionen in der Familie 76
3.3.3.2. Reaktionen in der Arbeitswelt 77

3.4. Stigmamanagementstrategien: Wie „anders" oder wie „normal" geben sich schwule Männer? 78
3.4.1. Spektrum der Strategien 79
3.4.1.1. Betonung von Normalität 80
3.4.1.2. Versuch der Kompatibilisierung des Gegensatzes normal-anders ... 81
3.4.1.3. Betonung von Andersartigkeit 83
3.4.2. Anwendung auf die Teilaufgaben von Stigmamanagement 83
3.4.2.1. Stellenwert der Aufgaben 84
3.4.2.2. Informationsmanagement i.e.S. 85
3.4.2.3. Informationsmanagement i.w.S. 86
3.4.2.4. Bezugsgruppenmanagement 87

3.5. Zusammenfassung 89

4. Stigmamanagement im Licht ausgewählter Ansätze der Theorie des Konsumentenverhaltens 91

4.1. Brücken vom Begriff Stigmamanagement zu ausgewählten Ansätzen der Theorie des Konsumentenverhaltens 91
4.1.1. Begriffsdefinitionen 91
4.1.1.1. Stigmamanagement 91
4.1.1.2. Konsumentenverhalten 92
4.1.2. Interpretative Ansätze 93
4.1.2.1. Konsum als Klassifikation 93
4.1.2.2. Konsum als Integration 94
4.1.2.3. Konsum als Erlebnis 95
4.1.2.4. Konsum als Spiel 96
4.1.3. Der Co-Produzentenansatz 96
4.1.3.1. Werteverwirklichung 97
4.1.3.2. Wertschöpfungsketten 98

4.2. Stigmamanagement im Rahmen des Konsumentenverhaltens: ein theoretisches Modell 98
4.2.1. Aspekte von Stigmamanagementkompetenz 99
4.2.1.1. Problemerkennungskompetenz 99
4.2.1.2. Entscheidungs- und Beratungskompetenz 100
4.2.1.3. Umsetzungskompetenz 104

4.2.2. Die beteiligten Co-Produzenten und ihr Co-Produktionsbeitrag im Rahmen
von Stigmamanagement 106
4.2.2.1. Der schwule Konsument als Stigmamanager 106
4.2.2.2. Bezugsgruppen als Co-Produzenten des Bezugsrahmens für
Stigmamanagement 107
4.2.2.3. Der Anbieter als potentieller Stigmamanagementassistent 109
4.3. Zusammenfassung 110

5. Der empirische Teil der Arbeit: Gruppendiskussionen mit schwulen Männern
und verschiedene Voruntersuchungen 113
5.1. Vorgehensweise 113
5.1.1. Empirische Voruntersuchungen 113
5.1.1.1. Formlose Gespräche im Freundes- und Bekanntenkreis 114
5.1.1.2. Interviews mit der Anbieterseite 114
5.1.1.3. Sichtung zielgruppenspezifischer Branchenverzeichnisse 115
5.1.1.4. Sichtung zielgruppenspezifischer Zeitschriften 116
5.1.1.5. Probediskussion mit schwulen Konsumenten 117
5.1.2. Entwicklung des Konzepts Stigmamanagement durch Gruppendiskussionen .. 118
5.1.2.1. Gründe für die Wahl der Methode Gruppendiskussion 118
5.1.2.2. Leitfaden der Diskussionen 119
5.1.2.3. Auswahl der Diskussionsteilnehmer 121
5.1.2.4. Dokumentation 123
5.1.2.5. Erarbeitung eines Auswertungsrasters 123
5.1.2.6. Vorgehen bei der Auswertung 125
5.1.3. In der Vorgehensweise angelegte Quellen möglicher Ergebnisverzerrungen ... 126
5.1.3.1. Person des Verfassers 126
5.1.3.2. Person der Diskussionsteilnehmer 127
5.1.3.3. Nichterfassung von Teilsegmenten der Zielgruppe 127
5.1.3.4. Fehlen einer Vergleichsgruppe 128
5.2. Präsentation der Ergebnisse: Akzentverschiebungen gegenüber dem Modell
aus Kapitel vier im Licht der Empirie 128
5.2.1. Stigmamanagementbezug als Auslöser von Aufmerksamkeit 129
5.2.1.1. Aufmerksamkeitswert von Sexualität und Erotik 130
5.2.1.2. Aufmerksamkeitswert von Rollen- und Geschlechterrollenverhalten 132
5.2.1.3. Aufmerksamkeitswert der Selbstdefinition 134
5.2.2. Stigmamanagementassistenz als Teil der wahrgenommenen
Anbieterkompetenz 136
5.2.2.1. Etablierung einer Alltäglichkeit der Homosexualität 136
5.2.2.2. Stützung der Souveränität über Rollen und Rollenzwänge 138
5.2.2.3. Stützung von Selbstbewußtsein und Individualität auch jenseits
des Begriffs schwul 140
5.2.3. Stigmamanagementkomponenten der Leistung als Bedarfskategorien 143
5.2.3.1. Stigmamanagementrelevante Information und Beratung 143

5.2.3.2. Umsetzung der Stigmamanagementstrategie des Kunden 145
5.2.4. Stigmamanagementüberlegungen als Kaufentscheidungskriterium 149
5.2.4.1. Schwulenfreundlichkeit und -feindlichkeit als Kriterium der Anbieterwahl .. 149
5.2.4.2. Zusatznutzen als Bedingung der Entscheidung für schwulenfreundliche
   Anbieter 152
5.2.4.3. Glaubwürdigkeit als Bedingung der Entscheidung für
   schwule(nfreundliche) Anbieter 154
5.2.5. Stigmamanagementziele der Zielgruppe als Anknüpfungspunkt für
   Marketing 156
5.2.5.1. Gemeinsames Stigmamanagementziel: Wegfall von Erklärungs- und
   Rechtfertigungsdruck 156
5.2.5.2. Generationenunterschiede: Stärke des Erklärungs- und
   Rechtfertigungsdrucks 158
5.2.5.3. Ost-West-Unterschiede: zu erklärende und zu rechtfertigende Aspekte von
   Homosexualität 159
5.2.5.4. Gemeinsame Lösung: Aufhebung von Stigma im Bild von Homosexualität
   als Teil eines Spektrums von Lebensmöglichkeiten 162

5.3. Zusammenfassung 165

6. Transformation von Stigma in einen Gestaltungsspielraum als Chance für das
   Marketing 168
6.1. Die Idee des Gestaltungsspielraums als Gegensatz zu Stigma 168
6.1.1. Gestaltungsspielraum als zentrale Dimension von Stigma 168
6.1.1.1. Stigmaüberwindung als Referenzpunkt von Stigmamanagement 168
6.1.1.2. Stigmamanagement als Wahrnehmung von Gestaltungsspielraum 169
6.1.2. Anwendung auf das Marketing 170
6.1.2.1. Stigmamanagementassistenz zur Wahrnehmung von Gestaltungsspielraum . 170
6.1.2.2. Stigmamanagementassistenz als Erweiterung von Gestaltungsspielraum 171
6.2. Marketingaufgaben zum Zweck der Erschließung eines zielgruppengerechten
   Gestaltungsspielraums 171
6.2.1. Eingrenzung stigmamanagementrelevanter Leistungsbereiche 172
6.2.1.1. Angebotsbereiche mit Bezug zur Selbstdefinition 173
6.2.1.2. Angebotsbereiche mit Bezug zu Erotik und Sexualität 175
6.2.1.3. Angebotsbereiche mit Bezug zu (Geschlechter-)Rollen 176
6.2.2. Interaktion mit der Zielgruppe: Einladung zur Nutzung des
   Gestaltungsspielraums 179
6.2.2.1. Verhalten der Anbieterseite im direkten Zielgruppenkontakt 179
6.2.2.2. Werbebotschaften der Anbieterseite 182
6.2.3. Festlegung des Zielgruppenmix: Kompatibilisierung der Nutzerstruktur des
   Gestaltungsspielraums 184
6.2.3.1. Erweiterung des Zielgruppenmix um Zielgruppen mit kompatiblen
   Nutzungsinteressen 184

6.2.3.2. Bereinigung des Zielgruppenmix um Zielgruppen mit konfligierenden Nutzungsinteressen 187
6.3. Zusammenfassung 188

7. Ausblick 191

Literaturverzeichnis 193

Tabellenverzeichnis

Tabelle 1: Formen der Anbieterkompetenz im Hinblick auf die schwule Zielgruppe 114

Tabelle 2: Risikofaktoren des Marketing für die schwule Zielgruppe   115

Tabelle 3: Bezugspunkte des zielgruppenspezifischen Nutzens   116

Tabelle 4: Überblick über die durchgeführten Gruppendiskussionen   122

Tabelle 5: Auswertungsraster für die Gruppendiskussionen   124

Tabelle 6: Vergleich der Auswertungsraster des Verfassers und bei Glaser/Strauss   124

Abbildungsverzeichnis

Abbildung 1: Komponenten von Stigmamanagement   90

Abbildung 2: Konsum als Co-Produktion von Selbstpositionierung   111

Abbildung 3: Stigmamanagement als Ansatzpunkt für Marketing   167

Abkürzungsverzeichnis

a.a.O.	am angegebenen Ort
Anm. d. Verf.	Anmerkung des Verfassers
Aufl.	Auflage
Bd.	Band
bzw.	beziehungsweise
ca.	circa
CSD	Christopher Street Day
D.A.H.	Deutsche Aids Hilfe
d.h.	das heißt
Ed./Eds	Herausgeber (bei englischsprachigen Publikationen)
e.g.	exempli gratia
et al.	et alteri
etc.	et cetera
e.V.	eingetragener Verein
f./ff.	folgend/folgende
HIV	Human Immunodeficiency Virus
i.e.	id est
No.	Number (bei englischsprachigen Zeitschriften)
Nr.	Nummer
o.	ohne
o.g.	oben genannt
o.V.	ohne Verfasser
S.	Seite
sog.	sogenannt
StGB	Strafgesetzbuch
U.S.A.	Vereinigte Staaten von Amerika
u.s.w.	und so weiter
vgl.	vergleiche
Vol.	Volume (bei englischsprachigen Publikationen)
z.B.	zum Beispiel
ZFP	Zeitschrift für Forschung und Praxis (in: Marketing ZFP)

Schwule Männer als Zielgruppe für das Marketing

1. Die Fragestellung und ihre Einordnung in die wissenschaftliche Diskussion

1.1. Thematisches Konzept

1.1.1. Marketing für die schwule Zielgruppe als Identifikationsangebot

1.1.1.1. Basis der Identifikation

„Kaufkräftig, kinderlos und konsumorientiert", so lautete die Überschrift eines Artikels in der Süddeutschen Zeitung über den schwulen Mann als den „Traum der Werbebranche"[1]. Diesen Traum will die vorliegende Arbeit wissenschaftlich untersuchen.

Ziel ist allerdings nicht, zu bestimmen, in welchem Ausmaß Kaufkraft, Konsumorientierung und weitere für die Werbebranche interessante Eigenschaften bei der schwulen Zielgruppe objektiv vorhanden sind. Diese Eigenschaften machen zwar verständlich, warum dem Thema in den letzten Jahren in den Medien einige Aufmerksamkeit geschenkt wurde und sich Anbieter für die Zielgruppe interessieren. Im Sinne eines **verbraucherzentrierten Marketing**[2] fragt die vorliegende Arbeit umgekehrt: Was vermag bei der Zielgruppe Interesse für einen Anbieter zu wecken. Zum Konzept eines verbraucherzentrierten Marketing stellt Hansen fest:

„Die Entwicklung einer Verbraucherzentrierung des Marketing erfordert, dass sich ein Unternehmen den Forderungen und der Kritik der Betroffenen öffnet, und zwar sowohl auf individueller wie auf kollektiver Konsumentenebene."[3]

Deshalb ist das Ziel der Arbeit, im Rahmen eines Dialogs[4] mit der Zielgruppe Gemeinsamkeiten schwuler Männer bezüglich ihrer Motivationslage und ihrer Bedürfnisse zu identifizieren. Erst wenn solche Gemeinsamkeiten erkannt sind, besteht ein möglicher Anknüpfungspunkt für das Marketing, und erst dann ist es sinnvoll, schwule Konsumenten als Zielgruppe zu betrachten.

Kroeber-Riel sieht eine vorrangige Aufgabe der Marktkommunikation darin, „die angebotenen Produkte und Dienstleistungen in die emotionale **Erfahrungs- und Erlebniswelt** der Empfänger einzupassen."[5] Was Kroeber-Riel hier im Blick auf die Marktkommunikation fordert, kann für die vorliegende Arbeit als genereller Anspruch an ein

---

[1] Spörrle (1995), Seite VII
[2] Vgl. die „Ansätze eines verbraucherzentrierten Marketing-Management-Systems im Handel" bei Hansen (1989), S.218-222
[3] Hansen (1989), S.221
[4] Der empirische Teil der vorliegenden Arbeit beruht weitgehend auf der dialogischen Methode der Gruppendiskussion, zur Diskussion des Begriffs „Dialog" in einem Marketingzusammenhang vgl. Hansen (Hrsg.) (1995), insbesondere den dort enthaltenen Beitrag von Hansen/Raabe (1995)
[5] Kroeber-Riel (1988), S.27 f.

zielgruppenadäquates Marketing formuliert werden. Wenn - wie noch zu zeigen sein wird - die Gemeinsamkeiten der schwulen Zielgruppe bezüglich Motivationslage und Bedürfnissen vor allem der emotionalen Erfahrungs- und Erlebniswelt entspringen, dann bildet diese sinnvollerweise den zentralen Referenzpunkt für ein zielgruppengerechtes Marketing generell, nicht nur für die Marktkommunikation. Die vom Verfasser gewählte Formulierung „Marketing als Identifikationsangebot" ist zu verstehen als griffige Kurzformel für die eben erläuterte Orientierung an der emotionalen Erfahrungs- und Erlebniswelt der Zielgruppe.[6] Da der Begriff Erlebniswelt den Gedanken an populär gewordene Begriffe wie „Erlebnisgesellschaft" und „Erlebnisorientierung" nahe legt, sei explizit betont, dass hier nicht ausschließlich auf diesen Begriffsinhalt abgestellt wird. Der Verfasser geht davon aus, dass der Erlebnisgehalt des Konsumierens nur eine von mehreren möglichen Komponenten darstellt. In der neueren U.S.-amerikanischen Diskussion wurden z.B. von Holt neben **consuming as experience** drei weitere Aspekte erwähnt: **consuming as integration** im Sinne einer Integration des symbolischen Bedeutungsgehalts des Konsumobjekts mit der Person des Konsumenten, **consuming as classification** im Sinne einer Selbstklassifikation des Konsumenten mit Hilfe von Konsumobjekten und **consuming as play**".[7] Alle genannten Aspekte, nicht nur der Erlebniskonsum, sind für das Konsumentenverhalten schwuler Konsumenten und für ein an sie gerichtetes Identifikationsangebot relevant.

Das praktische Ziel der Arbeit besteht darin, Antworten zu finden auf die Frage, woran ein Marketing für die Zielgruppe schwule Konsumenten anknüpfen kann. Der theoretische Aspekt, der den Verfasser dabei interessiert, betrifft die Frage, auf welcher gedanklichen Ebene die Gemeinsamkeiten des Bedarfs der Zielgruppe anzusiedeln sind. Dabei geht der Verfasser von der Vermutung aus, dass diese Gemeinsamkeiten nicht oder nicht primär in einem spezifischen Bedarf an besonderen Produkten oder Dienstleistungen zu sehen sind.

1.1.1.2. Adressaten des Identifikationsangebots

Das Thema lautet: **schwule Männer** als Zielgruppe für das Marketing; unberücksichtigt bleibt das weibliche Pendant, lesbische Frauen. Neben Gemeinsamkeiten und Berührungspunkten verbleiben zu viele Unterschiede. Das mag überraschend klingen, da es mit dem Begriff Homosexualität eine griffige gemeinsame Bezeichnung zu geben scheint. Aber zum einen besteht die Gemeinsamkeit nur in einer Analogie: Homosexuelle Frauen und Männer fühlen sich sexuell zu Partnern des jeweils gleichen Geschlechts hingezogen. Die Unterschiede zwischen den Geschlechtern bleiben davon aber unberührt, z.B. was die soziale Stellung angeht. Zum anderen steht unter Marketinggesichtspunkten Sexualität nicht im Mittelpunkt des Interesses. Die vorliegende Arbeit zielt ab auf die Erfahrungs- und Erlebniswelt als Ansatzpunkt des Marketing, wobei die weibliche oder männliche Homosexualität jeweils ein Teil davon ist. Der

---

[6] Mit dem Begriff „Identifikation" wird hier also nicht auf bestimmte psychologische oder psychoanalytische Konzepte angespielt
[7] Vgl. Holt (1995), S.2 f.

Sinnzusammenhang, der sich für einen homosexuellen Mann darum rankt, wird sich aber wahrscheinlich von dem einer lesbischen Frau unterscheiden, da auch die gesellschaftlichen Lebenssituationen von Männern und Frauen verschieden sind.

Geographisch soll das Thema zumindest bezüglich der eigenen empirischen Erhebung des Verfassers **auf Deutschland begrenzt** werden. Es wären zwar einerseits zusätzliche Einsichten zu erwarten von einem Vergleich z.B. mit den traditionell sexuell liberalen skandinavischen Ländern oder den Niederlanden und natürlich mit den U.S.A., wo in viel größerem Rahmen als hierzulande Marketing für die schwule Zielgruppe betrieben wird; andererseits ist eine Beschränkung aus pragmatischen Gründen notwendig und sinnvoll, denn eine gemeinsame schwule Erfahrungs- und Erlebniswelt stützt sich auf den gemeinsamen sozialen Rahmen, wie er z.b. durch Sprache, Rechtslage bezüglich Homosexualität und gesellschaftliche Normen und Tabus bezüglich Sexualität umrissen wird.

1.1.2. Erläuterung der Begriffe homosexuell und schwul

1.1.2.1. Spektrum der Begriffsinhalte von schwul und homosexuell

Zunächst soll ein kurzer Überblick darüber gegeben werden, was in der wissenschaftlichen Literatur mit den Begriffen homosexuell bzw. schwul bezeichnet wird. Dabei wird zunächst noch nicht zwischen den beiden Begriffen unterschieden. Nach Haeberle kann mit Homosexualität dreierlei gemeint sein:

„1. Wenn z.B. jemand sagt: ‚Im Gefängnis gibt es viel Homosexualität', so spricht er von Homosexualität als einem **Verhalten** [Hervorhebung durch den Verfasser]. Er sagt eigentlich: ‚Im Gefängnis gibt es viel homosexuelles Verhalten'. Er will damit nicht sagen, dass es in Gefängnissen viele ‚Homosexuelle' gibt oder dass dort viele Menschen ‚homosexuell' werden. Stattdessen soll der Satz nur feststellen, dass in Ermangelung andersgeschlechtlicher Partner die Gefangenen untereinander sexuelle Kontakte haben.
2. Eine völlig andere Vorstellung aber steckt hinter der Frage: ‚Ist Homosexualität eine Krankheit?' Hier meint das Wort nicht ein Verhalten, sondern einen **Zustand** [Hervorhebung durch den Verfasser]. Je nach der Antwort auf die gestellte Frage kann dieser Zustand gut oder schlecht sein, aber auf jeden Fall wird ein Zustand, ein Charakterzug, eine Wesensart angenommen. ‚Homosexualität' ist etwas, das manche Leute haben, nicht etwas, das sie tun.
3. Schließlich, wenn Forscher von verschiedenen ‚Homosexualitäten' sprechen, so lassen sie erkennen, dass sie ‚Homosexualität' weder als Verhalten noch als Zustand auffassen, sondern als **soziale Rolle** [Hervorhebung durch den Verfasser], d.h. verschiedene ‚Homosexualitäten' als ein Spektrum von solchen Rollen. Sie meinen nicht verschiedene Formen gleichgeschlechtlicher Kontakte oder verschiedene Unterteilungen der gleichen Diagnose, sondern verschiedene Arten und Weisen, wie Menschen in der Gesellschaft als ‚Homosexuelle' leben."[8]

Mit den hier vorgestellten Bedeutungsinhalten von Homosexualität soll nur das Spektrum aufgezeigt werden; es wird kein Anspruch auf Vollständigkeit erhoben. Aus der Literatur lassen sich durchaus weitere Definitionen ableiten. Sie variieren mit der zentralen Fragestellung: Bei einer medizinischen Untersuchung stehen andere Aspekte im Vordergrund als bei einer psychoanalytischen und dort wiederum andere als bei einer psychologischen oder soziologischen Untersuchung. Im Verlauf der letzten hundert-

---

[8] Haeberle (1994), S.3

fünfzig Jahre dominieren jeweils unterschiedliche Definitionen. Der Blickwinkel, aus dem heraus das Untersuchungsfeld Homosexualität betrachtet - oder überhaupt erst konstituiert - wurde, hat sich in dieser Zeitspanne stark gewandelt. Während um die Mitte des letzten Jahrhunderts medizinische[9] und rechtliche Fragen im Vordergrund standen[10], gewannen in neuerer Zeit soziologische und sozialpsychologische Aspekte an Bedeutung.[11] Die Definitionen spiegeln aber auch Prämissen wider, über deren Gültigkeit bis heute in der wissenschaftlichen Diskussion keine einheitliche Meinung herrscht.

Die Kontroverse spitzt sich in der Sexualwissenschaft auf die Positionen Konstruktionismus einerseits und Essentialismus andererseits zu.[12] Für den **Konstruktionismus** ist das Entscheidende an der sozialen Wirklichkeit die ihr jeweils beigemessene Bedeutung, die nicht als gegeben betrachtet wird, sondern als sozial konstruiert, wie dies in der Idee der „gesellschaftlichen Konstruktion der Wirklichkeit"[13] zum Ausdruck kommt. In diesem Licht ist Homosexualität nicht etwas Naturgegebenes, sondern wird erst durch die jeweiligen gesellschaftlichen Deutungsmuster konstituiert.[14] Gleichgeschlechtliche sexuelle Kontakte im antiken Griechenland und heutige schwule Lebensformen sind dann durchaus nicht dasselbe Phänomen. Der **Essentialismus**, der hier mit einem Zitat von Lautmann[15] umrissen wird, vertritt dagegen folgende Position:

„Es gibt einigermaßen feste Tatsachen im sexuellen Geschehen - im Begegnen der Körper, in den Persönlichkeiten der Anwesenden, in ihrer Umwelt. Diese Tatsachen bestehen unabhängig von den Deutungen, mit denen sie in der Situation, in der Kultur, in der historischen Epoche versehen sind. Die Fakten und Strukturen führen ein Dasein, welches kulturell nicht beliebig überformt werden kann. ‚Konstruktionen' können sich nur im (engen) Rahmen der anthropologischen Vorgaben entfalten. Sexualwissenschaft untersucht besser die Wesenheiten der Geschlechtlichkeit des Menschen, als dem flüchtigen Wandel der Erscheinungen aufzusitzen."

Für den Konstruktionismus stehen konkrete, zeit- und kulturgebundene Erscheinungsformen im Mittelpunkt des Interesses, für den Essentialismus dagegen die allgemeine, über Zeiträume und Kulturen hinweg geltende, verbindende Klammer.

1.1.2.2. Marketingrelevanz der Begriffsinhalte von schwul und homosexuell

Nach diesen kurzen wissenschaftstheoretischen Ausführungen soll der Bogen nun wieder zurück zu der vorliegenden Arbeit gespannt werden, die sich an den Konstruktio-

---

[9] Vgl. z.B. Hutter (1993)

[10] Vgl. Haeberle (1994), S.5

[11] Zu den neueren Gedankenrichtungen innerhalb der sog. „Lesbian and Gay Studies" seit Ende der sechziger Jahre vgl. Escoffier (1992)

[12] Vgl. Hirschauer (1992)

[13] Berger und Luckmann (1980), zitiert ist hier der Buchtitel.

[14] Auch in der Gegenwart existieren neben den in der westlichen Welt üblichen schwulen Lebensformen andere Formen, die auch auf anderen Deutungsmustern aufbauen, vgl. z.B. Schmitt/Sofer (Hrsg.) (1992) zum Thema Sexualität und Erotik zwischen Männern in moslemischen Gesellschaften und Jackson (1995) zum Thema Homosexualität in Thailand

[15] Lautmann (1992), S.223 f.

nismus anlehnt. Denn hier interessieren die konkreten Ausprägungen gegenwärtiger homosexueller Lebensweisen in Deutschland. Sie bilden den **Anknüpfungspunkt** für Marketingmaßnahmen. Demzufolge ist für diese Arbeit die dritte der oben genannten Definitionen von Homosexualität die relevante: Homosexualität als **soziale Rolle** oder verschiedene Homosexualitäten als ein Spektrum von solchen Rollen. Diese Definition schließt in gewisser Weise die beiden anderen mit ein. Gleichgeschlechtliches Sexualverhalten und erotische Präferenz für das eigene Geschlecht - als ein möglicher Ausdruck des o.g. „Zustands" Homosexualität - bilden im Normalfall einen Teil der sozialen Rollen der Homosexualität. Auch sie sind deshalb für die Beschreibung der Zielgruppe von Bedeutung. Wenn für diese Arbeit das Spektrum sozialer Rollen als die primär relevante Definition von Homosexualität bezeichnet wird, so heißt das also nicht, dass Homosexualität als Verhalten und Zustand irrelevant wären.

Für eine klare Abgrenzung der Zielgruppe ist die Definition über soziale Rollen allerdings wenig hilfreich, da ein Spektrum von sozialen Rollen **kein trennscharfes Unterscheidungskriterium** liefert. Dieses Problem lässt sich allerdings auch mit den beiden anderen oben erwähnten Definitionen nicht lösen. Auch Sexualverhalten und erotische Präferenz liefern - wie noch zu erläutern sein wird - keine eindeutigen Trennlinien. Dennoch soll die theoretische Erörterung des Themas unter dem Blickwinkel sozialer Rollen erfolgen unter Berücksichtigung der ganzen **Bandbreite der Zielgruppe einschließlich der Grauzonen** am Rande. Für die Aspekte der Arbeit, die eine eindeutige Trennlinie verlangen, z.B. die Auswahl von Gruppendiskussionsteilnehmern für den empirischen Teil der Arbeit, aber auch die Abschätzung der Zielgruppengröße, wird auf ein pragmatisches Kriterium zurückgegriffen, das der Selbstdefinition als homosexuell oder schwul.[16]

Was bedeutet das für die vorliegende Arbeit? Die zentrale Referenzgruppe bilden die Männer, deren Zugehörigkeit zur Zielgruppe unproblematisch ist, bei denen also homosexuelles Sexualverhalten, eine eindeutige erotische Präferenz für das eigene Geschlecht und Selbstdefinition als homosexuell oder schwul zusammenfallen. Interessant für die vorliegende Untersuchung sind aber auch die Grauzonen, in denen diese Kriterien nur zum Teil erfüllt sind. Das menschliche Sexualverhalten kann auf einer Skala von ausschließlich heterosexuell bis ausschließlich homosexuell variieren[17], ebenso die erotische Präferenz. Auch was die Selbstdefinition betrifft, kann im Ex-

---

[16] Dieser Weg wurde auch von Dannecker/Reiche (1974) in der ersten umfangreichen (N=789) Befragung von Homosexuellen in der Bundesrepublik eingeschlagen, vgl. Dannecker/Reiche (1974), S.12. Die neueren Untersuchungen Bochows zum Thema Schwule und AIDS (Bochow, 1993, basierend auf einem ausgewerteten Rücklauf von 3285 Fragebögen; und 1994, basierend auf 2868 Fragebögen) bestimmen die zu Befragenden über die Festlegung des Zugangswegs: Die Fragebögen werden bestimmten Zeitschriften der Schwulenpresse beigefügt bzw. an Orten der schwulen Subkultur ausgelegt, vgl. Bochow (1994), S.16 und Bochow (1993), S.14 f.

[17] Alfred Kinsey ging aufgrund seiner Studien zum Sexualverhalten davon aus, dass ein eindeutiges, d.h. entweder ausschließlich heterosexuelles (null auf der von Kinsey entwickelten Skala) oder ausschließlich homosexuelles Verhalten (sechs auf der Kinsey-Skala) nur für etwa die Hälfte aller US-amerikanischen Männer angenommen werden kann, vgl. Bell/Weinberg (1978), S.53.

tremfall ein ausschließlich homosexuelles Sexualverhalten einhergehen mit einer strikten Ablehnung einer schwulen Selbstdefinition oder Zugehörigkeit zur Gruppe der Schwulen. In solchen Fällen dürfte es schwierig bis unmöglich sein, die betreffende Person für ein Interview zum Thema schwule Männer als Zielgruppe zu gewinnen. Es ist aber durchaus nicht unwahrscheinlich, dass dieselbe Person sich angesprochen fühlt von einem für die schwule Zielgruppe konzipierten Marketing, z.B. von erotischen Signalen, die eine eindeutige schwule Identifikation vermeiden. Im anderen Extrem könnte es Männer geben, die noch nie sexuellen Kontakt zu einem anderen Mann hatten, die sich aber trotzdem als schwul bezeichnen würden.[18] Sie sind für diese Arbeit auf jeden Fall interessant. Diese Konstellation mag konstruiert klingen, sie ist aber z.B. als Übergangsphase denkbar. Jemand kann in der Gewissheit leben, dass er als Sexualpartner Männer bevorzugt, und daraus eine Selbstdefinition ableiten, lange bevor er dieser Gewissheit Taten folgen lässt.

Bei der scheinbaren Eindeutigkeit, die von den Begriffen schwul oder homosexuell suggeriert wird, dürfen also die Grauzonen nicht vergessen werden. Sie sind nicht Ausdruck mangelnder Genauigkeit der hier vorgenommenen Abgrenzung, sondern Spiegelbild der Wirklichkeit. Sie existieren auch nicht nur für die hier zu untersuchende Zielgruppe. Ein weiteres Beispiel sind in Deutschland lebende Ausländer: Staatsangehörigkeit, Geburtsland, oder andere formale Indikatoren gehen immer mehr oder weniger einher mit kultureller Identifizierung, die wiederum Ansatzpunkt für Marketing sein könnte. Analoges gilt für den Seniorenmarkt. Das entsprechende Lebensalter muss nicht unbedingt mit einer seniorentypischen Lebensweise und Selbstwahrnehmung einhergehen.

1.1.2.3. Unterschiede zwischen den Begriffen schwul und homosexuell

Der Begriff **homosexuell** ist insofern der **Oberbegriff,** als er sich auf Männer und Frauen bezieht, wogegen der Begriff schwul nur Männer bezeichnet.[19] Abgesehen von diesem objektiven Unterschied im Bedeutungsinhalt verbinden sich mit den beiden Begriffen tendenziell **unterschiedliche Assoziationen**. Insofern hält der Autor es für sinnvoller, von der Zielgruppe schwuler Männer zu sprechen statt von der Zielgruppe männlicher Homosexueller. Das soll kurz erläutert werden.

Der Begriff homosexuell klingt zunächst neutraler und damit wissenschaftlicher als der Begriff schwul, der stärker wertbehaftet ist. Den Beigeschmack des **Schimpfworts** hat der Begriff schwul nach Erfahrung des Verfassers vor allem außerhalb der Schwulenszene und auch dort nur noch in bestimmten Kreisen - etwa bei der älteren Generation oder in betont konservativen Kreisen. Als Beleg hierfür mag dienen, dass er bereits in

---

[18] Eine andere Frage ist allerdings, inwieweit diese Identifikation in einem solchen Fall bereits nach außen vertreten wird. Diese Frage wird neben anderen in der umfangreichen Literatur zum Thema „Coming Out" (Prozess der schwulen bzw. lesbischen Identitätsformierung) thematisiert, vgl. hierzu z.B. Troiden (1989).

[19] Inwieweit mit beiden Begriffen auch Phänomene in der Tierwelt bezeichnet werden, ist hier irrelevant.

der Tagespresse verwandt wird, ohne dass damit notwendigerweise eine Abwertung impliziert ist.[20] In der Zielgruppe selbst scheint zur Selbstbezeichnung der Begriff schwul an Bedeutung zu gewinnen, der Begriff homosexuell dagegen an Bedeutung zu verlieren.[21] Der Begriff schwul ist dort zu einem neutralen oder sogar **mit Stolz verwendeten Identifikator** geworden.[22] Das zeigt sich auch daran, dass viele Einrichtungen für die schwule bzw. schwule und lesbische Zielgruppe das Wort im Namen führen.[23] Dies spiegelt nach Ansicht des Autors nicht nur die zahlenmäßig zunehmende Präferenz der Zielgruppe für den Begriff schwul wieder. Es steht auch im Einklang mit einem weiteren Unterschied bezüglich der durch die Begriffe ausgelösten Assoziationen. Der Begriff homosexuell bezieht sich relativ eng auf den Bereich des Sexuellen, der Begriff schwul dagegen verweist über den Bereich der Sexualität hinaus auch auf **Vorstellungen von Lebenswelt.**

Aus diesen Gründen gibt der Autor in einem Marketingzusammenhang dem Begriff schwul den Vorzug, verwendet aber in sinngemäßen oder wörtlichen Zitaten oder dort, wo vor allem der sexuelle Aspekt angesprochen ist, auch den Begriff homosexuell.

1.2. Methodisches Konzept

1.2.1. Die Methodologie der Gegenstandsbezogenen Theorie nach Glaser/Strauss

Die explorativen und daher eher qualitativ ausgerichteten empirischen Untersuchungen im Rahmen dieser Arbeit (Kapitel 5) legten die Verwendung **qualitativ ausgerichteter**

---

[20] Vgl. den in Fußnote 1 erwähnten Artikel in der Süddeutschen Zeitung

[21] In den bereits erwähnten Untersuchungen von Bochow (Bochow 1993 und 1994) über Schwule und AIDS nimmt der Anteil der Befragten, die sich als schwul bezeichnen, in den alten Bundesländern von 1987 knapp 60% auf 1993 knapp 75% zu. Der Anteil derer, die sich als homosexuell bezeichnen, sinkt im selben Zeitraum von 27% auf 16%, vgl. Bochow (1993, S.93) und Bochow (1994, S.117). Selbst wenn man, wie der Verfasser selbst es tut, zugesteht, dass mit diesen Untersuchungen ein „überdurchschnittlich hoher politisch aktiver Anteil von schwulen Männern angesprochen" wurde (Bochow, 1994, S.31), so ist nach Ansicht des Verfassers der Vorzug, der dem Begriff schwul von den Befragten gegeben wird, deutlich genug, um zu vermuten, dass er für die in vorliegenden Arbeit zu untersuchende Zielgruppe insgesamt gilt.

[22] Das soll nicht heißen, dass der Begriff bei den Betroffenen auf uneingeschränkte Gegenliebe stößt. Die Selbstdefinition „schwul" beinhaltet das Eingeständnis, anders zu sein als andere, zu einer Minderheit zu gehören. Auch wenn der Begriff per se nicht abwertend ist, fällt dieses Eingeständnis - und deshalb die Verwendung des Begriffs - typischerweise vielen schwer, solange sie sich ihrer sexuellen Identität nicht sicher sind. Erst im Laufe eines längeren Prozesses der Identitätsfindung, des sog. Coming Out, wird das Eingeständnis und damit auch die Verwendung des Begriffs zu einer Selbstverständlichkeit. In abgeschwächtem Maße gilt dies aber auch für den Begriff homosexuell; abgeschwächt deshalb, weil sich mit ihm in geringerem Maße Vorstellungen einer Lebenswelt verbinden. Insofern verweist das eben Gesagte eher auf die grundsätzliche Problematik des Coming Out - vgl. zu dieser Thematik stellvertretend für viele andere Dannecker (1974), S.30 ff. - als auf die bessere Eignung des einen oder des anderen Begriffs.

[23] Z.B. das Kölner SCHULZ (Abkürzung für Schwulen- und Lesbenzentrum), oder das Düsseldorfer L.u.S.Z.D. (Abkürzung für Lesben- und Schwulenzentrum Düsseldorf)

Methoden nahe. Das Konzept von Glaser/Strauss schien besonders geeignet, denn es versucht, Wissenschaftlichkeit weniger durch Aufstellen und Testen von Hypothesen mittels repräsentativer Stichproben sicherzustellen, sondern dadurch, dass eine Theorie unter Nutzung vielfältiger Herangehensweisen in ständiger Auseinandersetzung mit dem Gegenstand und den daraus erwachsenden zusätzlichen Erkenntnissen empirischer oder nicht empirischer Art weiterentwickelt wird. Glaser/Strauss lenken die Aufmerksamkeit auf den Prozess der Erkenntnisentwicklung.

1.2.1.1. Grundgedanke der Gegenstandsbezogenen Theorie

Wie der Name schon anklingen lässt, besteht die Leitidee der Gegenstandsbezogenen Theorie[24] darin, **anhand und mit Hilfe des** zu untersuchenden **Forschungsgegenstandes** Theorie zu entwickeln. Da die Gegenstandsbezogene Theorie im Umfeld der Sozialforschung entstand, handelt es sich beim Forschungsgegenstand normalerweise um Menschen oder Gruppen von Menschen. Deren Interpretationen von Wirklichkeit und der Bezugsrahmen, der diesen Interpretationen zugrunde liegt, stehen im Mittelpunkt des Interesses.

1.2.1.2. Teilschritte der Gegenstandsbezogenen Theorie

Die angestrebte Offenheit gegenüber dem Forschungsgegenstand bedeutet, dass die Gegenstandsbezogene Theorie **keine streng kodifizierte Vorgehensweise** beinhaltet. Glaser und Strauss sehen in ihrem Konzept eher einen Vorschlag denn eine Vorschrift.[25] Bestimmte Teilschritte werden aber typischerweise durchlaufen, auch wenn bei ihrer Ausgestaltung und Reihenfolge gewisse Freiheiten bestehen. Diese Teilschritte werden nun kurz erläutert. Die Darstellung ist angelehnt an Wiedemann.[26]

Am Anfang der Forschung steht eine **Leitidee**. „Glaser und Strauss plädieren nicht - wie ihnen zuweilen vorgeworfen wird - für Voraussetzungslosigkeit im Sinne eines ‚Tabula rasa'-Ansatzes. Vielmehr können Literaturarbeit oder die Beschäftigung mit einschlägigen Theorien und Untersuchungen vorausgehen, müssen es aber nicht."[27]

Die **Datensammlung** erfolgt nicht mit der Zielvorstellung einer repräsentativen Stichprobe, sondern nach dem Konzept des „Theoretical sampling"[28]. Den Grundgedanken

---

[24] Glaser/Strauss (1967) sprechen im amerikanischen Original von „Grounded Theory". Die deutsche Übersetzung dieses Begriffs ist nicht einheitlich. Der hier verwendete Begriff „Gegenstandsbezogene Theorie" findet sich so z.B. bei Glaser/Strauss (1979), Lamnek (1993) Band I spricht von „Datenbasierter Theorie" (S.111), Wiedemann (1991) verwendet neben dem amerikanischen Originalbegriff auch „Gegenstandsnahe Theoriebildung" und „Gegenstandsbegründete Theorie" (S.440).
[25] Vgl. Lamnek (1993) Band 1, S.111
[26] Vgl. Wiedemann (1991), S.442 f.
[27] Wiedemann (1991), S.442 f.
[28] Auch hier ist wie bei dem Begriff „Grounded Theory" die deutsche Begriffsverwendung nicht einheitlich, z.B. spricht Lamnek von „Theoretical Sampling" - Lamnek (1993), Band I, S.238 -, Wiedemann benutzt den Begriff „Theoretisches Sampling" - Wiedemann (1991), S.442.

dieses Konzepts beschreibt Strauss wie folgt: „Theoretical Sampling is a means whereby the analyst decides on analytic grounds what data to collect next and where to find them."[29] Das Vorgehen bei der Datensammlung ist also offen. Es gibt keinen von Anfang an festgeschriebenen Datenerhebungsplan. Erkenntnisse aus der Auswertung bereits erhobener Daten können und sollen die Richtung der weiteren Datenerhebung beeinflussen.

Das kodierte Material wird dann im nächsten Schritt, den „Theoretischen Memos", aufgearbeitet. Sie werden parallel zur Datenerhebung und **Kodierung** erstellt. In ihnen werden die anfangs noch vagen und mit Fortschreiten der Untersuchung allmählich konkreteren Ideen zur Theorieentwicklung festgehalten. Die **Memos** können z.B. dazu dienen, methodische Überlegungen zu entwickeln oder auf Basis der Datenkodierung versuchsweise die zentralen Kategorien des untersuchten Phänomens zu benennen. Sie sind die Bausteine der zu entwickelnden Theorie. Dabei kann sich im weiteren Verlauf der Forschung durchaus eine Nachbearbeitung der Bausteine als sinnvoll erweisen. Strauss schreibt hierzu: „Do not be afraid to modify memos as your research develops."[30]

Datenerhebung, Kodierung und Memos münden schließlich in den Schritt „Entwicklung von Basiskonzepten". Strauss beschreibt die Eigenschaften eines **Basiskonzeptes** (core category) so:

„1. It must be central, that is, related to as many other categories and their properties as is possible ...
2. The core category must appear frequently in the data ...
3. The core category relates easily to other categories ...
4. A core category in a substantive study has clear implications for a more general theory ...
5. As the details of a core category are worked out analytically, the theory moves forward appreciably.
6. The core category allows for building in the maximum variation to the analysis, since the researcher is coding in terms of its dimensions, properties, conditions, consequences, strategies and so on."[31]

Für die vorliegende Arbeit bestand dieses Basiskonzept in der Idee von Stigmamanagement. Ist das Basiskonzept oder ein Set von Basiskonzepten identifiziert, so kann mit dem nächsten Schritt, dem „Theoretischen Sortieren" der Memos zum Zweck der **Theorieentwicklung** begonnen werden. Beim „Theoretischen Schreiben", dem letzten Schritt werden die Memos zusammengefasst und in die Form einer zusammenhängenden Theorie gebracht.

---

[29] Strauss (1987), S.38
[30] Strauss (1987), S.127
[31] Strauss (1987), S.36

1.2.2. Gründe für die Anlehnung an die Methodologie von Glaser/Strauss

1.2.2.1. Eignung für Theoriebildung statt Hypothesenprüfung

Die vorliegende Arbeit befasst sich mit einem Thema, das bei Beginn der empirischen Erhebung noch nicht ausführlich erforscht war, wenn auch seither einige Studien veröffentlicht wurden. Angesichts der Notwendigkeit eines **explorativen Ansatzes** erschien es nicht sinnvoll, bereits vor der empirischen Untersuchung Hypothesen aufzustellen, die dann in der empirischen Untersuchung zu prüfen gewesen wären. Eine Methodologie, auf die sich die vorliegende Arbeit stützen konnte, durfte also nicht davon ausgehen, dass zu prüfende Hypothesen bereits vorhanden sind, sondern sie musste erlauben, dass das theoretische Gedankengebäude Schritt für Schritt mithilfe der empirischen Untersuchung aufgebaut wird. Dieser Anspruch verwies von Anfang an auf die sog. **qualitativen Forschungsansätze**, zu denen auch die Gegenstandsbezogene Theorie von Glaser und Strauss gerechnet wird. Der Vorteil im Vergleich zu den sog. quantitativen Ansätzen besteht darin,

„dass der qualitative Forschungsprozess es ermöglicht, den theoretischen Bezugsrahmen während des Forschungsablaufs stets zu novellieren oder sogar erst zu entwickeln. ... Qualitative Sozialforschung betont den Wert der Empirie für die Hypothesengenese und Theorienentwicklung, während die quantitative Methodologie in der Konfrontation der Hypothesen mit der sozialen Realität die Prüfung der Hypothesen und Theorien in den Vordergrund stellt."[32]

Ein weiteres Argument für den Weg der **Theorieentwicklung mittels Empirie**, wie sie die Gegenstandsbezogene Theorie von Glaser/Strauss vorsieht, lag in dem vorgesehenen Forschungsschwerpunkt. Wenn Erfahrungs- und Erlebniswelt der Zielgruppe und die daraus entspringenden Motivationen und Bedürfnisse beleuchtet werden sollen, ist es sinnvoll, die Zielgruppe selbst zu Wort kommen zu lassen. Hier den Forschungsweg über vorab formulierte Hypothesen zu gehen, birgt grundsätzlich die Gefahr, dass die Untersuchung die aus Sicht der Zielgruppe wichtigsten Aspekte nicht oder nur zufällig erfasst. Nur ein Forschungsdesign, das die **bei der Zielgruppe vorhandenen Sinnstrukturen**, oder - um mit Berger/Luckmann zu sprechen - ihre Konstruktion von Wirklichkeit[33] aufgreift, bietet die Gewähr, dass Aspekte, die aus Sicht der Zielgruppe zentrale Bedeutung haben, auch als zentrale Aspekte erkannt werden. Da die Sinnstrukturen aber anfangs nicht bekannt sind, muss die Methodologie erlauben, dass das Forschungsdesign sich ihnen in einer Art iterativem Prozess nähert. Genau das sieht die Gegenstandsbezogene Theorie in ihren Teilschritten Datensammlung, Kodieren, und Schreiben von Memos vor.

Die hier im Zusammenhang mit der Methode der Gegenstandsbezogenen Theorie erläuterten Überlegungen weisen Parallelen auf zu der neueren Diskussion des **Dialogverständnisses im Marketing**:

---

[32] Lamnek (1993), S.225

[33] Berger/Luckmann (1980). Bezug genommen wird hier auf den Buchtitel, der gleichzeitig die Leitidee des Buches darstellt: Die gesellschaftliche Konstruktion der Wirklichkeit.

„Gemeinsamkeit in der dialogischen Kommunikation fordert eine Abkehr von der - in der Marktforschung üblichen - Vorgehensweise, die Kommunikation mit Verbrauchern lediglich dazu zu nutzen, unternehmensseitige Hypothesen bzw. Annahmen z.B. über Zusammenhänge zwischen Bedürfnissen und Produkten einer Überprüfung zu unterziehen. Um hier eine Gemeinsamkeit systematisch sicherzustellen, wäre zu fordern, den Verbrauchern eine aktive *Mitwirkung am kreativen Teil der Problemdefinition* und *Lösungssuche* oder zumindest die *Kritik* an den entwickelten Hypothesen zu ermöglichen, was im Sinne des Moralprinzips als wesentliche Voraussetzung für eine tragfähige Konsensfindung zwischen den Partnern erkannt werden kann."[34]

Die Parallelen sind hier nicht zuletzt deshalb von Interesse, weil sich - wie in Kapitel 5 noch näher erläutert wird - der empirische Teil der vorliegenden Arbeit hauptsächlich auf Gruppendiskussionen stützt und die Methode der Gruppendiskussion als angewandter Dialog verstanden werden kann.[35]

1.2.2.2. Aussagekraft ohne Rekurs auf statistische Repräsentativität

Der erwähnte - auf Dialog oder auch anderen Methoden beruhende - **iterative Prozess** ist gleichzeitig der Weg, auf dem die Aussagekraft der zu entwickelnden Theorie sichergestellt wird. Er impliziert, dass theoretische Überlegungen immer wieder anhand von Empirie überprüft werden. Unterstützend wirkt hierbei das Konzept der **Triangulation**.[36] Triangulation bedeutet, einen zusätzlichen Gesichtspunkt zu erschließen, z.B. durch Anwenden einer zusätzlichen Untersuchungsmethode, durch Heranziehen zusätzlicher Daten oder durch Überprüfung der Kodierung des erhobenen Materials durch eine dritte Person. Auf diese Weise wird das zu untersuchende Phänomen aus vielen Blickwinkeln betrachtet, und es wird sichergestellt, dass Interpretation des erhobenen Materials und darauf aufbauende theoretische Überlegungen nicht von verzerrten, zufälligen oder einmaligen Eindrücken bestimmt werden. Der iterative Prozess wird so lange fortgesetzt, bis es zu einer „theoretischen Sättigung"[37] kommt, d.h. bis sich die Erkenntnisse aus den zusätzlich erschlossenen Blickwinkeln quasi nahtlos in die bisherigen theoretischen Überlegungen einbauen lassen und keine grundsätzlich neuen Aspekte mehr zutage fördern.

---

[34] Hansen/Raabe (1995), S.67f.

[35] Vgl. Hansen/Raabe (1995), Abbildung S.60.

[36] Die hier gegebene Erläuterung von Triangulation ist pragmatisch orientiert, insofern aber durchaus im Geiste von Glaser/Strauss, die mit ihrer Gegenstandsbezogenen Theorie auch die Praxisorientierung in den Mittelpunkt stellen. Ein kurzer wissenschaftstheoretischer Abriss des Konzepts findet sich z.B. bei Flick (1991), S. 432-434. In Flicks Darstellung (S.432) ist von Triangulation als „Strategie der Validierung" die Rede. Er unterscheidet dabei unter Rückgriff auf Denzin die folgenden Aspekte: „Data Triangulation", „Investigator Triangulation", „Theorien-Triangulation" und „methodologische Triangulation".

[37] Wiedemann (1991), S.441 erläutert den Begriff theoretische Sättigung im Rahmen der Gegenstandsbezogenen Theorie wie folgt: „Eine Theorie ist dann gesättigt, wenn sich neue Fälle bzw. neue empirische Befunde unter die bereits entwickelte Theorie fassen lassen, d.h. nicht mehr zu einer Veränderung oder Entwicklung der Theorie beitragen. Dieses Abbruchkriterium ist pragmatisch, denn es hängt davon ab, welche Fälle herangezogen werden, nach wie vielen Fällen angenommen wird, dass nun keine Modifikationen mehr notwendig sind, und welche noch feststellbaren Abweichungen der Fälle von der Theorie als unwesentlich definiert werden."

Die Aussagekraft der theoretischen Überlegungen wird also durch den Forschungsprozess sichergestellt und nicht durch eine vorab zu definierende Repräsentativität der Stichprobe. Dieser Weg stünde bei der vorliegenden Arbeit auch gar nicht offen, denn die Begriffe schwul oder homosexuell liefern keine absolut trennscharfe Kategorie. Wenn die Grundgesamtheit, für die die Stichprobe repräsentativ sein soll, nicht vorab festgelegt werden kann, ist folglich das Konzept der **Repräsentativität** - im strengen statistischen Sinne - **nicht anwendbar**. Die auf den ersten Blick naheliegende und potentiell eindeutige Definition der Zielgruppe über das Sexualverhalten erweist sich bei genauerer Überlegung als ungeeignet. Denn unter Marketinggesichtspunkten steht das überwiegend oder ausschließlich gleichgeschlechtliche Sexualverhalten der Zielgruppe nicht im Mittelpunkt des Interesses. Eine Zielgruppe definiert sich über eine gemeinsame Motivlage, eine gemeinsame Erlebnis- und Erfahrungswelt, die im Zusammenhang mit der Konsumentenrolle Relevanz besitzen. Von Interesse ist also nicht objektives Sexualverhalten, sondern die mit subjektivem Sinngehalt angereicherte Lebenswelt und darüber hinaus Selbstbild und Identifikation, wie sie sich für die Zielgruppe mit dem Sexualverhalten verbinden. Die Ausprägungen dieser Merkmale bei der Zielgruppe weisen beträchtliche Variationsbreiten auf, die vorab nicht genau bekannt sind. Es ist deshalb weder sinnvoll noch möglich, die interessierende Grundgesamtheit vor Beginn der empirischen Untersuchung genau abzugrenzen und die Repräsentativität einer Stichprobe sicherzustellen.[38] Die oben gemachte Aussage zur mangelnden Anwendbarkeit des Konzepts Repräsentativität bleibt also bestehen. Die benötigte Alternative zur Umgehung dieses Problems bietet die Gegenstandsbezogene Theorie.

1.3. Einordnung der Arbeit

1.3.1. Spektrum der Forschungsansätze zum Thema schwule Konsumenten

Die verschiedenen **sozialwissenschaftlichen Positionen** zum Thema Homosexualität wurden in Grundzügen bereits oben (1.1.2.1. Spektrum der Begriffsinhalte) dargestellt und brauchen deshalb hier nicht wieder aufgegriffen werden. Im folgenden Literaturüberblick soll lediglich der Stand der wissenschaftlichen Diskussion zum Themenkreis

---

[38] Bei näherem Hinsehen treten die genannten Probleme auch bei anderen Zielgruppen auf. In den letzten Jahren wurde der Seniorenmarkt entdeckt, und aufgrund der demographischen Entwicklung kann man erwarten, dass die Zielgruppe Senioren in Zukunft noch an Bedeutung zunimmt. Aber auch der Begriff Senioren ist nicht trennscharf. Jede Altersgrenze, die man als Definition setzt, enthält ein willkürliches Element. Stellt man stattdessen ab auf Gemeinsamkeiten in Lebensgefühl, Werthaltungen, Interessen, Konsummustern etc., also den Bereichen, die unter Marketinggesichtspunkten von besonderem Interesse sind, so verschiebt sich das Problem nur. Auch diese Begriffe sind in ihren Dimensionen eher durch graduelle Unterschiede gekennzeichnet als durch Ja-Nein-Kategorien. Gewichtiger ist allerdings der folgende Einwand: Gemeinsamkeiten in Lebensgefühl und den anderen genannten Bereichen sollen typischerweise erst in der Zielgruppenuntersuchung ermittelt werden. Dann können sie aber nicht gleichzeitig das Definitionskriterium für die Grundgesamtheit und das Auswahlkriterium für eine repräsentative Stichprobe darstellen. Denn zu Anfang einer Studie sind diese Gemeinsamkeiten noch nicht bekannt. Es ergäbe sich ein logischer Zirkel.

schwule Männer und Marketing wiedergegeben werden. Wenn hier der Begriff „Stand der Diskussion" verwendet wird, so ist damit nicht gemeint, dass sich im Zeitablauf eine einheitliche Betrachtung und Bewertung des Phänomens schwule Männer als Konsumenten herausgebildet hätte. Vielmehr hat sich eine - in den Augen des Verfassers begrüßenswerte - **Vielfalt der Herangehensweisen** entwickelt. Diese Vielfalt sieht der Verfasser weniger als Ausdruck gegensätzlicher Positionen sondern als Beitrag dazu, die verschiedensten Aspekte der Thematik ins Blickfeld zu rücken, wenn auch nicht vollständig auszuleuchten. So ist der folgende Literaturüberblick nicht nach Positionen und deren Repräsentanten gegliedert, sondern **nach thematischen Aspekten**, die ihrerseits nahezu in allen erwähnten Publikationen behandelt werden, auch wenn ihnen ein jeweils unterschiedlicher Stellenwert zukommt. Ein Großteil der im folgenden vorgestellten Literatur entstand parallel zur hier vorliegenden Arbeit, deren theoretisches Konzept in wesentlichen Teilen im Frühjahr 1996 abgeschlossen war, d.h. vor Beginn der eigenen empirischen Erhebung mittels Gruppendiskussionen. Dort, wo sich die im folgenden vorgestellten Arbeiten auf ähnliche Grundlagen stützen oder zu ähnlichen Ergebnissen kommen, sieht dies der Verfasser der vorliegenden Arbeit umso mehr als Bestätigung an.

1.3.1.1. Diskriminierung schwuler Konsumenten

In der öffentlichen Diskussion zum Thema Homosexualität nimmt der Aspekt der Diskriminierung - im Sinne **benachteiligender Ungleichbehandlung** - eine zentrale Stelle ein. Man könnte deshalb erwarten, dass er bei der Erforschung des Themas schwule Männer und Marketing eine ähnliche Bedeutung hat. Zumindest im Hinblick auf die dem Verfasser bekannten Arbeiten ist dies jedoch nicht der Fall. Auch wenn Diskriminierung einen nicht wegzudenkenden Hintergrund nahezu aller Studien bildet, setzen nur wenige Arbeiten hier ihren Schwerpunkt. Eine davon ist die Studie von Walters und Curran.[39] Sie führten in den U.S.A. ein Experiment durch, bei dem sie die Reaktion von Verkaufspersonal auf paarweise auftretende Kunden verglichen, wobei das Paar einmal aus einer männlichen und einer weiblichen Person bestand, einmal aus zwei weiblichen und einmal aus zwei männlichen Personen. Sie schreiben:

„In some respects, the results of this investigation are similar to previous experimental studies (e.g., Gray et al. 1991) showing societal prejudice against and discriminatory behavior toward homosexuals. However, the current study extends our knowledge about the ways in which homosexuals (or those perceived to be homosexuals) are mistreated. Recall that our confederates [in das Experiment eingeweihte Mitspieler des Experiments, Anm. d. Verf.] were heterosexual college students *posing* as members of homosexual or heterosexual couples. By virtue of their perceived status as homosexuals the same individuals received poorer, less friendly, and more uncharitable service by sales associates. Perceived heterosexual couples were not slighted and were assisted by employees in significantly less time than were perceived gay or lesbian couples. In fact, one third of our homosexual couples were not assisted by staff at all during the six minutes they remained in the store. Alternatively, all heterosexual couples were helped."[40]

Walters und Curran verweisen auf eine weitere, ähnlich gelagerte britische Studie:

---

[39] Walters/Curran (1996)
[40] Walters/Curran (1996), S.147 f.

"Gray, Russel, and Blockley (1991) had either a male or female confederate approach shoppers and ask them for change. In half the trials, the confederate wore an unmarked T-shirt; in the other half, the confederate wore a pro-gay T-shirt. As predicted by the researchers, results showed that help (as measured by listening to the request and physically looking for change) was offered significantly less frequently to the ostensibly pro-gay confederate. This effect was not attenuated by sex of the confederate, sex of the subject, or whether a justification (i.e.; "Excuse me. I need to make an important phone call. Have you got change for a pound, please?") accompanied the request for change. Gray et al. (1991) concluded that the ubiquitous negative attitudes toward homosexuals have clear behavioral correlates."[41]

In dem von Wardlow herausgegebenen Band[42], in dem auch die oben genannte Studie von Walters und Curran abgedruckt ist, findet sich außerdem eine Studie von Jones zum Thema Hotelreservierungen:

"Reservation requests from four couple conditions - male-female with same last name, male-female with different last name, male-male with different last name, and female-female with different last name - were sent to the 320 subjects, either large hotels (50 rooms or more) or small hotels (10 rooms or less). Thus each of the eight conditions comprised 40 subjects (hotels)."[43]

"Form letters requesting a reservation for a double room with queen or king-size bed for two consecutive weekend nights and asking for a response by mail were prepared, along with identical mailing envelopes. The form letters were identical except for the 'gendered' first names (e.g., Brian, Diana) of the couple requesting the reservations."[44]

"Same-sex couples were granted significantly fewer reservations than opposite-sex couples, suggesting that there was indeed discrimination against same-sex couples."[45]

Ein Grund für die eher geringe Zahl von Studien, die ihren Schwerpunkt auf das Thema Diskriminierung legen, könnte darin liegen, dass die oben beschriebenen Situationen mangelnder Kundenfreundlichkeit gegenüber schwulen Konsumenten nicht typisch sind. Damit ist nicht gemeint, dass die Studien die Reaktionen der nichtschwulen Umwelt verzerrt wiedergeben und auch nicht, dass diese britischen bzw. U.S.-amerikanischen Studien bei einer Replizierung in Deutschland ganz andere Ergebnisse erbringen würden, sondern dass schwule Konsumenten versuchen, im Sinne einer **Vermeidungsstrategie** Situationen mit Diskriminierungspotential von vornherein aus dem Weg zu gehen, indem sie zum Beispiel beim Einkauf nicht als Paar auftreten, keine Buttons oder T-Shirts mit Aufschriften tragen, die sie als schwul identifizieren würden, den Versuch ein Doppelzimmer zu buchen unterlassen, es sei denn, sie können davon ausgehen, dass das in Frage stehende Hotel schwulenfreundlich ist u.s.w. Die hier genannten Studien stammen aus dem anglo-amerikanischen Raum. Vergleichbare Studien aus dem deutschen oder deutschsprachigen Raum sind dem Verfasser nicht bekannt.

---

[41] Walters/Curran (1996), S.137 f.
[42] Wardlow (Hrsg., 1996)
[43] Jones (1996), S.155
[44] Jones (1996), S.155
[45] Jones (1996), S.153

1.3.1.2. Demographische Daten und Konsumentenverhalten schwuler Männer

Eine wichtige Quelle für demographische Daten über schwule Konsumenten sind **Leserprofile** von Zeitschriften für die schwule Zielgruppe. Lukenbill[46] erwähnt für den U.S.-amerikanischen Markt eine für die National Gay Newspaper Guild erstellte Studie, die auf einer Erhebung von 1992 beruht:

„The Simmons [Name des beauftragten Marktforschungsunternehmens, Anm. d. Verf.] data, although often erroneously quoted by media and activists to represent the national gay and lesbian population as a whole, is one of the best representations of America's more affluent gay and lesbian communities: readers of publications that are part of the National Gay Newspaper Guild."[47]

Eine vergleichbare Studie für Deutschland ist das im Jahr 1994 von der Agentur Remy und Marcuse[48] erhobene Leserprofil der Schwulenzeitschriften „männer aktuell" und „magnus", das ebenfalls überdurchschnittliche Einkommen und überdurchschnittliche Bildungsabschlüsse für die Leserschaft dieser Zeitschriften ausweist, und das ebenso wie die oben genannten Daten unzulässigerweise als generell repräsentativ für schwule Männer interpretiert wurde. Das - sowohl in den U.S.A. als auch in Deutschland gängige - Medienbild des überdurchschnittlich verdienenden und überdurchschnittlich gebildeten schwulen Konsumenten wurde nicht zuletzt von dem Chicagoer Marktforschungsunternehmen Overlooked Opinions geprägt, dessen Arbeit hier kurz nach Lukenbill zitiert werden soll:

„Overlooked Opinions is a gay- and lesbian-oriented consumer research firm in Chicago. There's not sufficient reason to believe that any marketer would not benefit from at least testing the results culled form an Overlooked Opinion survey - especially since their researchers claim their participants to be so affluent.

However, the company has taken some criticism from within the gay and lesbian business community regarding their research conclusions and their methodology - particularly over the $514 billion figure the firm has claimed as the size of the gay and lesbian economy [per annum, Anm. d. Verf.] nationwide.

In an interview with an Overlooked Opinions associate who has since left the company, the database panel of participants was said to be over 200,000 (combined telephone and mail). Overlooked Opinions does not sell or rent its list of sample participants nor will they make available any of the names of the clients that have taken advantage of their services - which makes independent verification of their methodology problematic and, no doubt, has fuelled the controversy over their numbers."[49]

Die gründlichste, wiederum U.S.-amerikanische Studie zu **demographischen und** darüber hinaus auch **psychographischen Daten** der schwulen und lesbischen Bevölkerung ist wahrscheinlich der „1994 Yankelovich MONITOR® Perspective on Gays/Lesbians". Die bereits mehrmals erwähnte Arbeit von Lukenbill stützt sich maßgeblich auf diese Erhebung und enthält umfangreiches Zahlenmaterial. Lukenbill beschreibt den Yankelovich MONITOR wie folgt:

„The Yankelovich MONITOR research cited in this book (and the Yankelovich MONITOR Perspective on Gays/Lesbians as originally conducted for this book), was collected by means of a 90-minute, personal interview conducted in the homes of a representative national sample of 2500

---

[46] Lukenbill (1995)
[47] Lukenbill (1995), S.65
[48] Remy & Marcuse (1994)
[49] Lukenbill (1995), S.65

consumers over the age of 16. Interviewing was conducted door-to-door in 315 locations across the continental United States and is balanced (weighted) to mirror U.S. Census demographic characteristics.
To provide a broad picture of what is going on in the minds of American consumers, the Yankelovich MONITOR covers a wide variety of subjects, many of them extremely sensitive. In order to insure accurate information on these issues, a number of techniques are constructed to alleviate embarrassment or anxiety on the part of Yankelovich's respondents."[50]
„Regarding statistical significance and the gay/lesbian sample of the Yankelovich data cited here, approximately 6 percent of the 2500 respondents 16 years of age and older is represented (n=148). Total error due to sampling is plus or minus 4 percent. The sample was identified by means of an item in the 1993 Yankelovich MONITOR participant interviews requiring respondents to choose from a list of 52 adjectives/phrases, items that the respondent believed best described them. The exact wording of the item used to identify respondents for this analysis was „gay/homosexual/lesbian"."[51]

Die Studie ist repräsentativ für die U.S.-Bevölkerung in dem Sinne, dass die Stichprobe bestimmte aus Volkszählungen bekannte Charakteristika bzw. Variablenverteilungen für die Gesamtbevölkerung entweder korrekt widerspiegelt, oder dort, wo sie das nicht tut, durch Gewichtung der Ergebnisse nachträglich entsprechend angepasst wird. Damit ist sie aber nicht automatisch und mit derselben Zuverlässigkeit repräsentativ für die schwule und lesbische Bevölkerung, die zudem als Grundgesamtheit kaum abgreifbar ist. Trotzdem liefert die Studie wertvolles Datenmaterial. Sie ergab für die befragte schwul/lesbische Teilstichprobe einen überdurchschnittlichen **Bildungsstand**, der aber nicht mit überdurchschnittlichen **Einkommen** einherging.[52] Neben weiteren demographischen Variablen wurden auch psychographische Daten erhoben. Die schwul/lesbische Teilstichprobe war überdurchschnittlich daran interessiert, sich selbst und die **eigenen Motivationen zu verstehen**.[53] Die subjektiv empfundene **Stressbelastung** war für die schwul/lesbische Teilstichprobe deutlich höher als für die heterosexuellen Befragten.[54] Lukenbill schließt daraus:

„The data indicate that gays and lesbians feel less than trusting of their environment - both socially and economically."[55]

Diese Ergebnisse erscheinen dem Verfasser sowohl im Licht seiner eigenen Erhebung als auch der für das dritte Kapitel herangezogenen Studien zu Lebensumständen schwuler Männer in Deutschland als sehr plausibel. Auch direkt **konsumentenverhaltensrelevante Daten** wurden im Yankelovich MONITOR erhoben.

„The gay/lesbian population is clearly and actively looking for new products and services across the board."[56]

Zum Thema **Konsummuster** schwuler - und lesbischer - Konsumenten erwähnt Peñaloza[57] eine ganze Reihe von Zeitungs- und Zeitschriftenartikeln, die aber - dem

---

[50] Lukenbill (1995), S.72
[51] Lukenbill (1995), S.73
[52] Lukenbill (1995), S.93
[53] Lukenbill (1995), S.101
[54] Lukenbill (1995), S.102 f.
[55] Lukenbill (1995), S.103
[56] Lukenbill (1995), S.102

jeweiligen Medium entsprechend - teilweise eher journalistischen als wissenschaftlichen Charakter haben. Schlaglichtartig werden hier verschiedenste Produkt- und Leistungsbereiche wie Reisen (Button 1993, Davis 1993), alkoholische Getränke (Johnson 1993), Theatervorstellungen (Elliot 1993), Telefonverbindungen und Grußkarten (Button 1993) thematisiert. Eine wissenschaftliche Untersuchung der Unterschiede im Konsumentenverhalten zwischen homosexuellen und heterosexuellen Konsumenten bei Kosmetik und Kleidung findet sich z.B. bei Rudd[58]. Aufgrund der Ergebnisse seiner eigenen Erhebung und weiterer noch zu erwähnender Studien ist der Verfasser eher skeptisch gegenüber Ergebnissen, die spezifische Konsummuster schwuler Männer im Sinne einer herausragenden Bedeutung bestimmter Produkte und Leistungen für die gesamte schwule Zielgruppe feststellen. Solche spezifischen Muster treffen nach seiner Einschätzung immer nur für Teilgruppen schwuler Konsumenten zu, z.B. Leser bestimmter Zeitschriften oder Besucher bestimmter Treffpunkte und Kneipen. Wenn die Stichprobenauswahl derlei Teilgruppen begünstigt, so können die Ergebnisse immer nur die Teilgruppe, nicht aber schwule Männer insgesamt zutreffend beschreiben. Darüber hinaus ist der Verfasser weniger an Konsummustern per se interessiert, sondern - im Einklang mit dem Konzept von Marketing als Identifikationsangebot - an der **Motivation** des jeweiligen Konsumentenverhaltens, in der seiner Ansicht nach das Identifikationspotential begründet liegt. Ähnliche Ideen vertritt auch Peñaloza:

„Yet, it is also necessary to expand measures of consumption patterns to account for differences in the meanings and uses accorded various products, services and other marketing stimuli among various consumer subcultures even when there is no apparent difference in the consumption patterns themselves."[59]

Deshalb soll am Ende des Literaturüberblicks noch auf Studien verwiesen werden, bei denen die jeweilige subjektive Bedeutung des Konsumentenverhaltens im Mittelpunkt des Interesses steht. In diese Gruppe von Studien ordnet der Verfasser auch seine eigene Arbeit ein. Der Überblick über den Gang der vorliegenden Arbeit schließt sich deshalb unmittelbar an.

1.3.1.3. Subjektive Bedeutung des Konsumentenverhaltens

Zunächst ist auch hier die bereits erwähnte Arbeit von Lukenbill[60] zu nennen. Im Mittelpunkt der Arbeit steht der Versuch, ein über Stereotypen weit hinausreichendes, facettenreiches Bild der schwulen - und lesbischen - Konsumenten zu zeichnen. Demographische Daten, ein **Einstellungsprofil** schwuler und lesbischer Personen und ein theoretischer Ansatz, der als „The Psychology of Disenfranchisement"[61] bezeichnet wird und die Komponenten Entfremdung, Zynismus und Viktimisierung umfasst, bilden die Basis für die Ableitung von Bedürfnissen schwuler und lesbischer Konsumen-

---

[57] Vgl. Peñaloza (1996), S.26
[58] Rudd (1996)
[59] Peñaloza (1996), S.23
[60] Lukenbill (1995)
[61] Vgl. Lukenbill (1995), S.103

ten und für die Formulierung von Konsequenzen für das Marketing. Die Liste der von Lukenbill identifizierten Bedürfnisse lautet:
- „Self-understanding
  - Recognition of and respect for one's individuality
- Association, a sharing of occasions with „people like me"
- Security (emotional, social, physical)
- Independence
- Stress-relief
  - Self-indulgence
  - Escapism"[62]

Der Verfasser kommt, wie noch zu zeigen sein wird, in seiner eigenen Untersuchung zu ähnlich gelagerten Ergebnissen, unternimmt aber darüber hinaus den Versuch der Identifikation des gemeinsamen Nenners der Bedürfnisse.

Neben Lukenbill ist auch der bereits zitierte Sammelband von Wardlow[63] noch einmal zu nennen. Wardlow gliedert den Band in seiner Einführung in vier Themenbereiche, wobei der erste, den er „Consumption Rituals"[64] überschreibt, bereits mit diesem Begriff auf subjektive Bedeutungen des Konsumentenverhaltens verweist. Zu diesem Teil gehören der bereits erwähnte Artikel von Peñaloza[65] und darüber hinaus zwei weitere Artikel über das Konsumentenverhalten schwuler Männer im Hinblick auf Geschenke von Rucker/Freitas/Huidor[66] bzw. Newman/Nelson[67].

Die neueste dem Autor bekannte Untersuchung, die er unter der Rubrik subjektive Bedeutung des Konsumentenverhaltens einordnen möchte, ist die von Kates mit dem Titel „Twenty Million New Customers: Understanding Gay Men's Consumer Behavior"[68]. Methodisch stützt sich Kates wie der Verfasser der vorliegenden Arbeit auf die Methodologie von Glaser/Strauss. Im Mittelpunkt steht bei Kates die Frage nach der „Devianz" des Konsumentenverhaltens schwuler Männer. Dabei definiert er **Devianz** wie folgt:

„...deviance refers to any behavior which is widely *considered* or declared by certain groups or societies to be morally objectionable, sick, disgusting, or of an unconventional nature - a serious breach of societal norms..."[69]

Zu Beginn seiner Arbeit umreißt Kates seinen Forschungsschwerpunkt:

„There are many consumer activities which have the potential to brand an individual as a deviant: drug use, cross-dressing, and compulsive buying to name just a few. This book will primarily address the consumption patterns, habits, and styles of gay men (and their accompanying self-concept and community dynamics) as reflected in their feelings, thoughts, values, and experiences. The implications here are that if an individual engages in certain comsumer activities such as going to gay bars, wearing

---

[62] Lukenbill (1995), S.106 f.
[63] Wardlow (Hrsg. 1996)
[64] Wardlow (1996), S.2
[65] Peñaloza (1996)
[66] Rucker/Freitas/Huidor (1996)
[67] Newman/Nelson (1996)
[68] Kates (1998)
[69] Kates (1998), S.6

certain types of jewelry or clothing that proclaim one's sexual orientation, or marching in Lesbian and Gay Pride Day, he or she may be publicly labelled as a deviant. These consumer behaviors become a meaningful part of the 'coming out' experience of gay men and lesbians. More private forms of consumption such as condom use will not necessarily be studied."[70]

Im Einklang mit seinem Foschungsschwerpunkt betreffen die Ergebnisse von Kates vor allem die Dynamik der Auseinandersetzung schwuler Männer mit der schwulen Subkultur[71] bzw. mit schwulen Bezugsgruppen[72]:

„... the data strongly support the contention that different participants develop several consumption strategies in order to cope with the issues related to subcultural conformity versus individuality, media influence, and peer pressure."[73]

Der Verfasser der vorliegenden Arbeit sieht in schwulen Bezugsgruppen und deren Subkultur dagegen nur einen von mehreren gleich relevanten Bezugspunkten.

1.3.2. Gang der Arbeit

Der Verfasser der vorliegenden Arbeit stellt anders als Kates nicht die Formen devianten Konsumentenverhaltens bei schwulen Männern in den Mittelpunkt, sondern die Frage nach der Gemeinsamkeit ihrer Motivation, unabhängig davon, ob sie zu deviantem Verhalten führt oder nicht.

Ausgehend von Goffman[74] und seinen Überlegungen zum Thema Stigma[75] wird in Kapitel 3 diese gemeinsame Motivation aus der Lebenssituation schwuler Männer abgeleitet. Die Kategorien „normal" und „anders" sind vor dem Hintergrund des Stigmas Homosexualität von herausragender Bedeutung. Schwule Männer haben deshalb beständig Anlass zur Selbstpositionierung bezüglich der Kategorien „normal" und „anders". Diese Selbstpositionierung wird im weiteren Verlauf der Arbeit als „Stigmamanagement" bezeichnet und bildet nach Ansicht des Verfassers - die in Kapitel 3 näher begründet wird - den gemeinsamen Nenner der Motivation der schwulen Zielgruppe. Der Verfasser beschreibt ein Spektrum von Stigmamanagementstrategien, die schwule Männer in ihrem Verhalten und Konsumentenverhalten erkennen lassen. In weiteren Schritten erläutert er zunächst modellhaft (Kapitel 4) und dann gestützt auf die Ergebnisse seiner eigenen empirischen Untersuchung (Kapitel 5), wie sich Stigmamanagement im Konsumentenverhalten schwuler Konsumenten niederschlägt. Bei

---

[70] Kates (1998), S.1 f.

[71] Der Begriff „Subkultur" bezieht sich auf soziale Gruppierungen innerhalb einer Gesellschaft und bezeichnet deren spezifische „Muster in Denken, Fühlen und Handeln" (Kroeber-Riel/Weinberg, 1996, S.541 f.). Eine Diskussion des Begriffs aus soziologischer Sicht, die den normativen Aspekt von Subkultur betont, findet sich z.B. bei Yinger (1960).

[72] Zum Begriff Bezugsgruppe in einem Marketingzusammenhang vgl. die folgende Definition bei Kroeber-Riel/Weinberg (1996), S.435: „Die Bezugsgruppen bestimmen die Art und Weise, wie das Individuum seine Umwelt und sich selbst wahrnimmt und beurteilt, und sie liefern die Normen für sein Verhalten."

[73] Kates (1998), S.176

[74] Vgl. Goffman (1975)

[75] Auch Kates (1998) verweist in seiner Arbeit auf Goffman (1975)

der Untersuchung der Auswirkungen thematisiert die Arbeit insbesondere den Aufmerksamkeitswert von Angeboten mit Stigmamanagementbezug, die Wahrnehmung von Anbieterkompetenz im Hinblick auf eine zu leistende Stigmamanagementassistenz, stigmamanagementbezogene Bedarfskategorien und stigmamanagementbezogene Kaufentscheidungsüberlegungen. Aufbauend auf diesen Ergebnissen werden abschließend (Kapitel 6) Ansätze für ein zielgruppengerechtes Marketing formuliert.

Nach diesem Grobüberblick soll nun der Gang der Arbeit etwas detaillierter beschrieben werden. Da sich die praktische Relevanz der Arbeit nicht zuletzt aus dem **Marktpotential** der hier thematisierten Zielgruppe ableitet, wird im zweiten Kapitel das Potential der Zielgruppe abgeschätzt, und zwar anhand der **Segmentierungserfordernisse**, wie sie beispielsweise bei Kotler/Bliemel[76] genannt werden: Messbarkeit, Substanz, Erreichbarkeit und Trennbarkeit des durch die Zielgruppe definierten Marktsegments und Machbarkeit der Segmentierung. Der Verfasser greift dazu auf vielfältiges empirisches Material[77] zurück. Die herangezogenen Daten verdeutlichen, worin die wirtschaftliche Attraktivität der Zielgruppe besteht. Ziel der Darstellung ist nicht die möglichst exakte Quantifizierung des Marktpotentials, sondern die Angabe von Größenordnungen und darauf aufbauend eine begründete Antwort auf die Frage, wie sinnvoll es aus Anbietersicht sein kann, schwule Männer als Zielgruppe zu betrachten.

Das dritte Kapitel beschreibt **die Lebens- und Erfahrungswelt der Zielgruppe**, weil die relevanten Gemeinsamkeiten der Zielgruppe in der Lebens- und Erfahrungswelt liegen müssen, wenn Marketing als Identifikationsangebot verstanden wird. Das Kapitel stützt sich unter anderem auf empirische Studien zur Erforschung des Lebensumfelds schwuler Männer[78], die aus Anlass der Aids-Problematik entstanden sind. Daneben werden auch Studien zum geschlechterspezifischen Rollenverständnis und dessen Wandel in unserer und anderen westlichen Gesellschaften herangezogen[79]. Sie verdeutlichen, wie es zur Herausbildung verschiedener Homosexualitäten im Sinne verschiedener sozialer Rollen der Homosexualität kommt. Die sozialen Rollen sind, wie oben bereits erwähnt, der Aspekt von Homosexualität, der dem Verfasser für die vorliegende Arbeit besonders relevant erscheint. Mit dem **Stigmabegriff Erving Goffmans**[80] erläutert das Kapitel zunächst den theoretischen Rahmen, in den der Verfasser die verschiedenen Merkmale der Lebens- und Erfahrungswelt schwuler Männer einordnet (Abschnitt 3.1. Der Stigmabegriff bei Goffman als theoretischer Ausgangspunkt). Stigma und der Umgang mit Stigma werden zum Leitgedanken sowohl der ganzen Arbeit, als auch der restlichen Teile des dritten Kapitels. Die alltagsweltlich relevanten Begriffsinhalte von Homosexualität verweisen auf die Merkmale, durch die sich schwule Männer von nicht-schwulen unterscheiden (Abschnitt 3.2.

---

[76] Vgl. Kotler/Bliemel (1995), S.446 f.
[77] Unter anderem Sexualverhaltensstudien, soziologische Studien zum Lebensumfeld schwuler Männer und Leserbefragungsdaten von Zeitschriften für die schwule Zielgruppe
[78] Z.B. Bochow (1993, 1993a, 1994), Dannecker (1990)
[79] Z.B. Hollstein (1989, 1990)
[80] Goffman (1975)

Dimensionen von Homosexualität: In welcher Hinsicht sind schwule Männer „anders"). Die Unterschiede geben Anlass zu Reaktionen seitens der Umwelt schwuler Männer (Abschnitt 3.3. **Schwule Männer und ihre Umwelt:** Wie begegnet die „normale" Welt den „Anderen"?), und schwule Männer ihrerseits entwickeln Muster, nach denen sie mit ihrer eigenen Unterschiedlichkeit umgehen (Abschnitt 3.4. **Stigmamanagementstrategien:** Wie „anders" oder wie „normal" geben sich schwule Männer?).

Im vierten Kapitel unternimmt der Verfasser den Versuch, den Gedanken des Stigmamanagement zu nutzen, um auf seiner Basis ein **deskriptives Modell des Konsumentenverhaltens** schwuler Männer zu entwerfen. Zu diesem Zweck werden im Abschnitt 4.1. zunächst Querverbindungen zwischen dem in der vorliegenden Arbeit entwickelten Begriff von Stigmamanagement und dem Begriff des Konsumentenverhaltens aufgezeigt. Stigmamanagement wird dabei als Selbstpositionierung bezüglich der Kategorien „normal" und „anders" verstanden und in Beziehung gesetzt zu neueren **interpretativen Ansätzen** der Theorie des Konsumentenverhaltens und zum **Co-Produzentenansatz**, wie ihn Hansen/Hennig[81] vertreten. Darauf aufbauend wird in Abschnitt 4.2. ein Modell entworfen, in dessen Mittelpunkt der **Einfluss von Stigmamanagement auf konsumentenverhaltensrelevante Rollen** steht: der schwule Konsument als Stigmamanager, der Anbieter als potentieller Stigmamanagementassistent und Bezugsgruppen als Produzenten des Bezugsrahmens für Stigmamanagement. Die Erläuterung der Rollen stützt sich dabei auf die vorausgehende Analyse stigmamanagementrelevanter **Kompetenzen**.

Das fünfte Kapitel setzt das beschriebene Modell der **Empirie** aus. Zunächst wird die **Vorgehensweise** bei den empirischen Untersuchungen erläutert (Abschnitt 5.1.). Dabei gibt der Verfasser zunächst einen kurzen Abriss der empirischen Voruntersuchungen und beschreibt dann das Kernstück des empirischen Teils der Arbeit: die Gruppendiskussionen mit schwulen Männern. In Abschnitt 5.2. werden die **Ergebnisse** präsentiert und mit Zitaten aus den Diskussionen illustriert und belegt.

Die Kapitel 4 und 5 sind - ganz im Sinne der „Grounded Theory" von Glaser/Strauss[82] - lediglich als letzte Stationen eines Prozesses zu verstehen, bei dem in mehreren Schleifen theoretische Vorüberlegungen anhand empirischer Daten gleichzeitig korrigiert und weiterentwickelt werden. Insofern ist das fünfte Kapitel - nicht nur aufgrund der fehlenden Repräsentativität der Stichprobe - kein Hypothesentest im herkömmlichen Sinne. Es dient vielmehr zum einen dazu festzustellen, ob Stigmamanagement wirklich ein sinnvoller gemeinsamer Nenner und Deskriptor für das Konsumentenverhalten schwuler Männer ist, und zum anderen soll es darüber hinaus weitergehende Einsichten liefern, über die Art und Weise, wie sich **Stigmamanagement im Konsumentenverhalten der Zielgruppe** niederschlägt. Der Verfasser interpretiert die Ergebnisse dahingehend, dass

---

[81] Vgl. Hansen/Hennig (1995)
[82] Glaser/Strauss (1967)

- ein potentieller Stigmamanagementbezug bei schwulen Konsumenten Aufmerksamkeit weckt,
- die von Anbietern gebotene Stigmamanagementassistenz in den Augen schwuler Konsumenten einen Teil der Anbieterkompetenz ausmacht,
- sich aus dem Stigmamanagementgedanken Bedarfskategorien ableiten lassen, und
- folglich Stigmamanagementüberlegungen auch einen Einfluss auf die Kaufentscheidung haben.

Im sechsten Kapitel werden **Ansatzpunkte für das Marketing** skizziert. Im Licht der Ergebnisse der empirischen Untersuchung wird der Stigmabegriff erweitert um den Aspekt der Einschränkung des Gestaltungsspielraums. Daraus wird der Grundgedanke des hier vorgeschlagenen Marketingansatzes abgeleitet: Marketing für die schwule Zielgruppe als Transformation von Stigma in einen **Gestaltungsspielraum** (Abschnitt 6.1.). Die Aufgaben, die sich stellen, wenn Marketing einen zielgruppengerechten Gestaltungsspielraum erschließen will, werden in Abschnitt 6.2. erläutert. Eingegangen wird dabei beispielhaft auf

- die Eingrenzung stigmamanagementrelevanter Leistungsbereiche im Sinne der Konzeption eines relevanten Angebots,
- Kommunikation mit der Zielgruppe und
- die Festlegung des - nur aus schwulen Männern oder auch aus weiteren Zielgruppen bestehenden - Zielgruppenmix.

2. Das Potential der Zielgruppe im Licht der Segmentierungserfordernisse nach Kotler

Bei jeder Zielgruppenuntersuchung stellt sich die Frage, welches Potential die Zielgruppe aus Anbietersicht aufweist. Wenn wie im vorliegenden Fall die Zielgruppe vorab nicht genau eingegrenzt werden kann, ist es umso wichtiger, im Vorfeld zumindest **Größenordnungen** abzuschätzen. Mangels einer universell anwendbaren Definition dessen, was aus Anbietersicht unter dem Potential einer Zielgruppe zu verstehen ist, wird hier ein pragmatischer Weg gewählt. Das Potential der schwulen Zielgruppe soll hier anhand der **Segmentierungserfordernisse** von Kotler/Bliemel beurteilt werden. Nach Kotler Bliemel sind Segmentierungen dann nützlich, wenn folgende Kriterien erfüllt werden: Messbarkeit, Substanz, Erreichbarkeit, Trennbarkeit und Machbarkeit der Segmentierung.[83]

Der Kriterienkatalog stellt insofern sehr weitgehende Forderungen auf, als die zugrundegelegte Fragestellung bei Kotler/Bliemel nicht allein die nach dem Zielgruppenpotential ist, sondern die nach der Nützlichkeit eines gesonderten Marketingansatzes: „Als Segment sollte man die größtmögliche homogene Kundengruppe betrachten, für die sich ein maßgeschneidertes Marketingprogramm lohnt."[84] Streng genommen gilt der vollständige Forderungskatalog deshalb nur für den Fall eines gesonderten Marketingansatzes. Für die vorliegende Arbeit bleibt allerdings zunächst offen, ob die schwule Zielgruppe sinnvollerweise mit einem separaten Marketing angesprochen werden soll oder mit einem breiter angelegten Konzept, das die schwule Zielgruppe bewusst einschließt, daneben aber auch andere Zielgruppen anvisiert. Wenn trotzdem die Segmentierungserfordernisse nach Kotler/Bliemel herangezogen werden, so deshalb, weil die Variante des separaten Marketing nicht ausgeschlossen werden soll.

2.1. Messbarkeit des Marktsegments

Ein Einwand gegen Marketing für die schwule Zielgruppe könnte lauten, der Begriff schwule Zielgruppe sei zu diffus. Die oben erfolgte Klärung der Begriffe homosexuell und schwul hat aber die Möglichkeiten einer **ungefähren Eingrenzung** aufgezeigt. Die Begriffsklärung ist allerdings nur eine notwendige Voraussetzung für die Messbarkeit des entsprechenden Marktsegments. Die Messbarkeit muss daneben auch praktisch durchführbar bzw. **operational** sein. Auch dieses Kriterium ist nach Ansicht des Verfassers grundsätzlich erfüllt; denn Daten zum Sexualverhalten, die Homosexualität thematisieren, und zur **Selbstdefinition** als homo-, hetero- bzw. bisexuell existieren durchaus. Letztere werden im nächsten Abschnitt auch zur Marktgrößenabschätzung herangezogen. Die oben bereits erwähnten **Unschärfen** in den Randbereichen betreffen eher das Problem, wo für konkrete Marketingmaßnahmen eine sinnvolle Trennlinie gezogen werden soll, stellen aber nicht die Messbarkeit in Frage, wenn die Entschei-

---

[83] Vgl. Kotler/Bliemel (1995), S.446 f.
[84] Kotler/Bliemel (1995), S.447

dung für eine unter pragmatischen Gesichtspunkten zu ziehende Trennlinie gefallen ist. Auf die Problematik der Trennbarkeit wird im Abschnitt 2.4. Trennbarkeit des Marktsegments noch näher eingegangen. Dadurch ist aber nach Ansicht des Verfassers die Messbarkeit nicht grundsätzlich in Frage gestellt, vor allem dann nicht, wenn nur die Ermittlung von Größenordnungen intendiert ist.

2.2. Substanz des Marktsegments

2.2.1. Größe der Zielgruppe

2.2.1.1. Absolute Größe der Zielgruppe

Die Marktrelevanz einer Zielgruppe bemisst sich unter anderem nach ihrer Größe. Zunächst soll auf die potentielle absolute Größe der Zielgruppe eingegangen werden. Mangels Daten, die explizit nach Homosexualität als sozialer Rolle fragen, soll hier auf Sexualverhaltensdaten - konkreter: Daten zur sexuellen Selbstdefinition - abgestellt werden. Sie können und sollen keine genaue Schätzung liefern, sondern nur eine Größenordnung für die Zielgruppe festlegen. Dieser bescheidene Anspruch empfiehlt sich umso mehr, als beim Thema Sexualität und speziell Homosexualität mit gewissen **Schwierigkeiten bezüglich der Auskunftswilligkeit** von Testpersonen gerechnet werden muss:

„Die Zweifel daran, ob Sexualverhalten mit den Mitteln der quantitativen empirischen Sozialforschung auf der Basis repräsentativer Bevölkerungsumfragen überhaupt adäquat untersucht werden kann, werden auch nach dem Vorliegen erster Ergebnisse aus Repräsentativstudien unverändert hier und da von Sexualwissenschaftlern und Methodenfachleuten geäußert. Aufgrund der großen Tabuisierung des Themas, an der auch die sexuelle Liberalisierung in den letzten Jahrzehnten nichts Grundsätzliches geändert hat, ist die Hypothese nur zu plausibel, dass im Rahmen einer bevölkerungsrepräsentativen Quoten- oder Zufallsstichprobe ausgewählte Befragungspersonen einem für sie völlig fremden Interviewer Fragen zum Sexualverhalten entweder gar nicht oder nur teilweise, unvollständig oder nicht wahrheitsgemäß beantworten [...] Eine Reihe von Methodenexperimenten [...] belegten, dass dieses Risiko tatsächlich besteht. Gleichzeitig machten die Ergebnisse [...] aber auch deutlich, dass Probleme wie die generelle Verweigerung der Teilnahme, die Verweigerung der Beantwortung einzelner besonders intimer Fragen bzw. unvollständige, nicht wahrheitsgemäße Antworten zwar nicht völlig vermieden, bei Auswahl einer adäquaten Befragungsmethode jedoch zumindest minimiert werden können [...]."[85]

Die neueste dem Verfasser bekannte repräsentative Untersuchung zum Sexualverhalten der Deutschen (alte Bundesländer) stammt aus den Jahren 1986/87.[86] Nach dieser auf Fragebögen basierenden Untersuchung sind - nach Selbstdefinition - 3,8% der Männer (über 15 Jahre) homosexuell und 3,4% bisexuell[87]. Die Tatsache, dass diese Einstufung

---

[85] Hunnius/Jung (1994), S.33
[86] Vgl. Runkel (1987)
[87] Vgl. Runkel (1994), S.259. Die Erhebung fand statt im Umfeld der Arbeit der AIDS-Enquete-Kommission des 11. Deutschen Bundestags. Zur Erläuterung der Methodik der Untersuchung sei hier Runkel wörtlich zitiert: „[...] habe ich eine empirische Erhebung eines repräsentativen Querschnitts der sexuell aktiven Bevölkerung ab 15 Jahren der Bundesrepublik Deutschland durchgeführt. Durch ein

auf Selbstdefinition beruht, erlaubt den Schluss, dass diese Zahlen dem Konzept von Homosexualität als Identifizierung mit einer von mehreren möglichen sozialen Rollen der Homosexualität nahe kommen. Diese Annahme ist umso mehr gerechtfertigt, als in der eben erwähnten Untersuchung 3,4% derer, die sich bei der Frage nach der eigenen Selbstdefinition als heterosexuell bezeichnen, bei der Frage nach dem sexuellen Verhalten bisexuelles Verhalten angeben.[88] Die Zahl derer mit nicht oder nicht ausschließlich heterosexuellem Verhalten ist also höher als die Zahl derer, die daraus eine entsprechende Selbstdefinition ableiten und nach außen hin offenbaren.

Eine der bekanntesten empirischen Untersuchungen zum menschlichen Sexualverhalten ist die von Alfred Kinsey in den U.S.A. Nach seinen Studien - die nicht auf Fragebögen und Selbsteinschätzung, sondern auf Einzelinterviews und Einstufung durch die Interviewer basierte - gilt folgendes:

„10% der Männer sind mehr oder weniger ausschließlich homosexuell in ihrem Verhalten [...] durch mindestens drei Jahre im Alter von 16 und [sic] 55 Jahren. 4% der weißen Männer sind ausschließlich homosexuell in ihrem Verhalten nach Beginn der Pubertät."[89]

In dem bereits im Literaturüberblick erwähnten Yankelovich MONITOR, der auf einer Datenerhebung im Jahre 1993 beruht, stufen sich 6% einer für die Gesamtbevölkerung der U.S.A repräsentativen Stichprobe als „gay/homosexual/lesbian" ein.[90] Dieser relativ hohe Anteil geht möglicherweise auf die Befragungsmethode zurück, bei der die Hürde einer entsprechenden Selbstidentifizierung möglichst gering gehalten wurde:

„They [Yankelovich respondents, Anm. d. Verf.] were simply given the opportunity to identify themselves as being gay/lesbian/homosexual by citing a number associated with one of the 52 listed descriptors in the spiral binder."[91]

Man könnte also unter Berufung auf die obigen Untersuchungen sagen, dass - unter Vernachlässigung der Altersgrenze von 15 Jahren - bei einer Gesamtbevölkerung von ca. 80 Millionen und ca. 40 Millionen Männern die Größe der Zielgruppe schwule Männer **in Deutschland zwischen 1,6 Millionen** (entsprechend 4% von 40 Millionen) **und 2,4 Millionen** (6%) Personen liegen würde. Die untere Grenze des Intervalls kommt nach Ansicht des Verfassers einer eher vorsichtigen Schätzung gleich. Die entsprechende Zielgruppengröße für Frankreich wird bei einer Gesamtbevölkerung von weniger als 60 Millionen Menschen von dem Wirtschaftsmagazin Stratégies auf etwa 2 Millionen geschätzt.[92] Zudem gibt es, wenn man die Ergebnisse von Kinsey auf

---

Zufallsverfahren wurden 4000 Bundesbürger ausgewählt, denen Fragebögen zu persönlichen Daten, ihrem eigenen Sexualverhalten und ihrer Einstellung zu AIDS zugeschickt wurden. Die Rücklaufquote betrug 1501 gültige Fragebögen. Auf diese stützt sich die vorliegende Auswertung. Da Intimdaten erhoben wurden, ist der Rücklauf der Fragebögen von 37% als sehr gut anzusehen."

[88] Runkel (1994), S.262; wie viele von denen, die sich als heterosexuell bezeichnen, ein ausschließlich homosexuelles Verhalten zeigen, wird nicht erwähnt.

[89] Haeberle (1993), S.234

[90] Vgl. Lukenbill (1995), S.73

[91] Lukenbill (1995), S.73

[92] Vgl. Fonquernie (1994), S.32

Deutschland übertragen darf, zusätzlich eine Gruppe von Männern, die sich zumindest für eine begrenzte Zeit ihres erwachsenen Lebens mehr oder weniger ausschließlich homosexuell verhalten. Auch bei Zugrundelegung der Zahl von 2,4 Millionen Personen - entsprechend der oberen Grenze des Schwankungsintervalls - bleibt die Zielgruppe im Vergleich zu der Gesamtzahl der Konsumenten in Deutschland klein. Es folgt jedoch nicht, dass sie kein Rentabilitätspotential besitzt. Auch kleine Marktsegmente können rentabel sein. Angesichts gesättigter Konsumgütermärkte verdienen Nischenstrategien sogar besondere Aufmerksamkeit.

2.2.1.2. Relative Größe der Zielgruppe

Im Rahmen einer Nischenstrategie wird ein Anbieter nicht unbedingt an der absoluten Größe der Zielgruppe für ganz Deutschland interessiert sein, sondern an der **Größe der Zielgruppe auf dem** für ihn **relevanten Markt**. Bei welcher Mindestgröße die Zielgruppe schwule Männer ein attraktives Marktsegment darstellt, muss deshalb auch in Relation zum relevanten Markt definiert werden. Für einen Einzelhändler oder kleinen Handwerksbetrieb können 100 schwule Kunden bereits ausreichend sein, für einen großen Markenartikelhersteller mögen 100.000 noch nicht ausreichen. Der Mindestumsatz, der ein spezifisches Ansprechen der Zielgruppe rentabel gestaltet, ist im ersten Fall wahrscheinlich viel kleiner als im zweiten.

Möglicherweise stellt es im ersten Fall sogar eine realistische Nischenstrategie dar, sich ausschließlich auf die Klientel der schwulen Konsumenten zu konzentrieren. Dies kann z.B. dann lohnend sein, wenn der relevante Markt geographisch eng begrenzt ist, die abzusetzenden Gesamtmengen an Leistungen eher gering sind und die Zielgruppe vor Ort stark vertreten ist. Im Fall eines großen Markenartikelherstellers ist es dagegen sehr viel unwahrscheinlicher, dass die schwule Zielgruppe als alleinige Endabnehmergruppe ausreicht. Sie stellt aber möglicherweise eine attraktive zusätzliche Zielgruppe dar. In diesem Fall stellt sich die Frage, ob separate Marketingmaßnahmen für die schwule Zielgruppe überhaupt erforderlich sind. Auch ein nicht nach Zielsegmenten differenzierter Marketingauftritt kann so gestaltet werden, dass er neben anderen Zielgruppen bewusst schwule Männer einbezieht. Die Mindestgröße, die das schwule Marktsegment erreichen müsste, wäre bei einem solchen „**schwuleninklusiven**" **Ansatz** niedriger als bei einem „**schwulenspezifischen**", der ausschließlich die Zielgruppe ansprechen will.[93]

Auf die eben angesprochenen Fragen, die auch Konsequenzen für die Marketingstrategie haben, wird in Kapitel 6 noch näher eingegangen. Hier soll der Hinweis genügen, dass sich die Frage nach der erforderlichen Zielgruppengröße je nach Unternehmenssituation ganz unterschiedlich stellen kann. Der relevante Markt ist für jedes Unternehmen ein anderer.

---

[93] Die Konzepte „schwuleninklusiv" und „schwulenspezifisch" lehnen sich an Dennersmann/Ludwig (1986, S.362 f.) an, die im Zusammenhang mit der Werbung für die Zielgruppe der älteren Menschen von altenspezifischen und alteninklusiven Anzeigen sprechen.

2.2.2. Kaufkraft der Zielgruppe

Ein Marktsegment ist für Anbieter unter anderem dann vielversprechend, wenn die anvisierte Zielgruppe kaufkräftig ist. Repräsentative Untersuchungen zur Kaufkraft schwuler Männer existieren zwar nicht[94], aber andere aufschlussreiche Daten sind durchaus verfügbar.

Die deutschen Schwulenzeitschriften „Magnus" und „Männer aktuell" gaben Ende 1994 eine gemeinsame **Leserbefragung** in Auftrag, deren Ergebnisse von der Agentur Remy und Marcuse veröffentlicht wurden.[95] Danach verfügten fast die Hälfte der Leser der genannten Zeitschriften über ein monatliches **Haushaltsnettoeinkommen** von 5000,- DM und darüber, verglichen mit nur knapp 20% im Bevölkerungsdurchschnitt, wobei im Vergleich zum Bevölkerungsdurchschnitt ein weit größerer Anteil der Leser in Einpersonenhaushalten lebte (56% der Leser, nur 17,5% der Gesamtbevölkerung), das Haushaltseinkommen also nicht teilen musste.[96] Diese Zahlen sind ein Indikator für die Existenz eines sehr kaufkräftigen Segments unter schwulen Männern. Sie besagen allerdings nicht, dass alle schwulen Männer überdurchschnittliche Einkommen beziehen oder ihr Durchschnittseinkommen über dem der Gesamtbevölkerung liegt. Dieser Hinweis erscheint vor allem deshalb wichtig, weil in der Presse die oben erwähnten Leserbefragungsdaten kurzerhand auf die gesamte Zielgruppe der schwulen Konsumenten bezogen wurden.[97] Dies stellt eine unzulässige Verallgemeinerung dar. Es ist davon auszugehen, dass die Zeitschriften, von denen die Leserbefragung veranlasst wurde, nur ein Teilsegment der schwulen Konsumenten ansprechen. Angesichts der Preise der Zeitschriften[98] liegt die Vermutung nahe, dass die Käufer das kaufkräftigere Teilsegment der schwulen Konsumenten darstellten. Über die Kaufkraft der schwulen Konsumenten, die nicht zu den Käufern der Zeitschriften zählen, erlaubt dies aber keine Aussage. Überspitzt ausgedrückt könnte man sagen, von den Einkommensverhältnissen der Leser der genannten Zeitschriften kann man ebenso wenig auf das Einkommen aller schwulen Konsumenten schließen, wie man von den Einkommensverhältnissen der „Spiegel"-Leser auf das Einkommen der Gesamtbevölkerung schließen kann.

---

[94] Aufgrund der Definitionsproblematik (Grauzonen) kann es Daten, die in einem strengen Sinne für alle Schwulen oder Homosexuelle in der Bundesrepublik repräsentativ wären, gar nicht geben. Dazu kommt das Problem des stigmatisierten Minderheitenstatus: Befragungen sind auf die Auskunftsbereitschaft der Befragten angewiesen. Solange sich die zu Befragenden gesellschaftlicher Diskriminierung ausgesetzt sehen, kann nicht grundsätzlich davon ausgegangen werden, dass sie bei einer solchen Befragung ihre Zugehörigkeit zu der diskriminierten Gruppe offenbaren.

[95] Remy und Marcuse (1994)

[96] Remy und Marcuse (1994), S.16

[97] Vgl. z.B. die Zeitungsartikel „Kaufkräftig, kinderlos und konsumorientiert" in der Süddeutschen Zeitung (Spörrle 1995) und „Zielgruppe Rosa" in der Wochenzeitung „Die Woche" (Jung 1995)

[98] Einzelheftpreise für „Magnus" und „Männer aktuell" (1995): 13,80 DM

Trotz dieser Einwände existiert das Bild vom relativ kaufkräftigen Schwulen.[99] Auch wenn die oben erwähnten Einkommensdaten keine Schlüsse auf das Gesamtsegment der schwulen Konsumenten zulassen, gibt es gute Gründe anzunehmen, dass die schwulen Konsumenten tatsächlich im Durchschnitt kaufkräftiger sind als der Bevölkerungsdurchschnitt, wenn auch nicht in dem Maße wie es die Einkommensdaten der Leserbefragungen suggerieren. Der Grund ist vor allem darin zu sehen, dass schwule Konsumenten bei gleichem persönlichen Einkommen wahrscheinlich eine höhere **Kaufkraft pro Kopf** haben als Heterosexuelle, denn es ist anzunehmen, dass das Single-Dasein unter Schwulen sehr viel häufiger ist als im Durchschnitt der Gesamtbevölkerung. Das verfügbare Einkommen muss meist nicht mit anderen, finanziell Abhängigen geteilt werden. Wenn Schwule mit einem schwulen Partner zusammenleben, dann wohl meist als kinderlose Doppelverdiener, was nicht bedeutet, dass es unter schwulen Männern keine Ehemänner und Väter gibt, die finanziell abhängige Personen unterstützen müssen, oder Geschiedene, die zu Unterhaltszahlungen verpflichtet sind. Aber statistisch dürfte diese Personengruppe nicht stark ins Gewicht fallen und zudem im Zeitverlauf noch an Gewicht verlieren.[100] Denn der gesellschaftliche Druck, nach außen eine heterosexuelle Fassade aufrechtzuerhalten, hat im Zuge einer allgemeinen Liberalisierung in den letzten Jahrzehnten abgenommen. Es besteht also für schwule Männer immer weniger eine soziale Notwendigkeit, zu heiraten und eine Familie zu gründen und sich damit erst in die Lage zu begeben, möglicherweise wirtschaftlich für andere sorgen zu müssen. Es ist deshalb zumindest nicht unwahrscheinlich, dass die Kaufkraft pro Kopf für schwule Konsumenten über dem Durchschnitt der Gesamtbevölkerung liegt.

2.2.3. Mögliche Auswirkungen auf die Substanz anderer Marktsegmente

Die Beurteilung der Substanz eines Marktsegments bleibt unvollständig, wenn die Wechselwirkungen mit anderen Marktsegmenten vernachlässigt werden. Bei der Beurteilung der Relevanz des schwulen Marktsegments spielt also nicht nur dessen eigenes Rentabilitätspotential eine Rolle, sondern auch mögliche Auswirkungen auf andere Marktsegmente. Die Befürchtung, es könne zu **negativen Imageeffekten** kommen, wenn in der Öffentlichkeit bekannt wird, dass ein Unternehmen schwule Männer als Zielgruppe umwirbt, ist sicher nicht grundsätzlich unbegründet.[101] Es stellt sich aber

---

[99] Vgl. z.B. den Artikel „Schwul leben in Düsseldorf" (o.V. 1995) in der Programmzeitschrift PRINZ (Düsseldorfer Ausgabe) vom Juni 1995. Dort werden auf Seite 22 „10 Gründe, warum es Schwule besser haben als Heteros" genannt, und unter anderem heißt es dort: „Worum Männer sie am meisten beneiden: Sie [...] haben ein oft dickeres Bankkonto."

[100] In der 1993 von Bochow durchgeführten Befragung homosexueller Männer zum Thema „Schwuler Sex und die Bedrohung durch Aids - Reaktionen homosexueller Männer in Ost- und Westdeutschland" bezeichneten sich 2,4% der westdeutschen und 4,4% der ostdeutschen Befragten als verheiratet, 4,4% (West) bzw. 8,8% (Ost) als geschieden. Insgesamt wurden knapp 2400 Westdeutsche und knapp 500 Ostdeutsche befragt, vgl. Bochow (1994), S.166. Kapitel 3 stützt sich auf die genannte Studie und im dortigen Zusammenhang wird auch auf Untersuchungsdesign und Methodik eingegangen.

[101] Dies ist ein Problem, mit dem z.B. Schwulenzeitschriften bei der Akquisition von Werbeanzeigen konfrontiert sind. Zur Illustration mag folgendes Zitat aus der Wochenzeitung „Die Woche" dienen

die Frage, ob und unter welchen Bedingungen diese Gefahr tatsächlich besteht. Für die Teile der Öffentlichkeit, die keine Vorbehalte gegenüber Homosexuellen haben, gilt möglicherweise sogar das Gegenteil: ein **positiver Imageeffekt** bedingt durch den schwulen Mann als Sympathieträger.

Eine notwendige Voraussetzung für Effekte bei anderen Zielgruppen besteht darin, dass das Abzielen auf das schwule Kundensegment von den anderen Zielgruppen wahrgenommen wird. Dies ist vor allem bei der Nutzung schwulenspezifischer Medien nicht unbedingt zu erwarten. Sowohl der **Bekanntheitsgrad** schwuler Medien als auch das **Interesse** an ihnen dürften bei nicht-schwulen Zielgruppen sehr gering sein. Über diese Medien versandte Botschaften werden deshalb kaum Effekte auf nicht-schwule Zielgruppen haben können.[102] Selbst wenn im Rahmen eines schwuleninklusiven Marketingansatzes mit derselben Botschaft sowohl schwule als auch nicht-schwule Konsumenten erreicht werden sollen, wird die nicht-schwule Zielgruppe aufgrund der **fehlenden Eindeutigkeit der Botschaften** nicht unbedingt wahrnehmen, dass gleichzeitig eine schwule Zielgruppe angesprochen wird. Das kann daran liegen, dass die Botschaft mit Hilfe von Symbolen transportiert wird, die für diejenigen, die mit der schwulen Subkultur nicht vertraut sind, keine spezifische Bedeutung haben, wie z.B. die Regenbogenflagge oder der griechische Buchstabe Lambda, um nur zwei der gängigsten Symbole zu nennen.[103] Marketingbotschaften können zudem bewusst verschiedene Lesarten erlauben. Die Werbung für Herrenkosmetika arbeitet z.B. oft mit männlicher Erotik. Die abgebildeten Männer können ein Objekt der Begierde für einen schwulen Konsumenten darstellen, aber ebenso für (heterosexuelle) Frauen. Nicht-schwule männliche Konsumenten erblicken in den abgebildeten Männern möglicherweise eine wegen ihrer erotischen Ausstrahlung (auf Frauen) bewunderte Identifikationsfigur. Es besteht kein Grund anzunehmen, dass die angesprochenen nicht-schwulen Zielgruppen der möglichen schwulenspezifischen Interpretation der Werbung Aufmerksamkeit schenken. Wenn das aber nicht der Fall ist, sind auch negative Imageeffekte nicht zu erwarten.

(Jung 1995, S.9): „Noch überwiegen bei deutschen Markenartiklern Berührungsängste. ‚Die Firmen befürchten, dass ihr Produkt negativ besetzt wird', sagt Werner Dierker von der Werbewissenschaftlichen Gesellschaft in Bonn. Sie wollen tunlichst vermeiden, dass ihre Ware mit einer Randgruppe in Verbindung gebracht wird, die in Teilen der Gesellschaft auf Ablehnung stößt." Derlei Befürchtungen existieren, obwohl - wie noch zu zeigen ist - negative Auswirkungen auf nicht-schwule Zielgruppen nicht sehr wahrscheinlich sind.

[102] Dass die Marketingfachpresse Vorstöße zur Erschließung der schwulen Kundengruppe unter Umständen interessiert verfolgt, sei damit nicht abgestritten.

[103] Zum Begriff der Subkultur in einem Marketingzusammenhang vgl. Kroeber-Riel (1992), S.575. „Der Begriff Subkultur hat die gleichen Funktionen wie der Begriff Kultur: So wie dieser dazu dient übereinstimmende spezifische Verhaltensweisen von verschiedenen Gesellschaften zu bestimmen, dient der Begriff Subkultur dazu, Verhaltensweisen von sozialen Gruppierungen innerhalb der Gesellschaft zu analysieren [...]" Die von Kroeber-Riel in diesem Zusammenhang angeführte Definition von Kultur weist darüber hinaus auf die Funktion von Symbolen hin: „Kultur besteht aus expliziten und impliziten Denk- und Verhaltensmustern, die durch Symbole erworben und weitergegeben werden [...]" (Kroeber, Kluckhohn, 1952, zitiert nach Kroeber-Riel, 1992, S.576).

Die Idee von schwulen Männern als **Sympathieträgern** mag zunächst befremdlich klingen, birgt aber nach Ansicht des Verfassers durchaus ein Potential. Das Fremdbild der Schwulen enthält auch positiv bewertete Züge, z.B. Körperbewusstsein und Sinnlichkeit, guter Geschmack und Kreativität, Sensibilität und die Fähigkeit, Emotionen auszuleben, Unabhängigkeit und Lebenslust und nicht zuletzt das Wegfallen männlichen Überlegenheitsgebarens und sexueller Belästigung im Umgang mit Frauen.[104] In welchem Maß diese Elemente des Fremdbilds der Realität entsprechen, soll hier nicht diskutiert werden. Tatsache bleibt, dass sie - neben anderen negativ gefärbten - einen Teil des Fremdbilds ausmachen und deshalb bei den nicht-schwulen Zielgruppen auch verhaltensrelevant werden können. Die verhaltensbeeinflussende Wirkung kann dabei auf verschiedenen Wegen zustandbekommen. Zum einen kann bereits das erkennbare Abzielen des Angebots auf die schwulen Konsumenten die Sympathiewirkung und einen Nachahmungseffekt auslösen, der sowohl dem Produkt, als auch dem Hersteller oder auch der Einkaufsstätte zugute kommen kann. Die Sympathiewirkung schließt auch die Trendsetterfunktion ein, bei dem sich der Nachahmungseffekt auf neue Produkte, neu am Markt auftretende Hersteller oder neue Einkaufsstätten bezieht. Zum anderen kann die Sympathiewirkung auch in der Person des schwulen Anbieters begründet liegen, z.B. dem schwulen Friseur, dem eine besondere, **„schwule" Kompetenz** zugeschrieben wird, die das Produkt, den Hersteller oder die Einkaufsstätte in einem günstigen Licht erscheinen lässt.

Es ist sicher nicht davon auszugehen, dass schwule Männer für alle Konsumentengruppen und im Zusammenhang mit allen Produkten und Leistungen eine Sympathieträgerfunktion erfüllen können. Es ist aber anzunehmen, dass die Sympathieträgerfunktion z.B. bei weiblichen Konsumenten greifen kann, für die schwule Männer einen willkommenen Gegensatz zum sonst üblichen „Geschlechterkampf" symbolisieren oder bei Konsumenten, in deren Lebensgefühl Offenheit, Toleranz und ein Schuss Exzentrik wichtige, positiv bewertete Faktoren sind. An Produktbereichen könnte man Kleidung (sowohl Oberbekleidung als auch Unterwäsche) oder Inneneinrichtung[105] nennen, also Bereiche, in denen Geschmacksfragen und zum Teil auch Sinnlichkeit eine Rolle spielen. Darüber hinaus kommen auch alle anderen Produkt- und Dienstleistungsbereiche in Frage, die für die o.g. positiven Züge des Fremdbilds Relevanz besitzen.

---

[104] Vgl. die „10 Gründe, warum es Schwule besser haben als Heteros" in der Zeitschrift „Prinz" (o.V. 1995), S.22

[105] Als Beispiel für den Einsatz von Schwulen als Sympathieträgern sei hier der US-amerikanische Ikea-Fernsehspot genannt, in dem mit einem schwulen Paar für Ikea-Möbel geworben wird. „The Advocate", eine US-amerikanische Schwulen- und Lesbenzeitschrift, berichtete darüber und zitierte einen Mitarbeiter der Werbeagentur, die den Spot entworfen hat: „Ikea believes in showing all different lifestyles and life stages and the intention of this campaign is to talk to everyone and speak with emotions that all sorts of people can talk to. This spot happens to be about two men, but it is about things everyone can feel. We feel that what we have done is depict reality." (Gallagher 1994, S.25)

2.3. Erreichbarkeit des Marktsegments

Für das Marketing interessant wird eine Zielgruppe erst, wenn sie auch erreichbar ist. Da die schwule Zielgruppe von einer Minderheit gebildet wird, die sich auf alle gesellschaftlichen Schichten, alle Regionen, alle Berufe etc. verteilt, ist die zielgruppengenaue Erreichbarkeit keine Selbstverständlichkeit. Die folgenden Ausführungen zeigen aber, dass es durchaus Kanäle gibt, über die schwule Männer relativ zielgruppengenau angesprochen werden können.

2.3.1. Medien

Ein Indikator, der für ein Marktpotential spricht, ist die Existenz zielgruppenspezifischer Medien. Sowohl auf nationaler als auch auf lokaler Ebene erscheinen Zeitschriften und Anzeigenblätter[106] speziell für die schwule bzw. schwule und lesbische Zielgruppe. Darüber hinaus werden kostenlose Zeitschriften und Anzeigenblätter mit begrenztem redaktionellen Teil publiziert. Sie haben zum Teil nur ein regional begrenztes Verbreitungsgebiet.[107] Die Auflagenzahlen der Blätter liegen dabei jeweils im vier- bis fünfstelligen Bereich.[108] Nicht zuletzt erweitert das Internet die Möglichkeiten zielgruppenspezifischer Ansprache.

2.3.2. Subkulturelle Veranstaltungen und Veranstaltungsorte

Eine weitere Zugangsmöglichkeit zur Zielgruppe eröffnen schwule bzw. schwul-lesbische **Großveranstaltungen**. In mehreren deutschen Großstädten finden z.B. alljährlich zum Christopher-Street-Day (CSD)[109] publikums- und medienwirksame Großveranstal-

---

[106] Zum Zeitpunkt der Recherchen für die vorliegende Arbeit waren dies auf nationaler Ebene z.B. die Zeitschriften „Männer Aktuell", „Magnus" (Auflage je 20.000, „Magnus" ging im Frühjahr 1995 erstmals in Konkurs, erschien ab September 1995 neu und ging nach kurzer Zeit endgültig in Konkurs), „Du und Ich", „Adam", um nur einige zu nennen.

[107] Für die Region Düsseldorf und Umgebung waren dies zum Zeitpunkt der Recherchen für die vorliegende Arbeit z.B. die folgenden Titel: „Facette" (Düsseldorf, Auflage 3.000), „Rosa Zone" (Ruhrgebiet, Auflage 5.000), „Box" (bundesweit, Auflage 34.000) und „First" (ebenfalls bundesweit).

[108] Die Auflagenzahlen (Stand 1995) sind für „Magnus" den veröffentlichten Mediadaten, bei den übrigen Blättern diesen selbst entnommen. Die Zahlen für „Männer aktuell" und „Magnus" können als gesichert betrachtet werden, da beide Zeitschriften Mitglied in der Informationsgemeinschaft zur Verbreitung von Werbeträgern e.V. sind bzw. waren, die Auflagenzahlen also einer unabhängigen Prüfung unterliegen. Über die Zuverlässigkeit der übrigen Zahlen kann der Verfasser keine Angaben machen. Allerdings nahm Bochow (1994, S.16) im Rahmen einer breit angelegten Untersuchung zum Thema Sexualverhalten schwuler Männer angesichts von Aids eine Schätzung der gemeinsamen Gesamtauflage der neun Zeitschriften vor, in denen der Fragebogen zu der Untersuchung abgedruckt wurde. Bochow geht von einer verkauften oder verteilten Gesamtauflage der neun Zeitschriften von ca. 110.000 Exemplaren aus. Die Titel der neun Zeitschriften sind: Magnus, Männer aktuell, Siegessäule, Die andere Welt, Gay Express, Adam, Homoh, First, Hinnerk (zu regionalen Schwerpunkten der Verbreitung dieser Zeitschriften und Anzeigenblättern vgl. Bochow, 1994, S.15 f.)

[109] Die CSD-Feierlichkeiten, die meist in der Zeit von Ende Mai bis Anfang Juni stattfinden, erinnern an die Ereignisse in der New Yorker Christopher Street, wo sich Schwule Ende der sechziger Jahre

tungen statt.[110] Diese Großveranstaltungen setzen beim Zuschauer oder Besucher eine offene Selbstkategorisierung als schwul nicht voraus und durch den Wegfall dieser Hemmschwelle können sie ein breites Publikum erreichen.

Ein weiterer Kristallisationspunkt schwulen Lebens sind die in vielen Städten existierenden schwul-lesbischen Kulturzentren, und darüber hinaus natürlich die **Orte der schwulen Subkultur**[111], also vor allem Kneipen, Cafés und Saunas, in denen wiederum häufig auch die oben bereits erwähnten kostenlosen zielgruppenspezifischen Zeitschriften und Anzeigenblätter ausliegen.

2.3.3. Geographische Konzentration des schwulen Lebens in Großstädten

Man kann davon ausgehen, dass sich das schwule Leben in den Großstädten konzentriert. Für diese Annahme sprechen zum einen sachlogische Gründe: Eine Minderheit, die nur zwischen 4% und 6% der männlichen Bevölkerung ausmacht, kann nur in größeren Städten eine **kritische Masse** erreichen, die nötig ist, um schwules Leben und eine schwule Subkultur zu tragen. Deren Existenz wird wiederum eine zusätzliche Anziehungskraft auf die ausüben, die noch nicht in größeren Städten leben. Darüber hinaus erscheint es angesichts von Anonymität und **geringerer sozialer Kontrolle** leichter, in Großstädten ein schwules Leben zu führen als auf dem Land oder in der Kleinstadt. Mit zunehmender gesellschaftlicher Toleranz mag dieses Argument allmählich an Bedeutung verlieren. Dieser Effekt wird aber allenfalls bei den Jüngeren greifen. Von den schwulen Männern, die es bereits in die Großstädte gezogen hat, ist nicht zu erwarten, dass sie den Rückweg einschlagen, denn das Argument der kritischen Masse spricht nach wie vor für die Großstadt.

Neben diesen sachlogischen Überlegungen gibt es auch empirische Hinweise auf die Konzentration der schwulen Konsumenten in den Großstädten. Dannecker und Reich waren 1974 die ersten, die nach dem Zweiten Weltkrieg eine großangelegte soziologische Untersuchung über Homosexuelle in Deutschland (alte Bundesländer) anstellten. Sie schrieben:

„Zum Zeitpunkt der Befragung wohnten 70 Prozent der Befragten in Städten mit mehr als einer halben Million Einwohnern und nur 6 Prozent in Städten bis 20000 Einwohnern. Diese Konzentration auf die

---

erstmals massiv gegen Gängelung und Übergriffe durch die Polizei gewehrt haben. Diese Ereignisse gelten als Geburtsstunde der modernen Schwulenbewegung der Nachkriegszeit in den USA und - wegen des Modellcharakters der USA - der gesamten westlichen Welt.

[110] Die Kölner CSD-Parade zog 1995 ca. 70.000 Menschen (Teilnehmer und Zuschauer) an. Diese Zahl wurde dem Autor telefonisch von der Redaktion des Kölner Stadtanzeigers (Frau Claudia Meyer) genannt, die sich wiederum auf Schätzungen der Kölner Polizei bezog. Es ist nicht unwahrscheinlich, dass sich darunter eine nennenswerte Zahl schwuler Männer befand. Das Programmheft, das auch Werbeanzeigen enthielt, wurde nach Angaben im Programmheft in einer Auflage von 40.000 gedruckt. Ein weiteres Beispiel für eine schwul-lesbische Großveranstaltung, das in die Zeit der Recherche für die vorliegende Arbeit fiel, waren die Euro-Games im April 1995 in Frankfurt. Dieses schwul-lesbische Sportfest zog über 2.000 aktive Teilnehmer an und löste ein großes Medienecho aus.

[111] Zur Definition des Begriffs Subkultur vgl. Fußnote 103.

Großstädte ist nicht ursächlich darauf zurückzuführen, dass die Befragung vor allem in Großstädten durchgeführt wurde. Dieser Befragungsmodus wurde uns umgekehrt von der homosexuellen Wirklichkeit vorgeschrieben. [...] Dass es für Homosexuelle einen starken Sog in die großen Städte wirklich gibt, zeigt der statistische Vergleich mit den Einwohnerzahlen der Städte, in denen die Befragten bis zum 18. Lebensjahr hauptsächlich aufgewachsen sind: nur 30 Prozent sind in Städten mit mehr als einer halben Million Einwohnern und 32 Prozent in Städten unter 20000 Einwohnern aufgewachsen."[112] Da diese Daten schon über 20 Jahre alt sind, sei ein weiterer aktuellerer Beleg für die Konzentration schwulen Lebens in den Großstädten angeführt. Der Spartacus Gay-Guide[113] listet weltweit Einrichtungen der schwulen Subkultur auf. Die Einträge zu Deutschland entfallen zu knapp 60% auf die Großstädte Berlin, Düsseldorf, Frankfurt, Hamburg, Köln, München und Stuttgart.[114] Der Anteil dieser Städte an der Gesamtbevölkerung liegt dagegen nur bei etwa 12,5%.[115] Die **Konzentration von Einrichtungen der schwulen Subkultur** in den Großstädten ist wahrscheinlich stärker ausgeprägt als die **Konzentration der schwulen Konsumenten** selbst. Aber bei der Diskrepanz zwischen den 12,5% und den 60% liegt die Annahme nahe, dass auch die schwulen Konsumenten selbst in den genannten Großstädten überproportional stark vertreten sind. Falls die großstädtischen Einrichtungen der Subkultur außer der am Ort wohnenden schwulen Klientel zusätzlich Kunden aus den umliegenden Regionen anzieht, so spricht das nur umso mehr für eine konzentrierte Ansprechbarkeit der Zielgruppe in den Großstädten. Auch in absoluten Zahlen fällt die Zielgruppe an manchen ausgewählten Orten durchaus ins Gewicht. So gehen z.B. mehrere schwule bzw. schwullesbische Einrichtungen der Stadt Köln davon aus, dass dort etwa 80.000 Schwule und Lesben leben. In Prozent ausgedrückt entspräche dies einem Anteil von 8% an der Gesamtbevölkerung der Stadt Köln.[116] Unterstellt man der Einfachheit halber eine Gleichverteilung dieser acht Prozent auf Schwule und Lesben[117], so würde die Zielgruppe schwuler Männer in Köln eine Größe von immerhin 40.000 erreichen. Für Berlin und Hamburg, Frankfurt und München dürften ähnliche Größenordnungen gelten.

---

[112] Dannecker/Reiche (1974), S.323. In der Untersuchung wurden 789 Homosexuelle befragt, die über ein Schneeballsystem von Kontakten homosexueller Männer für die Befragung gewonnen wurden.
[113] O.V. (1995/96)
[114] In der für die Recherche herangezogenen Ausgabe (o.V., 1995/96) umfasst der ortsspezifische Teil zu Deutschland 147 Seiten, davon 87 Seiten oder knapp 60% zu den genannten Großstädten.
[115] Ca. 10 Mio. bei einer Gesamtbevölkerung von ca. 80 Mio.
[116] Die Zahl von 8% schwulem bzw. lesbischem Bevölkerungsanteil in Köln wurde dem Verfasser von mehreren kompetenten Gesprächspartnern genannt, z.B. von der Kölner Aids-Hilfe. Sie war auch der in Fußnote 110 zitierten Redakteurin des Kölner Stadtanzeigers bekannt. Allerdings konnte von keinem der Informanten eine zuverlässige Quelle benannt werden. Trotzdem ist die Zahl nicht unplausibel. Wenn der Anteil der Homosexuellen in der Gesamtbevölkerung bei etwa 4% liegt, kann er in einer Großstadt mit einer Konzentration des schwulen und lesbischen Lebens durchaus doppelt so hoch sein.
[117] Mit dieser Annahme wird die Größe der Zielgruppe eher noch unterschätzt, da der Anteil der lesbischen Frauen an der weiblichen Gesamtbevölkerung gemeinhin als niedriger eingeschätzt wird, als der entsprechende Anteil der schwulen Männer an der männlichen Gesamtbevölkerung, vgl. Runkel (1994), S.259

2.4. Trennbarkeit des Marktsegments

Das Thema Trennbarkeit soll hier unter drei Aspekten beleuchtet werden. Es soll zum einen gefragt werden, ob das Marktsegment schwule Männer sich genügend von anderen Marktsegmenten unterscheiden lässt. In diesem Zusammenhang soll explizit auch auf die Grauzonen an den Schnittstellen eingegangen werden. Zum anderen wird erörtert, ob das Segment in sich ausreichend homogen ist.

2.4.1. Unterschiedlichkeit nach außen

Unabhängig von der Frage, ob zwischen schwulen und nicht-schwulen Konsumenten objektive Unterschiede im Konsumentenverhalten und der zugrundeliegenden **Motivation** bestehen, soll zunächst der Frage nachgegangen werden, ob eine Trennung des schwulen Marktsegments überhaupt den Wünschen schwuler Konsumenten entspricht. Ein Einwand könnte hier lauten: Schwule Männer sind Konsumenten wie andere auch. Sie wollen nicht diskriminiert werden, auch nicht im positiven Sinne, sondern sie wollen behandelt werden wie alle anderen auch.

Dieser Einwand enthält in den Augen des Verfassers ein Missverständnis. Angehörige einer Minderheit werden wahrscheinlich in den meisten Fällen von sich sagen, dass sie behandelt werden wollen wie alle anderen auch. Hinter dieser Aussage steht aber vor allem der Wunsch, das, wodurch man sich von der Mehrheit unterscheidet, möge für die Mehrheit nicht zum Anlass für Ausgrenzung werden. Daraus darf nicht geschlossen werden, dass das abweichende Merkmal ignoriert werden soll. Drei Beispiele sollen dies illustrieren: Wenn alte Menschen behandelt werden wollen wie alle anderen auch, bedeutet das nicht, dass so getan werden soll, als ob sie jung wären. In Deutschland lebende Türken, die behandelt werden wollen wie alle anderen auch, wollen im Normalfall nicht ihre kulturelle Identität aufgeben. Und wenn ein Rollstuhlfahrer behandelt werden will wie alle anderen auch, wird der Begriff behindertengerecht dadurch nicht hinfällig. Der Wunsch, keiner Sonderbehandlung ausgesetzt zu werden, entspringt gerade dem Bewusstsein des eigenen Abweichens. Ziel ist dabei nicht absolute **Gleichbehandlung** sondern **Behandlung als gleichwertig** trotz der Abweichungen. Es sind gerade diese Abweichungen, die die Vermutung nahe legen, dass sich schwule Konsumenten durch eine spezifische Erlebnis- und Erfahrungswelt, spezifische Motivation und spezifische Verhaltensweisen auszeichnen. Wenn das der Fall ist, erscheint es möglich und sinnvoll, sie als separates Marktsegment aufzufassen. Die Spezifika bei den genannten Segmentierungskriterien - Erlebnis- und Erfahrungswelt, Motivation und Verhalten - näher zu umreißen, ist ein zentrales Anliegen dieser Arbeit, das sich in allen noch folgenden Kapiteln niederschlagen wird.

2.4.2. Grauzonen an den Schnittstellen

Ein weiterer Einwand gegen die Trennbarkeit des schwulen Marktsegments klang bereits bei der Klärung der Begriffe homosexuell und schwul an. Es war von Homosexualität als einem Spektrum sozialer Rollen die Rede und von den **Grauzonen** am Rande dieses Spektrums. Bezüglich dieser Grauzonen ist interessant, dass bei allen für diese Arbeit herangezogenen neueren empirischen Befragungen zum Thema Sexualität schwuler Männer (Bochow 1993 und 1994, Dannecker 1990)[118] ein kleiner, aber nicht zu vernachlässigender Anteil der Rückläufe von Männern stammt, die ihr Sexualverhalten bzw. ihre sexuelle Orientierung nicht als ausschließlich homosexuell bezeichnen und/oder sich selbst als bisexuell definieren. Diese Ergebnisse kamen jeweils zustande, obwohl die Untersuchungen von Intention, Untersuchungsdesign und Samplerekrutierung her auf schwule bzw. homosexuelle Männer abzielten.[119] Die Kanäle, die bei den erwähnten Untersuchungen für die Samplerekrutierung benutzt wurden, erreichten neben der Zielgruppe schwule Männer auch die Grauzonen der im weitesten Sinne als bisexuell zu bezeichnenden Männer. Es liegt deshalb die Vermutung nahe, dass auch ein Absatzmarketing für die Zielgruppe diese Grauzonen bis zu einem gewissen Grad mit erfassen wird, denn die bei den genannten Studien benutzten Kommunikationskanäle - Schwulenpresse, informelle Netzwerke von freundschaftlichen oder bekanntschaftlichen Kontakten - sind auch für das Absatzmarketing relevant.

---

[118] Bei Bochow summieren sich beim Sexualverhalten die Antwortkategorien „überwiegend homosexuell mit heterosexuellen Anteilen", „bisexuell mit homosexueller Präferenz", „bisexuell mit heterosexueller Präferenz" und „überwiegend heterosexuell mit homosexuellen Anteilen" auf zwischen 7,5% (Befragung 1993 alte Bundesländer und West-Berlin) und 12,7% (Befragung 1991, neue Bundesländer und Ost-Berlin), bei der Selbstdefinition macht die Antwortkategorie „bisexuell" zwischen 4,5% (1993, West) und 6,5% (1993, Ost) aus, vgl. Bochow (1994), Tabellen auf S.116 und 117; bei Dannecker, der nach sexueller Orientierung fragte, machen die Antworten „vorwiegend homosexuell", „bisexuell" und „vorwiegend heterosexuell" sogar 21% aus, vgl. Dannecker (1990), Tabelle auf S.55

[119] Bochow benutzte die Schwulenpresse und schwule Jugendgruppen zur Samplerekrutierung, vgl. Bochow (1994), S.15 f.; Dannecker bediente sich eines nach dem Schneeballprinzip rekrutierten Samples. Homosexuelle Kontaktpersonen (Ausnahme: vier heterosexuelle Frauen) gaben den Fragebogen an ihnen bekannte Homosexuelle weiter, vgl. Dannecker (1990), S.15 ff. Repräsentativ im herkömmlichen Sinne sind also beide Untersuchungen nicht. Da aber die Grundgesamtheit der schwulen Männer nicht eindeutig abgegrenzt werden kann, ist eine Repräsentativität im herkömmlichen Sinne auch gar nicht möglich. Zur Aussagekraft seiner Untersuchung schreibt Dannecker (1990), S.24 f.: „Unser Sample hat, wie diejenigen aller bisher vorliegenden Studien über männliche Homosexuelle, Schwächen, vor allem deshalb, weil es sich nicht um ein repräsentatives Sample handelt. Gültig sind unsere Ergebnisse also nur für diejenigen, die unseren Fragebogen beantwortet haben, und das sind vor allem jüngere homosexuelle Männer [...] mit einem hohen Bildungsniveau und einer entsprechenden Berufsstruktur, die in Städten mit mehr als 500.000 Einwohnern oder an deren Peripherien [...] leben (68%) und [...] relativ stark in die homosexuelle Subkultur integriert sind (57%) und eine feste homosexuelle Freundschaft (59%) haben sowie fast zur Hälfte entweder durch homosexuelle Emanzipationsgruppen hindurchgegangen bzw. gegenwärtig Mitglied solcher Gruppen sind. Abgesehen vom letzteren Merkmal, nach dem wir damals nicht gefragt haben, weil es ‚Schwulengruppen' noch gar nicht gab, unterscheidet sich unser gegenwärtiges Sample in allen anderen Hinsichten nicht entscheidend von demjenigen des Jahres 1971. Das erlaubt zumindest die Frage, ob die wesentlichen der von uns vorgefundenen Ergebnisse nicht doch typisch zumindest für jüngere homosexuelle Männer sind. [...]"
Für die Untersuchungen von Bochow gilt ähnliches, vgl. die Ausführungen zur Zusammensetzung der Stichprobe in Bochow (1994), S.17 ff.

Die Existenz der Grauzonen ist nach Ansicht des Verfassers kein Grund, die Trennbarkeit des Marktsegments grundsätzlich zu bezweifeln. Solange geklärt werden kann, wer die **Kerngruppe** des Marktsegments konstituiert - nämlich die Konsumenten mit eindeutiger schwuler Selbstdefinition - kann auch auf deren Erlebnis- und Erfahrungswelt, Bedürfnisse und Verhalten ein Marketingkonzept zugeschnitten werden. Wenn darüber hinaus mit dem gleichen Marketingkonzept Konsumenten mit ähnlichen Charakteristika erreicht werden, so spricht dies nach Ansicht des Verfassers nicht gegen die vorgenommene Segmentierung. Die Frage nach der Segmenttrennbarkeit ist für praktische Zwecke überdies nicht so sehr eine kategorische Ja-Nein-Frage, sondern eine des **ausreichenden Maßes an Trennschärfe**. Das wiederum ist bezüglich der Zielgruppe schwule Männer aufgrund der Identifizierbarkeit der Kerngruppe nach Ansicht des Verfassers durchaus gegeben.

2.4.3. Interne Homogenität der Zielgruppe

Eine andere Frage ist, ob die schwulen Konsumenten eine in sich hinreichend homogene Einheit darstellen, so dass es gerechtfertigt erscheint, sie zu einer Zielgruppe zusammenzufassen. Sicherlich werden unter den schwulen Konsumenten Unterschiede in Erlebnis- und Erfahrungswelt, Bedürfnissen und Verhalten festzustellen sein. Den schwulen Einheitskonsumenten wird es nicht geben. In der Definition von Homosexualität als einem **Spektrum** von sozialen Rollen klingt dies bereits an. Die empirische Untersuchung in Kapitel 5 wird Anhaltspunkte dafür liefern, ob das Segment der schwulen Konsumenten - für bestimmte Produkt- und Leistungsangebote oder auch generell - sinnvollerweise weiter zu unterteilen ist, um ausreichend homogene Zielgruppen zu erhalten.

Es ist aber auch denkbar, dass es genügend Gemeinsamkeiten gibt, die es erlauben, die schwulen Konsumenten in ihrer Gesamtheit als eine Zielgruppe anzusprechen. Sie liegen, wie noch zu zeigen sein wird, z.B. in der **gemeinsamen Erfahrung der Normabweichung** und der **gemeinsamen subkulturellen Sozialisation**. Kapitel drei wird versuchen, diese Gemeinsamkeiten im Detail aufzuzeigen.

2.5. Machbarkeit der Segmentierung

Grundsätzlich ist davon auszugehen, dass die Machbarkeit gegeben ist. Einen Beleg sieht der Verfasser in der Tatsache, dass es bereits Werbekampagnen für die schwule Zielgruppe gibt.[120] Die Machbarkeit der Segmentierung beruht darüber hinaus nicht zuletzt auf den **Ressourcen**, die einem Unternehmen zur Verfügung stehen oder mobilisierbar sind und die zur Implementierung eines auf das schwule Marktsegment gerichteten Marketing nötig sind. Hierfür werden wie für andere Ressourceneinsätze auch Kosten-Nutzen-Überlegungen angestellt. Darauf soll aber nicht weiter eingegan-

---

[120] Die Präsentation der empirischen Untersuchung dieser Arbeit (Kapitel 5.2.) enthält eine Vielzahl von Verweisen auf solche Kampagnen.

gen werden, da Kosten-Nutzen-Überlegungen per se keine zielgruppen-spezifischen Besonderheiten aufweisen.

Interessanter ist nach Ansicht des Verfassers die Frage nach der Verfügbarkeit des erforderlichen **Know-hows**. Wenn Marketing Identifikationsangebot sein soll, ist eine genaue Kenntnis der Zielgruppe, ein Fingerspitzengefühl für die anzusprechenden Konsumenten nötig.[121] Es liegt nahe, das Vorhandensein dieses Fingerspitzengefühls bei Mitgliedern der Zielgruppe in besonderem Maß zu vermuten. Das soll nicht heißen, dass Marketing für schwule Männer nur von schwulen Männern gemacht werden kann, aber da sie für die Zielgruppe schwule Konsumenten quasi natürliche Experten sind, wäre es töricht, ihr Wissen nicht zu nutzen.

Neben der Verfügbarkeit von Ressourcen verlangt die Machbarkeit einer Segmentierung vor allem die Definierbarkeit eines **sinnvollen Marketingansatzes**. Dieser Aspekt der Machbarkeit kann aber hier noch nicht abschließend beurteilt werden, da die vorliegende Arbeit die Basis für einen solchen Ansatz erst schaffen will. An dieser Stelle muss deshalb der Verweis auf die noch folgenden Kapitel - vor allem Kapitel sechs, in dem ein Marketingansatz umrissen wird - genügen.

2.6. Zusammenfassung

Als Ergebnis kann festgehalten werden, dass die Zielgruppe bezüglich ihrer Größenordnung durchaus messbar ist. Je nach zugrunde gelegter Operationalisierung dürfte die Zielgruppe in Deutschland eine Größe von 1,6 bis 2,4 Millionen Konsumenten erreichen, was **vier bis sechs Prozent der männlichen Bevölkerung** entspräche. Aussagekräftiger aus Sicht eines Anbieters ist aber weniger diese absolute Zahl, sondern die Frage nach der Größe der Zielgruppe und ihrer Kaufkraft auf dem für den Anbieter relevanten Markt. Da schwule Männer üblicherweise in geringerem Maße finanziell abhängige Personen unterstützen müssen als andere Männer, ist davon auszugehen, dass ihr **verfügbares Pro-Kopf-Einkommen** höher ist. In dieser Hinsicht stellen schwule Männer eine attraktive Zielgruppe dar, auch wenn weitergehende Vermutungen über einen grundsätzlich höheren Bildungsstand und ein grundsätzlich höheres Einkommen schwuler Männer nicht zutreffen.

Angesichts der geographischen Konzentration der Zielgruppe in Großstädten und ihrer gezielten Erreichbarkeit über zielgruppenspezifische Medien, Großveranstaltungen und Einrichtungen der schwulen Subkultur, ist davon auszugehen, dass die Erreichbarkeit der Zielgruppe für potentielle Anbieter in hinreichendem Maß gegeben ist. Auch scheint die Zielgruppe aufgrund ihrer **spezifischen Lebens- und Erfahrungswelt** ausreichend abgrenzbar zu sein von anderen Zielgruppen, selbst wenn sie von innen be-

---

[121] „Eine Werbung, die [...] ihre Zielgruppen erreichen will, muss die Psychologie dieser Zielgruppen treffen. Anders ausgedrückt, zielgruppenspezifische Kreativität wird notwendig." Kroeber-Riel (1988), S.24. Die Aussage lässt sich außer auf Werbung mühelos auch auf weitere Elemente einer Marketingstrategie beziehen, z.B. das Verkaufsverhalten.

trachtet nicht als in hohem Maße homogen zu bezeichnen ist. Aufzuzeigen wo trotz dieser geringen Homogenität die Gemeinsamkeiten liegen, an die Marketing anknüpfen kann, leitet bereits zur Frage der Machbarkeit über. Grundsätzlich bejaht der Autor die Frage, denn sowohl in Deutschland als auch anderswo wird bereits schwulenspezifisches Marketing betrieben. Darüber hinaus ist Machbarkeit nicht zuletzt eine Frage des benötigten **Know-hows**. Es bleibt den weiteren Kapiteln dieser Arbeit vorbehalten, zur Ausweitung dieses Know-hows beizutragen.

3. Die Erlebnis- und Erfahrungswelt schwuler Männer

Die Grundidee, auf der die vorliegende Arbeit aufbaut, ist die von Marketing als Identifikationsangebot im Sinne einer Verankerung des Angebots in der Erfahrungs- und Erlebniswelt der Zielgruppe. Das vorliegende Kapitel soll deshalb die Zielgruppe anhand des Deskriptors Erlebnis- und Erfahrungswelt näher beschreiben. Den theoretischen Bezugsrahmen für diese Beschreibung liefert der Stigmabegriff, wie ihn Erving Goffman[122] entwickelt hat. Er soll vorab erläutert werden.

3.1. Der Stigmabegriff bei Goffman als theoretischer Ausgangspunkt

3.1.1. Kurzdarstellung der Gedankengänge Goffmans

3.1.1.1. Definition des Begriffs Stigma

Nach Goffman ist ein Stigma eine Eigenschaft, „die zutiefst diskreditierend ist"[123], und den Effekt hat, dass jemand „von einer ganzen und gewöhnlichen Person zu einer befleckten, beeinträchtigten herabgemindert"[124] wird. Das heißt mit anderen Worten: Wenn jemand auf unerwünschte Weise von einer gesellschaftlich als relevant erachteten Norm abweicht, schlagen ihm Vorbehalte entgegen, die weit über die konkrete **Normabweichung** bei der in Frage stehenden Eigenschaft hinausgehen. In der wahrgenommenen, negativ bewerteten Normabweichung wird von der Umwelt ein **Indikator für die Gesamtpersönlichkeit** gesehen. Solchen Mechanismen sind nicht nur Homosexuelle ausgesetzt, sondern z.B. auch Ausländer, alte Menschen, Behinderte, Strafentlassene und viele andere. Die diskreditierende Wirkung liegt jedoch nie in der Eigenschaft selbst begründet, sondern in ihrer Bewertung durch die Gesellschaft oder durch relevante Teilgruppen der Gesellschaft, die die betreffende Eigenschaft für unerwünscht erklären, entweder grundsätzlich oder nur bezüglich bestimmter Kategorien von Menschen. „Ein und dieselbe Eigenschaft vermag den einen Typus zu stigmatisieren, während sie die Normalität eines anderen bestätigt, und ist daher als ein Ding an sich weder kreditierend noch diskreditierend."[125]

Ein Stigma kann von der Art sein, dass es für die Umwelt der mit dem Stigma behafteten Person unmittelbar wahrnehmbar ist (z.B. bei körperlichen Entstellungen). Das Stigma kann sich aber auch unmittelbarer Wahrnehmung entziehen wie im Fall einer bereits abgebüßten Gefängnisstrafe. Im ersten Fall ist eine mit dem Stigma behaftete Person grundsätzlich „**diskreditiert**", wie Goffman sagt, im zweiten Fall, der auch auf schwule Männer zutrifft, ist sie „**diskreditierbar**".[126] Diskreditierbarkeit bedeutet für den Stigmatisierten nicht nur die Gefahr von Diskriminierung im Sinne einer Benach-

---

[122] Goffman (1963, hier und im folgenden zitiert nach der deutschen Ausgabe 1975)
[123] Goffman (1963/1975), S.11
[124] Goffman (1963/1975), S.10 f.
[125] Goffman (1963/1975), S.11
[126] Vgl. Goffman (1963/1975), S.56 f.

teiligung, sondern auch die nicht minder unangenehme Situation, „dass er unwissentlicher Akzeptierung seiner selbst durch Individuen begegnen muss, die voreingenommen sind gegen Personen von der Art, als deren Angehöriger er enthüllt werden kann."[127]

Vor dem Hintergrund der bisherigen Erläuterungen wird verständlich, dass „ein Stigma nicht so sehr eine Reihe konkreter Individuen umfasst, die in zwei Haufen, die Stigmatisierten und die Normalen, aufgeteilt werden können, als vielmehr einen durchgehenden sozialen Zwei-Rollen-Prozess, in dem jedes Individuum an beiden Rollen partizipiert, zumindest in einigen Zusammenhängen und in einigen Lebensphasen. Der Normale und der Stigmatisierte sind nicht Personen, sondern Perspektiven. Diese werden erzeugt in sozialen Situationen während gemischter Kontakte [zwischen stigmatisierten und nicht-stigmatisierten Personen; Anm. d. Verf.] kraft der unrealisierten Normen [die in der Situation nicht erfüllt werden; Anm. d. Verf.], die auf das Zusammentreffen einwirken dürften."[128]

3.1.1.2. Gemeinsamkeiten stigmatisierter Personen

Die Diskreditierbarkeit legt es der stigmatisierten Person nahe, die Information darüber, dass sie mit dem Stigma behaftet ist, bewusst zu handhaben und zu steuern. Goffman spricht vom „Management nicht offenbarter diskreditierender Information über sich selbst".[129] „Eröffnen oder nicht eröffnen; sagen oder nicht sagen; rauslassen oder nicht rauslassen; lügen oder nicht lügen; und in jedem Fall, wem, wie, wann und wo"[130], das sind die typischen Fragen, auf die eine diskreditierbare Person im Rahmen ihres Informationsmanagements immer wieder eine Antwort finden muss. **Informationsmanagement** ist jedoch nur ein Teilaspekt eines umfassenderen Stigmamanagements. Dabei ist mit Stigmamanagement zunächst nichts weiter gemeint als der Umgang der stigmatisierten Person mit ihrem Stigma.

Personen, die mit einem Stigma behaftet sind, werden in besonderem Maße immer wieder darauf gestoßen, wie andere sie sehen, wie sie von anderen gesehen werden möchten, und wie sie sich selbst sehen, letzten Endes also auf Fragen der persönlichen Identität. Neben Informationsmanagement wird in diesem weiteren Zusammenhang relevant, in welchem Maß sich die stigmatisierte Person an Ihresgleichen orientiert oder aber an den „Normalen", d.h. am nicht stigmatisierten Teil der Gesellschaft. Goffman spricht in diesem Zusammenhang von „In-Group-Ausrichtungen", d.h. Ausrichtung an der Gruppe der Mit-Stigmatisierten, und „Out-Group-Ausrichtungen", d.h. Orientierung an den Nicht-Stigmatisierten.[131] Obwohl bei Goffman der Terminus so nicht fällt, könnte man diesen Teil des Stigmamanagements **Bezugsgruppenmanagement**[132] nennen. In-Group- und Out-Group-Ausrichtungen beschreiben dabei nicht nur

---

[127] Goffman (1963/1975), S.57
[128] Goffman (1963/1975), S.169 f.
[129] Goffman (1963/1975), S.57
[130] Goffman (1963/1975), S.56
[131] Vgl. Goffman (1963/1975), S.140-153
[132] Der Begriff „Management" impliziert üblicherweise eine bewusste Steuerung. Die genaue Abgrenzung zwischen bewussten und unbewussten Anteilen des Stigmamanagements ist jedoch weder

Zugehörigkeitsgefühle, sondern auch die Übernahme von Verhaltensweisen und Wertvorstellungen.

Neben dem Informations- und Bezugsgruppenmanagement muss sich eine stigmatisierte Person schließlich der Aufgabe stellen, **ein Selbstbild aufzubauen**, das zur Basis ihrer Selbstachtung werden kann. Goffman spricht in diesem Zusammenhang von der „Ich-Identität"[133] der stigmatisierten Person. Dies ist keine einfache Aufgabe, denn verschiedene Bezugsgruppen, In-Groups und Out-Groups, werden der stigmatisierten Person widersprüchliche Wertvorstellungen anempfehlen. In deren Licht wird einundderselbe Entwurf einer Selbstdefinition einmal angemessen und erstrebenswert erscheinen, ein anderes Mal unpassend und verwerflich. Der Weg stigmatisierter Personen zu einem solchen Selbstbild weist typische Gemeinsamkeiten auf. Goffman spricht von Ähnlichkeiten beim „moralischen Werdegang".[134]

„Personen, die ein bestimmtes Stigma haben, zeigen eine Tendenz, ähnliche Lernerfahrungen hinsichtlich ihrer Misere zu machen und ähnliche Veränderungen in der Selbstauffassung - einen ähnlichen ‚moralischen Werdegang' zu haben, der beides ist, Ursache und Wirkung der Gebundenheit an eine ähnliche Sequenz persönlicher Anpassungen."[135]

„Eine Phase dieses Sozialisationsprozesses ist die, in welcher die stigmatisierte Person den Standpunkt der Normalen kennenlernt und in sich aufnimmt und hierbei den Identitätsglauben der weiteren Gesellschaft und eine allgemeine Vorstellung davon erwirbt, wie es sein würde, ein bestimmtes Stigma zu besitzen. Eine andere Phase ist die, in welcher sie lernt, dass sie ein bestimmtes Stigma besitzt, und diesmal im Detail die Konsequenz davon, es zu besitzen."[136]

Die homosexuelle Variante dieses Sozialisationsprozesses, normalerweise mit dem Begriff „Coming Out" bezeichnet, wird wegen ihrer besonderen Relevanz in Kapitel 3.2.3. Schwuler Werdegang und Coming Out näher beschrieben.

3.1.1.3. Einordnung des Ansatzes und Übertragung auf die vorliegende Arbeit

Es fällt schwer, Goffman eindeutig einer bestimmten soziologischen Schule zuzuordnen. Es lassen sich zwar Verbindungslinien zu verschiedenen Schulen ziehen[137], so zum Symbolischen Interaktionismus[138] und zur Ethnomethodologie[139].

---

bei Goffman noch für die weiteren Überlegungen der vorliegenden Arbeit von zentraler Bedeutung. Deshalb setzt der Verfasser hier den Begriff „Bezugsgruppenmanagement" vereinfachend in Analogie zum Begriff des „Informationsmanagements". Der Verfasser will damit nicht die Möglichkeit unbewusster Anteile am Bezugsgruppen- und Informationsmanagement abstreiten.

[133] Vgl. Goffman (1963/1975), S.153
[134] Vgl. Goffman (1963/1975), S.45-55
[135] Goffman (1963/1975), S.45
[136] Goffman (1963/1975), S.45
[137] Zur Einordnung Goffmans vgl. auch Manning (1992), S.18-27
[138] Vgl. Blumer (1969)
[139] Vgl. Garfinkel (1967)

Aufschlussreicher als eine solche Kategorisierung erscheint allerdings eine kurze Skizzierung der grundsätzlichen Gedankengänge Goffmans.[140]

Goffmans herausragender Beitrag auf theoretischer Ebene ist sein Konzept der **Rahmen-Analyse**.[141] Von Bezugs- und Interpretationsrahmen und deren symbolischen Elementen ist zwar auch bei anderen soziologischen Autoren die Rede, der spezifische Beitrag Goffmans besteht aber darin, dass er das Anwenden eines Rahmens auf eine Situation als strategisches Handeln interpretiert, das seinerseits einem bestimmten Bezugs- und Interpretationsrahmen entspricht. Entscheidend bei der Anwendung eines bestimmten Rahmens ist, dass die beteiligten Akteure sich um eines Zieles willen in ein bestimmtes Licht setzen, einen bestimmten Eindruck erwecken wollen. „Impression management by means of framing one's actions and one's identity is of utmost importance for successful goal attainment."[142]

Beide eben erwähnte Aspekte der Darstellung und Selbstdarstellung und den des dabei zum Ausdruck kommenden strategischen Elements, fasst Münch in der Formulierung „Die Dramaturgie strategischer Kommunikation"[143] zusammen, mit der er die Soziologie Erving Goffmans insgesamt charakterisiert. Ein besonderes Interesse Goffmans gilt der **strategischen Kommunikation** in Situationen, in denen Normen verletzt werden. Manning spricht von „Goffman's Sociology of Deviance and Conformity".[144] Normen, Normenkonformität und Normverletzung bilden nicht nur in der bereits erwähnten Abhandlung über Stigma[145] das zentrale Thema, sondern auch in Goffmans Arbeiten über psychiatrische Kliniken und andere geschlossene Anstalten.[146] Die Nähe der Goffmanschen Ansätze zur Thematik der vorliegenden Arbeit ist damit offensichtlich. Unabhängig vom hohen Stellenwert der Konzepte „Normalität" und „Abweichung" bei Goffman[147] ergab sich ihre Relevanz für die vorliegende Arbeit auch aus empirischen Vorstudien des Verfassers. Denn auch in diesen Vorstudien erwiesen sich diese Konzepte als sinnvoller zentraler Bezugspunkt und als geeignetes Interpretationsschema.

Mit der Entscheidung für den Goffmanschen Ansatz entschloss sich der Verfasser auch gegen andere mögliche. Dies soll kurz begründet werden. Da den Verfasser zunächst die Gemeinsamkeiten der Zielgruppe bezüglich Erlebnis- und Erfahrungswelt interessierten, entschied er sich gegen psychologische und damit eher am Individuum orien-

---

[140] Die Darstellung in der vorliegenden Arbeit stützt sich vorwiegend auf Münch (1994), Vol. II, S.306-326, für ausführlichere Darstellungen vgl. Manning (1992) und Burns (1992).
[141] Goffman (1974)
[142] Münch (1994), Vol. II, S.307
[143] Münch (1994), Vol. II, S.306: „The Dramaturgy of Strategic Communication", [Übersetzung durch den Verfasser]
[144] Manning (1992), S.94
[145] Goffman (1963)
[146] Vgl. Goffman (1961)
[147] Vgl. Goffman (1963/1975), insbesondere die Kapitel „Abweichungen und Normen" (S.156-160) und „Der normale Abweichende" (S.160-166)

tierte Ansätze.[148] Er entschied sich aber auch gegen andere soziologische Ansätze. Neben dem Goffmanschen erscheint auf den ersten Blick auch der **Labeling-Ansatz**[149] geeignet. Auch in diesem Ansatz wird Normabweichung von Verhalten thematisiert. Anders als bei Goffman wird bei diesem Ansatz aber besonders betont, dass die Normabweichung nicht allein durch eine objektive Regelverletzung konstituiert wird, sondern durch die Definitionsmacht derer, die das in Frage stehende Verhalten als Normabweichung klassifizieren. Dem würde der Verfasser der vorliegenden Arbeit durchaus zustimmen, denn verschiedene Definitionen von Homosexualität implizieren unterschiedliche Einstufungen von Homosexualität als mehr oder weniger normverletzend oder normkonform, aber die Frage, welche gesellschaftlichen Gruppen aufgrund welcher Interessen welche Definition favorisieren, und welche Chancen auf Durchsetzung ihrer Definition sie haben, steht nicht im Mittelpunkt der vorliegenden Arbeit. Vielmehr interessiert hier, wie sich derzeit in der Gesellschaft vorhandene Definitionen in der Erlebnis- und Erfahrungswelt der Zielgruppe und letztlich in ihrem Konsumentenverhalten niederschlagen.

3.1.2. Bei Goffman nicht behandelte Aspekte
Gerade weil sich die Gedankengänge Goffmans für diese Arbeit als sehr fruchtbar erwiesen, sollen bereits an dieser Stelle die Grenzen ihrer Anwendbarkeit innerhalb der vorliegenden Arbeit aufgezeigt werden.

3.1.2.1. Überwindung von Stigma
Eine Grenze der Eignung der Goffmanschen Ideen liegt in der Tatsache begründet, dass er gesamtgesellschaftliche Veränderungsprozesse nicht in seinen Untersuchungsrahmen einbezieht. Die gesellschaftliche **Neubewertung ehemals stigmatisierter Eigenschaften** und damit die Möglichkeit einer Überwindung von Stigma werden deshalb kaum thematisiert.

Tatsache ist aber, dass die Situation schwuler Männer in Deutschland - wie auch in anderen westlichen Industrienationen - heute dadurch gekennzeichnet ist, dass Stigmatisierung zwar weiter besteht, sich aber auch Möglichkeiten für eine zumindest partielle Überwindung des Stigmas ergeben. Die Überwindung kann darin begründet liegen, dass Homosexualität in einer bestimmten Situation von den beteiligten Personen - auch solchen die nicht zur „In-Group" der schwulen Männer gehören - nicht als etwas Besonderes betrachtet wird, oder aber darin, dass die als positiv wahrgenommenen Aspekte der Homosexualität in den Vordergrund gestellt werden. Im letzteren Fall wird Stigma im Sinne einer Negativauszeichnung überwunden, und es tritt ein Aspekt in den Vordergrund, der in der bisher gegebenen Definition von Stigma fehlte: die Neube-

---
[148] Erst in Kapitel 4 erfolgt bei der Übertragung des Stigmamanagementgedankens auf das Konsumentenverhalten ein Rückgriff auf sozialpsychologisches Gedankengut, denn die Umsetzung von Motivation in Handeln ist typischerweise eher ein Thema der Sozialpsychologie als der Soziologie.
[149] Vgl. den kurzen Abriss bei Münch (1994), Vol. III, S.209-218 und die Literaturverweise dort

wertung eines Stigmas als positive Auszeichnung. Auch wenn anzunehmen ist, dass dieser Fall nicht die Regel sein wird, so macht er doch einen Teil der Realität schwuler Männer aus und muss deshalb auch schon bei der Definition von Stigma mitbedacht werden.

3.1.2.2. Vom Gegensatz In-Group-/Out-Group zum Kontinuum normal-anders

Nicht zuletzt aufgrund der Chance, das Stigma Homosexualität umzubewerten, dürfte der Zwang zu eindeutiger Gruppengefolgschaft schwächer geworden sein. Der Fall einer situationsabhängigen Mischstrategie, bei der sich die Personen einmal mehr an der Out-Group, ein anderes Mal mehr an der In-Group orientieren, dürfte in der Realität weit häufiger sein als die ausschließliche Orientierung an der Out-Group oder der In-Group. Das Schema In-Group- und Out-Group-Ausrichtung ist deshalb sinnvollerweise als **Verhaltensalternative, nicht als Personencharakterisierung** zu verstehen.

Bei den Begriffen In-Group- und Out-Group-Ausrichtung gerät zudem leicht in Vergessenheit, dass weder die In-Group, im vorliegenden Fall schwule Männer, noch die Out-Group, also die Gesamtgesellschaft, homogene Gruppen beschreiben. Wenn aber angesichts der **mangelnden Homogenität der In-Group und Out-Group** offen bleibt, an welchem Out-Group- oder In-Group-Segment eine Orientierung erfolgt, dann beschreibt In-Group- und Out-Group-Ausrichtung nicht zwei grundsätzlich entgegengesetzte Strategien, sondern zwei verschiedene Spektren von Strategien, die sich angesichts der im vorhergehenden Kapitel erwähnten Grauzonen sogar überschneiden können. Diese Strategien können zudem auch Ziele auf anderen als der Bezugsgruppenebene beinhalten, wie in Kapitel 3.1.1.2. Gemeinsamkeiten stigmatisierter Personen bereits anklang, und sind deshalb für die Zwecke der vorliegenden Arbeit mit den Begriffen In- oder Out-Group-Ausrichtung noch nicht hinreichend beschrieben.

Hier soll deshalb nicht so sehr der Aspekt der Gruppenorientierung an der In-Group oder der Out-Group im Mittelpunkt stehen, sondern eher der Aspekt der in verschiedensten Alltagssituationen immer wieder neu und individuell vorzunehmenden Selbstpositionierung auf dem Kontinuum zwischen normal und anders.

3.1.2.3. Übertragung auf den Bereich des Marketing

Von besonderem Interesse für die vorliegende Arbeit ist der Aspekt der Strategie, der schon häufiger angesprochen wurde und auch bei Goffman erwähnt wird.[150] Denn im vierten Kapitel soll ein Zusammenhang hergestellt werden zwischen **Stigma und Motivation, speziell Konsumentenverhaltensmotivation**. In „Gender Advertisements" (Goffman 1979, deutsch: „Geschlecht und Werbung") hat sich Goffman zwar mit Werbung, speziell der Darstellung und Normierung von Geschlechterrollen in der Werbung befasst. Er hat sich allerdings nicht näher darüber geäußert, wie sich Stigma und Stigmamanagement im Konsumentenverhalten stigmatisierter Personen nieder-

---

[150] Vgl. z.B. Goffman (1963/1975), S.120

schlagen, und welche Funktion Marketing im Rahmen eines Stigmamanagements sinnvollerweise übernehmen kann.

Diese Übertragung wird für die vorliegende Arbeit in Kapitel 4 vorgenommen. Die **Einschaltung des Marketing in Stigmamanagementfunktionen** bedeutet auch, dass Stigmamanagement nicht mehr als alleinige Angelegenheit der stigmatisierten Person definiert werden kann. Mit den zuletzt angestellten Überlegungen wurde bereits auf das nächste Kapitel vorgegriffen. Der Vorgriff dient aber gleichzeitig dazu, bereits an dieser Stelle zu umreißen, in welchen Rahmen die nun folgende Beschreibung der Erlebnis- und Erfahrungswelt schwuler Männer im weiteren Verlauf der Arbeit eingeordnet werden soll.

3.2. Dimensionen von Homosexualität: In welcher Hinsicht sind schwule Männer „anders"?

Die im ersten Kapitel erläuterten Begriffsinhalte von Homosexualität sollen bei der Suche nach den Besonderheiten der schwulen Erlebnis- und Erfahrungswelt als grober Leitfaden dienen. Neben Sexualität (Homosexualität als Verhalten) werden deshalb im folgenden Erotik (Homosexualität als Zustand), Partnerschaft und Geschlechterrollen (Homosexualitäten als soziale Rollen) thematisiert. Und schließlich wird der Prozess angesprochen, den schwule Männer typischerweise durchlaufen, bevor sie zu einer schwulen oder homosexuellen Selbstdefinition gelangen, das sogenannte Coming Out.[151]

3.2.1. Sexualität und Partnerschaft

3.2.1.1. Normverletzung

Das Überschreiten von Grenzen und Normen herkömmlicher Verhaltensmuster, ist im Bereich Sexualität besonders augenfällig. Dannecker spricht in diesem Zusammenhang von einem „normativen Vakuum".[152] Dieses Vakuum betreten schwule Männer zwangsläufig, da ihre Art, Sexualität zu leben, per se den herkömmlichen Verhaltens-

---

[151] Unter „Coming Out" wird genau genommen zweierlei verstanden, zum einen das Sich-zu-erkennengeben als schwul oder homosexuell in einer bestimmten Situation, zum anderen der davor liegende persönliche Entwicklungsprozess, der dafür erst die Voraussetzungen schafft, und in dessen Verlauf schwule Männer bewusst eine Position bezüglich ihrer eigenen Homosexualität einnehmen. Eine genauere begriffliche Abgrenzung erfolgt im Abschnitt 3.2.5. in der Fußnote 174.

[152] Dannecker (1990), S.71. Inzwischen hat zwar - laut Dannecker (1990), S.72 - ein Prozess eingesetzt, „in dessen Verlauf die Homosexualität des Mannes in einem nie zuvor gekannten Ausmaß der sozialen Kontrolle unterstellt wird und sich infolgedessen der anomische Charakter der homosexuellen Subkultur aufzulösen beginnt. Seit Jahren schon lautet die Parole, unter der dieser Prozess abläuft, Integration, und diese geht einher mit positiven Vorstellungen über die Art und Weise des Homosexuellseins, was nur ein anderer Ausdruck für die soziale Regulierung homosexueller Handlungen ist." Für das Verständnis der Ausgangslage bleibt der Begriff „normatives Vakuum" aber trotzdem hilfreich.

mustern widerspricht. Die schwule Subkultur hat zwar ihrerseits Normen entwickelt, die durch einen Prozess **sekundärer Sozialisation** bei schwulen Männern auch Prägekraft gewinnen, Tatsache bleibt aber, dass es sich dabei um eine sekundäre Sozialisation handelt, die die primäre wohl eher überlagert als gänzlich außer Kraft setzt. Das Bewusstsein, Normen der primären Sozialisation zu überschreiten, wird deshalb bei den meisten schwulen Männern präsent bleiben.

Dies gilt nicht nur für den Bereich der **Sexualität** im engeren Sinne. Erotik kann zahlreichen Alltagssituationen eine Färbung verleihen, z.b. am Arbeitsplatz, beim Einkaufen oder bei Freizeitaktivitäten. Erotische Ausstrahlung wird ein schwuler Mann aber eher bei einem anderen Mann wahrnehmen als bei einer Frau. Interessant für die vorliegende Arbeit ist dabei weniger die Tatsache selektiver Wahrnehmung per se, sondern die Bewertung dieser selektiven Wahrnehmung anhand von Normen. Aufgrund dieser Normen wird sich ein schwuler Mann, z.B. wenn er sich (außerhalb der schwulen Subkultur) nach einem anderen Mann umdreht, im allgemeinen bewusst sein, dass er gegen herkömmliche Verhaltensmuster verstößt.

Die **Spannung zwischen** oder zumindest das gleichzeitige Existieren von einerseits **herkömmlichen und** andererseits sekundären, **subkulturellen Normen** und Verhaltensmustern betrifft nicht nur Sexualität, sondern viele weitere Lebensbereiche und wird dadurch zu einem Charakteristikum schwuler Lebens- und Erfahrungswelt.

3.2.1.2. Stellenwert von Sexualität im Leben schwuler Männer

Die Präferenz für Sexualpartner des gleichen Geschlechts ist der Punkt, durch den sich schwule Männer eindeutig von der übrigen Bevölkerung unterscheiden. Der Unterschied betrifft jedoch nicht nur die Wahl des Sexualpartners. Sexualität scheint im Leben schwuler Männer - nimmt man die Häufigkeit sexueller Aktivität als Indikator - auch einen höheren Stellenwert zu haben als bei heterosexuellen Männern.[153] Es ist

---

[153] Vgl. Runkel (1994), S.259:„... habe ich eine empirische Erhebung eines repräsentativen Querschnitts der sexuell aktiven Bevölkerung ab 15 Jahren der Bundesrepublik Deutschland durchgeführt. Durch ein Zufallsverfahren wurden 4000 Bundesbürger ausgewählt, denen Fragebögen zu persönlichen Daten, ihrem Sexualverhalten und ihrer Einstellung zu AIDS zugeschickt wurden. Die Rücklaufquote betrug 1501 gültige Fragebögen. Auf diese stützt sich die vorliegende Auswertung. Da Intimdaten erhoben wurden, ist der Rücklauf der Fragebögen von 37% als gut anzusehen." Die bei Runkel (1994), S.261 abgedruckte Tabelle über die Häufigkeit des Geschlechtsverkehrs pro Woche nennt folgende Zahlen für Männer. (Die Kategorisierung hetero- bzw. homosexuell basiert auf der Selbstdefinition der Befragten.):

Häufigkeit	Heterosexuelle	Homosexuelle
kein Mal	2,3%	0%
einmal	27,3%	21,1%
zweimal	33,8%	42,1%
dreimal	22,2%	10,5%
viermal und darüber	14,4%	26,3%

Die Grundgesamtheit wird hier von all den Männern gebildet, die überhaupt schon einmal Geschlechtsverkehr hatten. Das sind (vgl. Runkel, 1994, S. 260) 100% der Homosexuellen, aber nur 97,8% der Heterosexuellen. Das heißt sexuell vollkommen inaktive Männer gibt es zwar unter denen,

nicht auszuschließen, dass die in empirischen Untersuchungen festgestellte höhere sexuelle Aktivität schwuler Männer zum Teil Ergebnis einer von Wunschdenken geprägten verzerrenden Selbstdarstellung ist. Aber auch das spräche für und nicht gegen die These, dass Sexualität im Leben schwuler Männer im allgemeinen einen höheren Stellenwert hat als bei heterosexuellen Männern.

3.2.1.3. Sexualpraktiken und Rollen

Sexualpraktiken sollen hier deshalb erwähnt werden, weil gängige **Stereotype** und Schimpfworte für schwule Männer die Vorstellung nahe legen, bestimmte Praktiken (Anal- und Oralverkehr) und Rollen bei diesen Praktiken (aktiv und passiv) würden entsprechende Typen von schwulen Männern beschreiben.[154] Durch empirische Untersuchungen sind solche Typisierungen allerdings nicht belegt. Auffällig ist vielmehr zum einen ein bei den meisten schwulen Männern anzutreffendes **breites Repertoire von Praktiken** und zum anderen der Wechsel zwischen sog. aktiven und passiven **Rollen**.[155] Einen ähnlichen empirischen Befund haben Dannecker und Reiche bereits 1974 wie folgt kommentiert:

„In diesem Ergebnis kommt eine sexuelle - und unserer Meinung nach affektive - Flexibilität zum Ausdruck, für die es unter Heterosexuellen keine Entsprechung gibt. Bei diesen sind die sexuellen Rollen und die an sie gebundenen Gefühle und Phantasien immer noch weitgehend geschlechtsspezifisch polarisiert."[156]

Schwule Männer bedienen sich also eines breiten Spektrums sexueller Praktiken. Im Vergleich zu heterosexuellen Männern ergibt sich diese Breite des Spektrums aber bereits daraus, dass die gängige Vorstellung der rezeptiven (passiven) Rolle für einen Mann beim heterosexuellen Sexualkontakt gar nicht möglich ist.

3.2.1.4. Treue und Promiskuität

In herkömmlichen Zweierbeziehungen zwischen Mann und Frau spielt die Idee von sexueller Treue eine wichtige Rolle. Trotz der gängigen Vorstellung von der Promiskuität schwuler Männer ist Treue als **Idealvorstellung** auch für die meisten schwulen Männer von großer Relevanz.[157] Als streng durchgehaltene **Praxis** - im Sinne von monogamem Verhalten - gelebt wird die Idealvorstellung von sexueller Treue aber nur von einem relativ geringen Teil der schwulen Männer.[158]

---

die sich selbst als heterosexuell einstufen, aber nicht bzw. in zu vernachlässigender Zahl unter denen, die sich als homosexuell definieren. Runkel verweist außerdem in einer Fußnote auf weitere empirische Studien, die übereinstimmende Resultate erbrachten.

[154] Zur Häufigkeit verschiedener Praktiken vgl. Bochow 1994, S.35-39
[155] Vgl. Bochow (1994), S.35-39 und Tabellen auf S.126 und S.127
[156] Dannecker/Reiche (1974), S.207
[157] Vgl. Dannecker (1990), S.159 f. und das dort abgedruckte empirische Zahlenmaterial („Tabelle 70: Idealvorstellungen von homosexuellen Beziehungen")
[158] Vgl. Dannecker (1990), S.148, und das dort abgedruckte empirische Zahlenmaterial („Tabelle 63 „Anzahl der Sexualpartner in den letzten 12 Monaten, in Abhängigkeit von der Dauer der Beziehung")

Die praktische Bedeutung der sexuellen Treue relativiert sich auch dadurch, dass - folgt man den Ergebnissen von Dannecker und Bochow - der Anteil der in einer festen Beziehung lebenden schwulen Männer nur bei etwas mehr als der Hälfte liegt.[159] Diese Beziehungen bleiben bei der überwiegenden Mehrheit der Befragten - etwa 80% - nicht die einzigen Beziehungen in deren Leben[160], und viele dieser Beziehungen sind eher von kurzfristiger Dauer.[161] In diesen Situationen kann Treue allenfalls **sequentielle Treue** bedeuten, die dem jeweiligen Lebensabschnittspartner gilt. Für Personen, die nicht in einer festen Beziehung leben, stellt sich akut die Frage der Treue gar nicht. Unter ihnen - wie auch in geringerem Ausmaß unter den fest Befreundeten - ist das Eingehen von **sexuellen Kontakten mit verschiedenen Partnern** nicht unüblich.[162] Sie verhalten sich also in diesem Sinne promisk.

Die Verwendung der Begriffe Treue und Promiskuität ist hier aber zu reflektieren. Es besteht die Gefahr, dass mit ihnen nicht nur beschrieben, sondern implizit gewertet wird. Bei beiden Begriffen ist kaum zu vermeiden, dass als Referenzpunkt die Vorstellung der herkömmlichen Zweierbeziehung zwischen Mann und Frau mitschwingt, wo Treue häufig als erstrebenswerte sexuelle Ausschließlichkeit definiert wird und somit als Gegensatz zu abzulehnender Promiskuität. Schwule Partnerschaften entziehen sich aber in vielerlei Hinsicht den gängigen auf das Zusammenleben von Mann und Frau gerichteten Verhaltensmustern und damit notwendigerweise auch den darauf bezogenen Wertvorstellungen. Die Unvereinbarkeit von Treue und Promiskuität löst sich auf, wenn die Lebensbereiche, in denen diese Verhaltensmuster Anwendung finden, in den Augen der Betroffenen getrennt zu sehen sind, wenn also **der Bereich der festen Freundschaft nicht über sexuelle Ausschließlichkeit definiert** wird und in diesem Sinne unabhängig ist vom Bereich flüchtiger Sexualkontakte. Letztere haben für schwule Männer offensichtlich auch in festen Beziehungen eine gewisse Selbstverständlichkeit[163] und sind nicht mit einem wirksamen Tabu behaftet.

---

[159] Bei Bochow sind dies 50 bis 55%, vgl. Bochow (1994), S.32; bei Dannecker sind es knapp 60%, vgl. Dannecker (1990), S.117 f. Die Anteile beziehen sich jeweils auf den Zeitpunkt der Befragung.

[160] Vgl. Dannecker (1990), S.125, Tabelle 49: „Anzahl der festen Freundschaften im Laufe des Lebens"; die etwa 80% ergeben sich, wenn in der erwähnten Tabelle die 3,7% der Befragten, die (noch) keine feste Freundschaft hatten, und die 0,6%, die keine Angaben machten, von der Grundgesamtheit abgezogen werden. Dann verbleiben (16,6 : (100 - 3,7 - 0,6))% = 17,3% mit einer Beziehung und (100 - 17,3)% = 82,7% mit mehr als einer Beziehung.

[161] Nimmt man die Zahl aller festen Freundschaften, die im Leben der Befragten je bestanden haben, als Grundgesamtheit, so hatten knapp 40% der Beziehungen eine Dauer von nicht mehr als 6 Monaten, vgl. Dannecker (1990), S.115, Tabelle 42: „Dauer aller früheren festen Freundschaften".

[162] Vgl. das Zahlenmaterial bei Dannecker (1990), S.123, Tabelle 48 („Anzahl der homosexuellen Partner während der letzten 12 Monate vor der Befragung, nach Befreundeten und Alleinlebenden") und bei Bochow (1994, S.35): „Angesichts der relativ kurzen Dauer vieler fester Beziehungen zwischen homosexuellen Männern ist um so mehr hervorzuheben, dass die Hälfte der Männer in den zwölf Monaten vor der Befragung mit weniger als sechs Partnern Sexualkontakte aufgenommen hat [...]"

[163] Vgl. Dannecker (1990), S.121 f: „Bei der Mehrheit der homosexuellen Männer müssen wir ganz im Gegensatz zu der sich hartnäckig an sie heftenden Vorstellung einer genuinen und weitverbreiteten Promiskuität von einer Fähigkeit zu konstanten Objektbeziehungen und einer gleichzeitig vorhandenen Fähigkeit zum Eingehen flüchtiger sexueller Kontakte sprechen."

Feste Freundschaften stellen für die überwiegende Mehrheit der schwulen Männer die erstrebte Lebensweise dar.[164] Allerdings ist nach den oben gemachten Ausführungen davon auszugehen, dass die Vorstellungen, die sich für schwule Männer damit verbinden, und die Weisen, auf die sie gelebt werden, andere sind als bei herkömmlichen Beziehungen zwischen Mann und Frau.

3.2.1.5. Aidsbedingter Wandel des Verhaltens

Die genannten Vorstellungen und Verhaltensmuster bezüglich Partnerschaft und Sexualität sind - sowohl für schwule Männer als auch für die Gesellschaft insgesamt - einem Wandel unterworfen. Durch das Auftreten der Immunschwächekrankheit Aids hatten schwule Männer allerdings einen besonderen Anlass, ihr Sexualverhalten und ihre Vorstellungen von Partnerschaft neu zu überdenken. Das Sexualverhalten schwuler Männer hat sich seit dem massiven Auftreten von Aids gewandelt. Dannecker schreibt:
„80% der Befragten gaben auf eine entsprechende Frage mit Aids in Zusammenhang stehende Veränderungen ihrer sexuellen Praktiken an."[165] Die Veränderungen können als **Risikominderung** im Sinne von „Safer Sex" interpretiert werden. Abgesehen von den Praktiken gab es auch bei anderen sexualverhaltensrelevanten Dimensionen Veränderungen (z.B. Reduzierung der Zahl der Sexualpartner, Eingehen monogamer Beziehungen[166]) zum Zweck der Risikominderung.[167]
Für die vorliegende Arbeit sind nicht so sehr die Details dieser Veränderungen interessant, sondern die Tatsache, dass es sie gegeben hat. Schwule Männer sahen sich zu gravierenden Verhaltensänderungen veranlasst. Selbst bei der Generation schwuler Männer, die aufgrund ihres Lebensalters „vor Aids" noch gar nicht sexuell aktiv war, kann man davon ausgehen, dass die Bedrohung durch Aids eine, wenn auch geringere, verhaltensprägende Kraft hat.[168] Von Interesse ist die Aids-Problematik hier deshalb,

---

[164] Vgl. Bochow (1994), S.34: „ ... möchten 44 Prozent der Befragten am liebsten mit einem festen Freund in einer gemeinsamen Wohnung leben; 27 Prozent möchten einen festen Freund, aber keine gemeinsame Wohnung haben ..."
[165] Dannecker (1990), S.88; zu ähnlichen Ergebnissen kommt Bochow (1994), S.56: „Die Frage, ob sie ihr Sexualverhalten verändert haben, seit sie von AIDS wissen, bejahen 73 Prozent der Ostdeutschen und 77 Prozent der Westdeutschen. [...] Ein Großteil der Männer, die die Frage verneinen, gibt als Grund an, dass sie seit Beginn ihrer homosexuellen Kontakte ‚Safer Sex' machen und von daher ihr Verhalten nicht verändern mussten." Die Veränderungen laufen vor allem auf eine Einschränkung der oralen und analen Praktiken hinaus, bei denen es potentiell zu einem Austausch von Körperflüssigkeiten kommen kann, vgl. Dannecker (1990), S.91(Tabelle30) und S.94f. (Tabelle 31) und Bochow (1994), Tabelle S.157 (Antwortkategorien „Ich mache Safer Sex" und „Ich begnüge mich beim Sex mit Wichsen und Streicheln").
[166] Vgl. Bochow (1994), Tabelle S.157
[167] Der angestrebte Zweck garantiert allerdings nicht sein Erreichen. Die Reduzierung der Partnerzahl und selbst das Eingehen einer monogamen Beziehung bedeuten noch keinen effektiven Schutz vor Infektion, solange nicht feststeht, dass der Partner nicht HIV-infiziert ist. Darauf weist Bochow (1994), S.56 f., hin.
[168] Zumindest fand Bochow (1994, S.58 f.) - anders als einige von ihm selbst erwähnte Studien in den U.S.A. und anderswo - bei den unter 21jährigen kein ausgeprägtes Risikoverhalten als bei den anderen

weil sie einen Teil der Erlebnis- und Erfahrungswelt darstellt, vor dessen Hintergrund sich Konsumentenverhalten abspielt.

3.2.2. Männliche Geschlechterrolle

3.2.2.1. Verstöße gegen das herkömmliche Männlichkeitsbild

In der öffentlichen Diskussion um Aids war - in den U.S.A. stärker als hierzulande - auch die extreme Position zu vernehmen, Aids sei die Strafe Gottes für das abnorme Treiben der Schwulen. Als abnorm galt den Kritikern dabei nicht nur das sexuelle Verhalten schwuler Männer, sondern auch ihre **Verweigerung gegenüber der herkömmlichen**, in den Augen der Kritiker natur- oder gottgewollten männlichen **Geschlechterrolle**.

Das gängige und von einer Mehrheit der Bevölkerung als - nicht nur im statistischen, sondern auch im normativen Sinne - normal empfundene Männlichkeitsbild in unserer Gesellschaft soll im folgenden knapp skizziert werden, und zwar auf Basis empirisch fundierter Aussagen zur **Einstufung von Eigenschaften als typisch männlich bzw. weiblich**. Das Thema Geschlechterrollen hat im Zusammenhang mit schwulen Männern sicher weitere Dimensionen (z.B. Gestik, Kleidung, Berufe), die aber alle auch als Ausfluss von Eigenschaften aufgefasst werden können. Gestik, Kleidung, Berufe etc. sind dann lediglich Bereiche, die den Eigenschaften Ausdruck verleihen. Deshalb mag es genügen, den Sachverhalt mit der Dimension Eigenschaften zu illustrieren. Zudem hat das den Vorteil, dass auf eine relativ neue , auf Deutschland bezogene empirische Untersuchung zurückgegriffen werden kann. Hollstein, der unter (west)deutschen Männern - unabhängig von der sexuellen Orientierung der Befragten - eine repräsentative Umfrage zum Thema männliche Geschlechterrolle durchführte, schreibt:

„Als eindeutig weiblich werden folgende Eigenschaften etikettiert: Schönheit, Erotik, Angst und Gefühle zeigen. Klar männliche Qualitäten sind Kraft, Mut, Abenteurertum und Logik."[169]

Die genannten, als weiblich identifizierten Eigenschaften verweisen vor allem auf den Bereich enger zwischenmenschlicher Beziehungen. Solche Beziehungen gehen

---

Altersgruppen. Er gesteht zwar folgendes zu (Bochow, 1994, S.59): „Die jungen, unter 21jährigen Männer, die sich an der Befragung beteiligt haben, könnten eher ‚untypisch' sein, da bei vielen jungen Homosexuellen dieser Altersgruppe der Prozess des homosexuellen ‚Coming Out' und der konflikthafte Prozess der homosexuellen Selbstidentifizierung mit dem Resultat einer relativ stabilen psychosozialen und psychosexuellen Identität noch nicht abgeschlossen ist. Nicht auszuschließen ist, dass 17- bis 20jährige homosexuelle Männer, die sich an Befragungen über die schwule Presse beteiligen, ‚untypischer' für ihre Altersgruppe sind als z.B. über 25jährige Männer." Daraus kann man jedoch schließen, dass Bochow ein mögliches risikoreicheres Verhalten der jungen Männer, die sich nicht an der Befragung beteiligten, vor allem im Zusammenhang mit einer für das Lebensalter typischen Entwicklungsphase sieht und nicht mit der Generationszugehörigkeit per se.

[169] Hollstein (1990), S.209. Bei der zitierten Untersuchung wurden 712 Männer befragt. Zur Methodik der Untersuchung im einzelnen vgl. Hollstein (1990), S.106

schwule Männer mit Männern ein. Für sie werden deshalb Vorstellungen von Schönheit, Erotik, dem Zeigen von Gefühlen zwangsläufig auch mit dem männlichen Geschlecht verknüpft sein. Wenn ein schwuler Mann nun diese Vorstellungen in das eigene Selbstbild und Handeln einfließen lässt, ist dies eine **Integration weiblich identifizierter Eigenschaften**. Dies gilt als unmännlich, unabhängig davon, wie „männlich" der betreffende Mann ansonsten sein mag, denn Männlichkeit ist in unserer Gesellschaft nicht allein durch erforderliche Eigenschaften definiert, sondern auch durch fehlende:

„Männlichkeit ist erkauft durch den Verzicht auf weibliche Eigenschaften."[170]

3.2.2.2. Wandel des Männlichkeitsbilds

Vom traditionellen Männlichkeitsbild entfernen sich nicht nur schwule Männer. Auch von heterosexuellen Männern und Frauen wird dieses Bild nicht fraglos akzeptiert.

„Sicher ist, dass die männliche Rolle in ihrer klassischen Ausformung von Härte, Leistung, Konkurrenzdenken und Gefühllosigkeit heute von der übergroßen Mehrheit der deutschen Männer in Frage gestellt wird. Sicher ist auch, dass diese übergroße Mehrheit deutscher Männer sich nicht an traditionelle Männerbilder klammert, sondern nach neuen Orientierungen sucht."[171]

Dieser Wandel beinhaltet aber **eher graduelle als grundsätzliche Veränderungen**.

„Männlich soll nicht mehr so männlich wie früher sein, sondern auch weiblich entmischt [sic] werden, und Weibliches darf sich mit männlichen Qualitäten durchsetzen; aber trotzdem soll Männliches als männlich und Weibliches als weiblich erkennbar bleiben."[172]

Der gesamtgesellschaftliche Wandel bedeutet nicht, dass gleichgeschlechtliche Sexualität und Erotik nunmehr als vereinbar mit einem veränderten Männlichkeitsbild gelten:

„Die in einem bekannten Schlager thematisierte Frage ‚Wann ist ein Mann ein Mann' (Herbert Grönemeyer) wird von der überwiegenden Mehrheit der Männer und Frauen noch so beantwortet, dass sexuelle, erotische, ja selbst zärtliche Tönungen mann-männlicher Sozialität die sozial lizenzierte männliche Geschlechtsrolle in Frage stellt. Die soziokulturell fest verankerte Definition von Männlichkeit und Weiblichkeit gestattet in den Augen der Bevölkerungsmehrheit keine gleichgeschlechtlichen sexuellen Kontakte."[173]

Deshalb stellt sich für jeden schwulen Mann das Problem, in Auseinandersetzung mit dieser Definition - und im Zweifelsfall gegen sie - eine eigene Position zu finden und zu behaupten. Sie zu behaupten, stellt eine lebenslange Aufgabe dar; sie zu finden, steht typischerweise am Anfang eines schwulen Lebenslaufs und soll unter dem Stichwort Coming Out im nächsten Abschnitt thematisiert werden.

---

[170] Hollstein (1990), S.43
[171] Hollstein (1990), S.201
[172] Hollstein (1990), S.210
[173] Bochow (1993), S.126. Das Zitat ist ein Kommentar zu einer Repräsentativbefragung („Einstellungen und Werthaltungen zu homosexuellen Männern in Ost- und Westdeutschland"), „die im Februar und März 1991 vom Hamburger Institut GFM-GETAS durchgeführt wurde. Befragt wurden 1002 Ostdeutsche und 1220 Westdeutsche über 18 Jahre." (Bochow, 1993, S.116, dort werden weitere Details zur Methodik genannt.)

3.2.3. Schwuler Werdegang und Coming Out

3.2.3.1. Stigma als Auslöser der Herausbildung einer besonderen Selbstdefinition

Einen typischen Prozess der Positionsfindung und damit der Selbstfindung durchlebt zu haben, ist ein herausragendes gemeinsames Charakteristikum schwuler Männer. Der Prozess - oder genauer gesagt ein typisches Resultat dieses Prozesses - wird, wenn von schwulen Männern oder lesbischen Frauen die Rede ist, gewöhnlich „Coming Out" genannt.[174] Damit ist gemeint, dass sich eine Person gegenüber sich selbst und in der Folge auch anderen gegenüber als homosexuell, schwul oder lesbisch definiert. Es handelt sich um einen Prozess, der nicht nur schwule Männer betrifft, sondern in ähnlicher Weise alle stigmatisierten Personengruppen.[175] Warum dies so ist, wurde bereits bei der Darstellung der Goffmanschen Gedanken zu Stigma im ersten Abschnitt dieses Kapitels erläutert und soll deshalb hier nicht wiederholt werden.

Herausragend ist die Gemeinsamkeit des Coming Out deshalb, weil sie eine Art **Quintessenz der** oben beschriebenen **Spezifika der Zielgruppe** darstellt: Der Prozess der Herausbildung einer schwulen oder homosexuellen Selbstdefinition beinhaltet, wie sich die objektiv feststellbaren Unterscheidungsmerkmale der Zielgruppe niederschlagen im subjektiven Bewusstsein ihrer Mitglieder und schließlich auch in der Bejahung der Zugehörigkeit zur Kategorie schwul oder homosexuell sich selbst und anderen gegenüber.

3.2.3.2. Phasen der Herausbildung einer schwulen Selbstdefinition

Die Herausbildung einer schwulen Identität verläuft nach weitgehend übereinstimmender Ansicht der - meist U.S.-amerikanischen - Literatur in Phasen.[176] Deren Abgrenzung erfolgt in der Literatur nicht einheitlich. Für die Zwecke der vorliegenden Arbeit kommt es allerdings weniger auf Abgrenzungen an als auf einen Überblick darüber, was Männer, die sich später einmal als schwul oder homosexuell bezeichnen, im Verlauf des gesamten Prozesses typischerweise durchlebt haben, bevor sie sich als schwul oder homosexuell bezeichnen. Zu diesem Zweck soll im folgenden der Prozess der Identitätsbildung am Beispiel des Modells von Troiden[177] illustriert werden. Troiden

---

[174] Um begriffliche Ungenauigkeiten zu vermeiden, sei hier bereits eine Abgrenzung der Konzepte Coming Out einerseits und Herausbildung einer schwulen oder homosexuellen Identität andererseits vorgenommen. Troiden (1989, S.48) definiert: „„...although ‚coming out' begins when individuals define themselves as homosexual, lesbians and gay males typically report an increased desire over time to disclose their homosexual identity to at least some members of an expanding series of audiences. Thus, coming out, or identity disclosure, takes place at a number of levels: to self, to other homosexuals, to heterosexual friends, to family, to coworkers, and to the public at large..." Wenn also mit Coming Out gemeint ist, dass jemand sich als homosexuell oder schwul zu erkennen gibt, so ist das genau genommen ein Ergebnis eines umfassenderen Prozesses der Herausbildung einer schwulen oder homosexuellen Identität.
[175] Goffman (1963/1975) spricht auf S.45-55 vom „moralischen Werdegang" stigmatisierter Personen.
[176] Vgl. Troiden (1989), Minton/McDonald (1984), die beide jeweils auf weitere Literatur verweisen
[177] Vgl. Troiden (1989)

unterscheidet **vier Phasen** [Übersetzung jeweils durch den Verf.]: Sensibilisierung („sensitization"), Identitätsverwirrung („identity confusion"[178]), Identitätsannahme („identity assumption") und Festlegung („commitment").

Die **Sensibilisierung**[179] - die noch vor der Pubertät stattfindet, und damit vor der Zeit, in der Homosexualität typischerweise sexuelle Handlungsrelevanz erlangt - beruht darauf, dass schwule Männer bereits in ihrer Kindheit Erfahrungen machen, die sie später mit ihrer Homosexualität in Zusammenhang bringen. Sie haben das Gefühl, sie seien anders als ihre gleichaltrigen Geschlechtsgenossen, weil sie sich z.B. nicht für Sport interessieren oder auf andere Weise von dem Bild eines „richtigen Jungen" abweichen. Die Bedeutung dieser Kindheitserfahrungen liegt weniger in den Erfahrungen selbst, wie sie zu dem Zeitpunkt wahrgenommen werden, in dem sie gemacht werden, sondern darin, wie sie später im Hinblick auf eine sich anscheinend bereits in der Kindheit abzeichnende Homosexualität interpretiert bzw. uminterpretiert werden.[180]

Die **Identitätsverwirrung**[181] setzt dann ein, wenn zum ersten Mal die Frage gestellt wird, ob die eigenen Gefühle und Verhaltensweisen als homosexuell oder schwul einzustufen sind. Die vorher nicht hinterfragte Annahme, normal, d.h. wie die anderen zu sein, wird unter anderem durch das Erleben erster homosexueller und auch heterosexueller Erfahrungen erschüttert. Zur Verwirrung trägt auch das Stigma bei, das Homosexualität anhaftet. Unter anderem bewirkt es Schuldgefühle und erzeugt Barrieren bei der Kontaktaufnahme zu anderen Homosexuellen und der Auseinandersetzung mit der eigenen Identität. Unklare, zum Teil auch falsche Vorstellungen darüber, was Homosexualität ist, und welche Art von Mensch durch die Kategorie homosexuell oder schwul beschrieben wird, kommen erschwerend hinzu.

Die **Identitätsannahme**[182] beinhaltet die allmähliche, anfangs mit wenig, später mit zunehmendem Selbstbewusstsein vorgenommene Selbstdefinition als schwul oder homosexuell sich selbst und in der Folge auch einem begrenzten Kreis anderer gegenüber, also den Beginn des eigentlichen Coming Out. Dieser Schritt kann erst erfolgen,

---

[178] Troiden benutzt den Begriff Identität in einem Sinn, der dem der Rolle sehr nahekommt (Troiden 1989, S.45 f.): „Identity... refers to perceptions of self that are thought to represent the self definitively in specific social settings (such as, the ‚doctor' identity at work, the ‚spouse' identity at home)."

[179] Vgl. Troiden (1989), S.50-52

[180] Vgl. Troiden (1989), S.52: „The significance of sensitization resides in the meanings attached subsequently to childhood experiences, rather than the experiences themselves. Since sociocultural arrangements in Anglo-American society articulate linkages between gender-inappropriate behavior and homosexuality, gender-neutral or gender-atypical activities and interests during childhood provide many women and men with a potential basis for subsequent interpretations of self as possibly homosexual. Childhood experiences gained in social, emotional, and genital realms come to be invested with homosexual significance during adolescence. The reinterpretation of past events as indicating a homosexual potential appears to be a necessary (but not sufficient) condition for the eventual adoption of homosexual identities."

[181] Vgl. Troiden (1989), S.52-58

[182] Vgl. Troiden (1989), S.59-63

wenn die für die Identitätsverwirrung charakteristischen, nicht unerheblichen Probleme zumindest vorläufig gelöst sind. Die Identitätsannahme geht üblicherweise einher mit Sozial- und auch Sexualkontakten zu anderen schwulen Männern oder auch einer Liebesbeziehung. Nur eine Minderheit kommt ohne soziosexuelle Kontakte dazu, sich als schwul oder homosexuell zu definieren. Diese soziosexuellen Kontakte bewirken gleichzeitig eine Art sekundäre Sozialisation. Im Kontakt zu anderen schwulen Männern erschließen sich Legitimationen der eigenen Homosexualität, die auch Schuldgefühle neutralisieren helfen, das Spektrum der Identitäten und Rollen, das schwulen Männern offen steht, Verhaltensnormen für das Verhalten innerhalb und außerhalb der schwulen Subkultur, und nicht zuletzt Stigmamanagementstrategien, von denen noch ausführlich die Rede sein wird (Kapitel 3.4. Stigmamanagementstrategien: Wie „anders" oder wie „normal" geben sich schwule Männer?).

Die **Festlegung**[183] beinhaltet die Entscheidung für einen schwulen Lebensstil. Sie geht einher mit dem Coming Out auch in nicht-schwulen Kreisen und üblicherweise mit einer gestiegenen Zufriedenheit mit der eigenen schwulen bzw. homosexuellen Identität. Homosexualität wird in die Gesamtpersönlichkeit integriert. Die Frage nach der Festlegung ist allerdings hier nicht als Ja-Nein-Frage zu verstehen, sondern als Frage des Grades. Zu verschiedenen Zeitpunkten in seinem Leben, in verschiedenen Situationen und verschiedenen Personen gegenüber wird ein schwuler Mann sich unterschiedlich stark auf seine schwule oder homosexuelle Identität festlegen oder festlegen lassen wollen. Die letzte Phase hat in zweierlei Hinsicht ein offenes Ende. Weder gibt es einen zeitlichen Schlusspunkt noch steht das Endresultat ein für alle Mal fest.

Das hier referierte Modell zeichnet den Prozess homosexueller Identitätsbildung in idealtypischer Weise. Dem **Idealtypus** wird nicht jeder schwule Lebenslauf entsprechen. **Abweichungen** sind z.B. bei der Abfolge oder Gleichzeitigkeit der oben genannten Phasen möglich, bei den Lebensaltern, in denen die Phasen durchlebt werden, oder auch bei den Prozessergebnissen. Wie bereits erwähnt, wird sich nicht jeder Mann, der gleichgeschlechtliche Sexualkontakte hatte, als schwul oder homosexuell definieren. In der Logik des obigen Modells heißt das, dass die dritte und vierte Phase nicht erreicht werden. Insofern gilt das Modell in Gänze auch nur für die Personen, die irgendwann zu einer schwulen oder homosexuellen Selbstdefinition gelangen.
All dies schränkt den Nutzen des Modells für die vorliegende Arbeit nicht wesentlich ein. Zum einen bilden die Männer mit schwuler oder homosexueller Selbstdefinition den Kern der für diese Arbeit interessierenden Zielgruppe. Zum anderen beschränkt sich die Funktion des obigen Modells in der vorliegenden Arbeit darauf, die Problematik des Wegs zu einer schwulen oder homosexuellen Selbstdefinition zu erläutern. Da dieser Weg in Auseinandersetzung mit der Umwelt gefunden werden muss, haben die Reaktionen der Umwelt eine entscheidende Bedeutung. Sie sind Thema des nächsten Abschnitts.

---

[183] Vgl. Troiden (1989), S.63-68

3.3. Schwule Männer und ihre Umwelt: Wie begegnet die „normale" Welt den „Anderen"?

3.3.1. Züge des Fremdbilds der Gesellschaft über schwule Männer

Zunächst soll versucht werden, gestalthaft zu beschreiben, welches Bild sich die Gesellschaft vom schwulen Mann macht. Vor diesem Hintergrund wird dann von den Reaktionen der Gesamtgesellschaft und des unmittelbaren Umfelds schwuler Männer die Rede sein. Da nach Kenntnisstand des Verfassers zur Frage des Fremdbilds, das sich die Gesellschaft in Deutschland von schwulen Männern macht, keine aktuellen repräsentativen Untersuchungen verfügbar sind, muss auf andere, zumeist ältere[184] Quellen zurückgegriffen werden.

3.3.1.1. Charakterisierung als unmännlich und weiblich

Oben wurde bereits festgestellt, dass es für schwule Männer nahe liegt, auch weiblich identifizierte Eigenschaften in ihr Selbstbild und Handeln zu integrieren.[185] Deshalb soll zunächst beleuchtet werden, wie sich dieses Überschreiten herkömmlicher Geschlechterrollengrenzen im Fremdbild der Gesellschaft niederschlägt, und zwar anhand einiger Befragungen[186] (nicht repräsentativer Art) im angelsächsischen Sprachraum, die einen **empirischen Beleg** erbringen für die stereotype[187] Wahrnehmung des schwulen Mannes als durch weiblich identifizierte Eigenschaften gekennzeichnet. Taylor[188] bat

---

[184] Aus der Tatsache, dass die Quellen über zehn Jahre alt sind, kann nach Ansicht des Verfassers nicht geschlossen werden, dass sie veraltet sind. Der Verfasser vermutet, dass sich die Ergebnisse lediglich graduell verschieben würden, wenn die Erhebungen heute wiederholt würden. Diese Vermutung stützt sich auf die Tatsache, dass bei Wiederholungserhebungen, die zwar nicht speziell das Fremdbild der Gesellschaft über schwule Männer, wohl aber deren Einstellung zu Homosexualität erfragten, im Zeitraum zwischen Mitte der siebziger Jahre und Anfang der neunziger Jahre ebenfalls nur graduelle Verschiebungen festzustellen waren, vgl. hierzu die Verweise auf entsprechende empirische Untersuchungen im Abschnitt 3.3.2.

[185] Vgl. Kapitel 3.2.2.1. Verstöße gegen das herkömmliche Männlichkeitsbild

[186] Taylor (1983), Ross (1983), Page/Yee (1985). In den genannten Untersuchungen finden sich jeweils Hinweise auf frühere Untersuchungen zum gleichen Thema.

[187] Zur Definition des Begriffs Stereotyp schreibt Taylor (1983, S.37), auf dessen Untersuchung im folgenden noch zurückgekommen wird: „Definitions of stereotypes have included the ‚picture in the head' that organizes our perceptions of the world (Lippman, 1922), the cognitive structure we act on as if it were reality (Cauthen, Robinson & Krauss, 1971), and the consensus about the images evoked by a particular label (Katz &Braly, 1933). In addition, while stereotypes can be described as generalizations that help us to order reality, they have nevertheless come to be associated with narrow-mindedness on the part of the stereotyper, and inaccuracy on the part of the stereotype (Campbell, 1967). Although individualistic stereotypes have been referred to in the literature (Secord & Backman, 1964), the typical research focus has been consensual beliefs, most often assessed in terms of the personality traits associated with a particular group."

[188] Taylor (1983) befragte 103 erwachsene Personen (64 Frauen und 39 Männer, darunter keine Studenten) im Alter von 17 bis 64 (Durchschnitt 42) Jahren, die aus einem Pool von mehreren hundert Aberdeener Bürgern rekrutiert wurden, die der psychologischen Fakultät der Universität Aberdeen (Schottland) verbunden waren (vgl. Taylor, 1983, S.44).

seine Probanden unter anderem, den Stereotyp des (heterosexuellen) Mannes und den des schwulen Mannes zu beschreiben und stellte fest, dass die Befragten fast bei allen in seiner Befragung vorgegebenen Attributen den schwulen Stereotyp signifikant näher am „weiblichen" Pol der jeweiligen Kategorie ansiedelten als den Stereotyp (heterosexueller) Mann. Page und Yee[189] kamen bei ihrer Befragung unter Studenten an der Universität Windsor in Kanada zu ähnlichen Ergebnissen.

Auch wenn diese Befragungen sich nicht auf Deutschland beziehen, so sind die Gesellschaften, in denen die Befragungen stattfanden, in bezug auf Geschlechterrollen wahrscheinlich der deutschen ähnlich genug, um die Vermutung zu rechtfertigen, dass die gängige Vorstellung auch in Deutschland einen schwulen Mann eher mit als weiblich geltenden Eigenschaften ausstattet als mit solchen, die als männlich gelten (etwa mit einem hohen Maß an Emotionalität, Sensibilität, Kunstsinn, Passivität, Unentschlossenheit, aber mit einem niedrigen Maß an Durchhaltevermögen, handwerklichem Geschick, Führungsqualitäten).[190] Diese Art von Charakterisierungen besagen letzten Endes, dass der schwule Mann als **kein „richtiger Mann"**, sondern als „irgendwie" weiblich gesehen wird. Schimpfwörter, bei denen zu diesem Befund die negative Wertung hinzukommt[191], sind z.B. „Schwuchtel" und „Tunte".[192]

3.3.1.2. Charakterisierung als moralisch verwerflich

Zwei weitere Facetten des negativen Klischeebilds von schwulen Männern sind nach Bleibtreu-Ehrenberg die des **Unholds** und die des **Verräters**.[193]

Unter ersterem einzuordnen wären die Bilder vom schwulen Mann als Triebtäter, Kinderschänder, Jugendverführer oder - als moderne Variante - aidsverseuchtem Todesbringer. In Ermangelung empirischer Untersuchungen ist es allerdings schwierig einzuschätzen, wie sehr der Stereotyp vom schwulen Mann (noch) von diesen Vorstellungen geprägt ist. Es trifft sicher zu, dass Presseberichterstattung über Kriminalfälle, an denen Homosexuelle beteiligt waren, negative Klischees dann stützt, wenn sich der Verweis auf das „homosexuelle Milieu", aus dem Täter und/oder Opfer stammen, unversehens in eine Erklärung des Tatmotivs verwandelt. Damit würde den Homosexuellen eine grundsätzliche Tendenz zu der jeweils in Frage stehenden Täter-

---

[189] Vgl. Page/Yee (1985), S.109: „Following the procedure used by Broverman, Broverman, Clarkson, Rosenkrantz, & Vogel (1970), male and female undergraduates described a male homosexual, lesbian, and normal adult in terms of 41 adjective rating scales, each scale having a masculine and a feminine pole. Results indicated that compared to ratings of the normal adult, the male homosexual was viewed unfavorably and was significantly different from ‚normality' on 27 scales."
[190] Die hier genannten Eigenschaften stellen den Versuch dar, mit einer kurzen Zusammenfassung das Spektrum der von Page/Yee (1985) genannten Kategorien (vgl. Fußnote 189) abzustecken.
[191] Damit soll nicht behauptet werden, dass dieser Befund in allen Teilen der Gesellschaft grundsätzlich negativ bewertet wird, vgl. die Ausführungen unter 3.3.1.3. Charakterisierung als sympathisch.
[192] Zur Kulturgeschichte des Vorurteils von schwulen Männern als „Tunten" vgl. Bleibtreu-Ehrenberg (1981), S.386 ff.
[193] Vgl. Bleibtreu-Ehrenberg (1981), S.379 ff. und 392 ff.

oder Opferrolle unterstellt. Auch in der Gegenwart ist diese Art von **skandalträchtiger Berichterstattung** noch nicht verschwunden.[194] Neben der Berichterstattung selbst ist auch die **Rezeption durch die Mediennutzer** zu berücksichtigen. Da die Einstellungen zur Homosexualität - wie oben referiert - toleranter wurden und jegliche Berichterstattung auch im Hinblick auf ein Publikum produziert wird, ist zu erwarten, dass klischeehafte negative Berichterstattung grundsätzlich abgenommen hat.[195]

Wie das Bild vom Unhold, so hat wohl auch das vom schwulen Mann als Verräter in den letzten Jahren an Bedeutung verloren. Die früher oft beschworene Erpressbarkeit homosexueller Männer, die sie als Geheimnisträger ungeeignet erscheinen ließ, legte den Verdacht auf potentiellen Verrat geradezu nahe. Diese Erpressbarkeit war aber nicht zuletzt durch Recht und Gesetz bedingt. Die **Strafrechtsreformen** bezüglich des §175 StGB hoben Ende der sechziger/Anfang der siebziger Jahre zunächst die Strafbarkeit von homosexuellen Handlungen unter Erwachsenen auf und schafften den Paragraphen Anfang der neunziger Jahre ganz ab. Seitdem gilt ein einheitliches Schutzalter von 16 Jahren. Der Erpressbarkeit und damit gleichzeitig dem Klischee vom schwulen Mann als Verräter ist somit ein wichtiges Stück Boden entzogen.

Wenn hier betont wurde, dass die Verbreitung und Bedeutung der ins Negative verzerrenden, klischeehaften Bilder vom schwulen Mann in der jüngeren Vergangenheit - seit den Strafrechtsreformen und dem Einsetzen einer allgemeinen gesellschaftlichen Liberalisierung nach 1968 - eher zurückging, so soll das nicht heißen, dass abwertende Vorstellungen gänzlich verschwunden sind. Auch bei den oben thematisierten Einstellungen war der Befund einer insgesamt gestiegenen Toleranz zu qualifizieren: Gleichzeitig finden auch ablehnende Einstellungen eine immer noch große Verbreitung. Entsprechendes ist auch bei den stereotypen Vorstellungen zu erwarten, die sich die Gesellschaft von einem schwulen Mann macht.

3.3.1.3. Charakterisierung als sympathisch

Nach den eher negativ bewerteten Zügen des Stereotyps vom schwulen Mann sollen nun auch positive Züge angesprochen werden. Als Illustration soll hier ein Artikel in der Düsseldorfer Ausgabe des Kulturprogrammmagazins „Prinz" dienen, in dem ein Absatz überschrieben war mit
„10 Gründe, warum es Schwule besser haben als Heteros:
1. Schwule können besser tanzen.
2. Sie kennen die interessanteren Frauen.
3. Sie haben die netteren Cafés und Kneipen.

---

[194] Erinnert sei hier z.B. an das Medienecho auf den Mord an dem Schauspieler Sedlmayr, oder - bezüglich des Bildes vom homosexuellen Kinderschänder - an Skandale um kirchliche Würdenträger, in jüngerer Vergangenheit z.B. den Wiener Erzbischof.
[195] Eine Ausnahme stellen hier wahrscheinlich solche Medien dar, deren Zielgruppe sich primär aus Kreisen zusammensetzt, die besonders stark an traditionellen Geschlechterrollen festhalten und Homosexualität ablehnen. Wie in Kapitel 3.3.2.2. Verbleibende Ablehnung noch erläutert wird, sind dies vor allem die unteren sozialen Schichten.

4. Sie feiern die besten Parties.
5. Sie sind stolz auf ihre Körper, achten mehr auf ihr Äußeres und haben einen besseren Geschmack.
6. Sie können laut lachen. (Auch darüber, wenn ihnen Asche auf die Schulter fällt.)
7. Sie sind sensibel und haben ein großes Herz. Die beste Freundin für einen Heten ist eine Schwester.
8. Sie sind kreativ und haben ein Gefühl für Ästhetik.
9. Mit ihnen kann man rumalbern, lachen und spontan sein. Weibliche Heteros fühlen sich in der Gay-Szene oft wohler, weil sie nicht angebaggert werden, also entspanntes Amüsieren.
10. Worum Männer sie am meisten beneiden: sie haben mehr Sex, sind unabhängiger und haben ein oft dickeres Bankkonto."[196]

Die hier angesprochenen Züge sind zum Teil wieder die oben erwähnten, in unserer Gesellschaft eher als **weiblich identifizierten Eigenschaften** wie Emotionalität und Sinn für Ästhetik, hier aber eindeutig **positiv gewertet**. Darüber hinaus enthält das hier gezeichnete Bild auch Eigenschaften, die mit dem weiblichen Geschlechterrollenbild wenig zu tun haben: Unkonventionalität, Lebenslust und Unabhängigkeit. Auch hier fällt eine Einschätzung der Verbreitung des Stereotyps schwer. Ein einzelner Artikel kann und soll nicht als Beweis dafür dienen, dass sich das Schwulenbild in der Gesellschaft radikal gewandelt hat. Er zeigt aber, dass es neben den negativ getönten auch positive Stereotype gibt, die wahrscheinlich vor allem beim jüngeren, kulturinteressierten Teil der Bevölkerung - die den Großteil der Leserschaft von Programmmagazinen wie „Prinz" stellen dürften - eine gewisse Rolle spielen.

Die Tatsache, dass negative und positive Stereotype gleichzeitig existieren, deutet darauf hin, dass es ein einheitliches Fremdbild des schwulen Mannes in unserer Gesellschaft nicht oder nicht mehr gibt. Das **Fremdbild**, das sich die Gesellschaft von einem schwulen Mann macht, und die Wertung, die dieses Bild erfährt, haben sich **zunehmend differenziert**. Die oben erwähnten sympathieträchtigen Züge des Fremdbilds schwuler Männer sind für die weitere Arbeit deshalb von Interesse, weil sie gesamtgesellschaftliche Werthaltungen und **Trends des gesellschaftlichen Wandels** widerspiegeln. Bei der großen Bedeutung von Genuss und der Fähigkeit zu genießen in unserer Gesellschaft[197], stößt eine positive Einstellung zu Sexualität und Lustbetontheit, aber auch guter Geschmack und Sinn für Ästhetik, wie sie schwulen Männern zum Teil zugeschrieben werden, auf Sympathie. Die Überwindung von inzwischen negativ bewerteten Seiten der traditionellen männlichen Geschlechterrolle im allgemeinen und eines von Konkurrenz und Mangel an Mitmenschlichkeit gekennzeichneten Verhaltensmusters unter Männern im besonderen können wohlwollendes Interesse wecken bei Menschen, die ohnedies auf der **Suche** sind **nach neuen Rollenbildern** und Möglichkeiten eines menschlicheren Umgangs unter Männern. Das ist nicht zuletzt als Reaktion auf die Emanzipation der Frau bei weiten Kreisen - von Männern

---

[196] o.V. (1995), S.22
[197] Schulze (1992, S.36): „Da Erlebnisorientierung normal geworden ist, kann man sie als besondere Handlungsmotivation nur noch im historischen Vergleich erkennen. Sie hat den Charakter einer kollektiven Basismotivation [...]" Und an anderer Stelle (Schulze, 1992, S.108) heißt es: „Erlebnisorientierung ist definiert als das Streben nach psychophysischen Zuständen positiver Valenz, also nach Genuss."

und Frauen - der Fall.[198] In diesem Zusammenhang kann selbst eine schwule Beziehung eine Art Vorbildcharakter annehmen, nämlich dann, wenn auch in heterosexuellen Beziehungen die wirtschaftliche Sicherheit oder das Aufziehen von Kindern ihre zentrale Bedeutung verlieren und immer mehr die Beziehung selbst in den Mittelpunkt gerückt wird. Das folgende Zitat aus dem Bereich der soziologisch orientierten Sexualforschung illustriert diesen Gedanken:

> „Den neuen Sexualverhältnissen adäquat ist eine moderne Beziehungsform, die Anthony Giddens, britischer Soziologe, als ‚reine Beziehung' beschreibt. Heterosexuelle bewegten sich auf diese Beziehungsform zu, bei homosexuellen Männern und lesbischen Frauen trete sie schon klarer in Erscheinung. Die ‚reine Beziehung' (das Adjektiv ist beschreibend zu verstehen im Sinne von pur oder unvermischt) wird nicht durch materiale Grundlagen oder Institutionen gestützt, sie wird nur um ihrer selbst willen eingegangen und besteht nur so lange sich beide darin wohlfühlen, so lange beide einen emotionalen ‚Wohlfahrtsgewinn' haben. Dadurch ist ihre Stabilität riskiert, ja, es gehört zu ihrer Reinheit, prinzipiell instabil zu sein. Beide Partner müssen vielfältige Talente entwickeln, um das Wohlfühlen - zumindest eine zeitlang - zu gewährleisten, vor allem die Fähigkeit des Aushandelns. Die ‚reine Beziehung' ist nicht notwendigerweise monogam, da auch darüber eine Vereinbarung zu treffen ist."[199]

Schließlich wird eine Gesellschaft, die **Wert auf Individualität** legt, auch Anderssein und das Herausstellen von Unterschieden als positiv einstufen können. Ebenso wie Unabhängigkeit und Ungebundenheit stellen die genannten Eigenschaften eine Möglichkeit dar, Individualität Ausdruck zu verleihen, zum einen unter dem Aspekt des Muts, seinen eigenen Weg zu gehen, zum anderen auch einfach als interessante Abwechslung zum grauen Durchschnitt.

3.3.2. Reaktionen auf der Ebene der Gesamtgesellschaft

3.3.2.1. Gestiegene Toleranz

Die Darstellung stützt sich hier und in den folgenden Abschnitten wesentlich auf die bereits mehrmals zitierte repräsentative Befragung von Bochow.[200] Um einen Zeitvergleich anstellen zu können, benutzte Bochow eine große Zahl von Items wieder, die bereits in einer ähnlichen Untersuchung aus dem Jahre 1974 verwendet worden waren.[201]

Zusammenfassend schreibt er:

> „Mit den referierten Befunden der Erhebung von 1991 und dem Vergleich mit der Erhebung von 1974 konnte zweierlei gezeigt werden. Homosexuellenfeindliche bzw. -ablehnende Einstellungen in der Bevölkerung haben abgenommen, was die Größe des Personenkreises anbelangt, der sie teilt. Der Bevölkerungsanteil mit antihomosexuellen Einstellungen ist jedoch nach wie vor beträchtlich: mindestens ein Drittel der Bevölkerung kann als stark schwulenfeindlich eingestuft werden, ein Drittel ist ambivalent, das heißt nicht durchgängig antihomosexuell, aber keinesfalls frei von ablehnenden oder klischeehaften Einstellungen."[202]

---

[198] Vgl. Hollstein (1990), S.7 f.
[199] Schmidt (1995), S.5 f.
[200] Bochow (1993)
[201] Vgl. Bochow (1993), S.117
[202] Bochow (1993), S.122

Andererseits findet **Toleranz im Sinne unbeteiligter Indifferenz** relativ breite und seit 1974 auch noch deutlich gestiegene Zustimmung.

„Dem vorgegebenen Statement ‚Die sexuelle Orientierung von Menschen ist mir gleichgültig; warum sollte ich mich daran stören' stimmen 1991 65 Prozent der Westdeutschen und 69 Prozent der Ostdeutschen zu. Schon in der Erhebung von Lautmann und Wienold (1977) fand dieses Statement die Zustimmung einer Mehrheit von 55 Prozent der Befragten."[203]

3.3.2.2. Verbleibende Ablehnung

Damit einher geht allerdings ein beträchtliches, seit 1974 nahezu konstant gebliebenes **Bedürfnis nach sozialer Distanz** (bei etwa 60% der Befragten).[204] Dem weit verbreiteten Wunsch nach sozialer Distanz entspricht,

„...,dass noch eine Mehrheit der west- und ostdeutschen Befragten eine gleichgeschlechtliche sexuelle Orientierung entweder als irreversible Fehlentwicklung, als therapierbare sexuelle Störung oder als Laster begreift. Lediglich 27 Prozent der Westdeutschen und 33 Prozent der Ostdeutschen lehnen durchgängig die Items ab, die Homosexualität als pathologischen Zustand oder als Laster definieren."[205]

Ein Drittel der Befragten in Ostdeutschland und knapp die Hälfte der Befragten in Westdeutschland lehnen im Jahre 1991 schwule Männer als Lehrer oder in politischen Ämtern ab.[206] Das Extrem antihomosexueller Einstellung manifestiert sich in der Befürwortung eines generellen Verbots homosexueller Handlungen durch 13,4% der befragten Westdeutschen und 9,7% der Ostdeutschen.[207] Im Zusammenhang mit der Aids-Problematik erhöhen sich die Zustimmungsraten zu einem generellen Verbot noch.[208] Sogar die Kastration - das vorgegebene Statement lautete: „Was die Homosexuellen treiben, ist doch eine Schweinerei; sie sollten kastriert werden."[209] - wird 1991 noch von einer relativ großen Minderheit befürwortet, nämlich 21 Prozent der Westdeutschen (gegenüber 36 Prozent 1974) und 13 Prozent der Ostdeutschen.[210]

Fragt man außer nach den Einstellungen auch danach, wer sie vertritt, so zeigt sich unter anderem:

„Homosexuellenfeindlichkeit korrespondiert deutlich mit der Orientierung an traditionellen patriarchalisch geprägten Geschlechtsrollen ...".[211]

---

[203] Bochow (1993), S.117
[204] Vgl. Bochow (1993), S.118 f., zur Operationalisierung des Begriffs „soziale Distanz" wird erläutert (a.a.O.): „Das Bedürfnis nach sozialer Distanz wurde ermittelt, indem nach den Reaktionen auf einen homosexuellen Nachbarn, Arbeitskollegen und auf homosexuelle Männer im Freundes- und Bekanntenkreis von Freunden und Bekannten gefragt wurde."
[205] Bochow (1993), S.119
[206] Vgl. Bochow (1993), S.118
[207] Vgl. Bochow (1993), S.118
[208] Vgl. Bochow (1993), S.124
[209] Bochow (1993), S.121
[210] Vgl. Bochow (1993), S.121
[211] Bochow (1993), S.119

Anderen sozialwissenschaftlichen Untersuchungen lässt sich wiederum entnehmen, dass die Orientierung an traditionellen Geschlechterrollen an den beiden Enden des sozialen Spektrums die relativ stärkste Verbreitung hat, also in der Oberschicht und - dort besonders - der Unterschicht:[212]

> „Das größte Veränderungspotential [bezüglich der Geschlechterrollen, Anm. des Verf.] findet sich eindeutig in den beiden Mittelschichten, während es auf der anderen Seite häufig eine seltsame Koalition von Männern aus der Oberschicht und der Unterschicht gibt. Die untere Unterschicht ist gesamtgesellschaftlich gesehen die letzte, aber durchaus noch kräftige Bastion der Machos."[213]

Zusammenfassend lässt sich feststellen, dass schwule Männer trotz gestiegener Toleranz immer noch mit gesellschaftlicher Ablehnung und Abwertung konfrontiert sind.

3.3.2.3. Gewalt gegen schwule Männer

Die oben beschriebene Ablehnung geht im Extremfall bis zu verbalen Pöbeleien und körperlicher Gewalt gegen schwule Männer. Immerhin 5% der von Bochow Befragten hatten im Jahr 1991 körperliche Gewalt erlebt, und dieser Prozentsatz steigt auf 9% (Ostdeutschland) bzw. 13% (Westdeutschland) für das Jahr 1993.[214] Neben diesen Daten zur **Häufigkeit von Gewalt** sind für eine Beschreibung der Erlebnis- und Erfahrungswelt auch die Auswirkungen auf die subjektive Befindlichkeit von schwulen Männern interessant.

> „Vor dem Hintergrund relativ hoher ‚Viktimisierungsraten' ist es kein Wunder, dass ein hoher Anteil homosexueller Männer sich persönlich zunehmend bedroht fühlt. 24 Prozent der Befragten fühlen sich persönlich mehr bedroht als früher, 27 Prozent fühlen sich manchmal mehr bedroht als früher, 47 Prozent geben an, dass ihr Gefühl als homosexueller Mann von Gewaltattacken bedroht zu sein, nicht zugenommen hat..."[215]

Man kann daher vermuten, dass das Thema Bedrohung durch Gewalt im Bewusstsein schwuler Männer einen festen Platz hat. Das **subjektive Gefühl von Bedrohung** beruht dabei nicht nur auf objektiven Viktimisierungsraten. Unabhängig von möglichen Vergleichen mit Viktimisierungsraten anderer Gruppen oder der Gesamtgesellschaft[216] fühlen sich schwule Männer bedroht, weil sie die Gewalt nicht als blinde, sondern als gezielt gegen sie gerichtete Gewalt wahrnehmen.

---

[212] Schicht ist hier und im folgenden Zitat als über die berufliche Stellung definiert zu verstehen.
[213] Hollstein (1990), S.119, bezüglich der Unterschicht wird diese Einschätzung bestätigt von Bochow (1997), S.43-45
[214] Vgl. das Zahlenmaterial bei Bochow (1994), S.98, wo auch weitere Zahlen zu symbolischer Gewalt genannt sind
[215] Bochow (1994), S.99
[216] Dem Verfasser sind vergleichbare statistische Daten zu Viktimisierungsraten anderer gesellschaftlicher Gruppen oder der Gesamtgesellschaft nicht bekannt. Auch Bochow (1994), dem die Daten zu den Viktimisierungsraten schwuler Männer entnommen wurden, nennt keine Vergleichszahlen.

3.3.3. Reaktionen im unmittelbaren Umfeld schwuler Männer

Neben dem Spektrum der Reaktionen der Gesamtgesellschaft zum Thema schwule Männer ist in besonderem Maße die Haltung des Personenkreises im unmittelbaren sozialen Umfeld - also Familie, Arbeitsplatz, Schule, (heterosexueller) Freundes- und Bekanntenkreis - ausschlaggebend für die Lebenssituation schwuler Männer. Auch hier kann man aufgrund der oben referierten Ergebnisse von einer in den letzten Jahren gestiegenen Toleranz ausgehen.[217] Wie oben muss dieses Bild allerdings differenziert werden, damit die trotzdem nach wie vor bestehende Intoleranz und die sich dadurch für schwule Männer ergebenden Schwierigkeiten nicht außer acht bleiben.

3.3.3.1. Reaktionen in der Familie

Problematisch erscheint nach wie vor die **Beziehung zu den Vätern**, die zum einen weniger häufig als andere Familienmitglieder ins Vertrauen gesetzt werden und zum anderen auch eine geringere Akzeptanz zeigen als Mütter oder Geschwister.[218]

Die Bedeutung der Einstellung der Familie, vor allem der Eltern, liegt darin begründet, dass sie im Normalfall nicht nur einen wichtigen Teil des sozialen Umfelds bildet, sondern ihre Haltung auch das **Selbstwertgefühl** des schwulen Sohnes mitbestimmt.[219] Mangelnde Akzeptanz seitens signifikanter Bezugspersonen, also Personen, an deren Achtung schwulen Männern liegt - und Eltern werden im Normalfall zu diesem Personenkreis gehören - wird nicht nur als schmerzlich empfunden, sie untergräbt auch das Selbstwertgefühl. Für Jugendliche, die sich später als schwul oder homosexuell betrachten, dürfte das in besonderem Maße gelten, da der schwierige Prozess des oben beschriebenen Coming Out typischerweise in der Jugend oder im frühen Erwachsenenalter durchlaufen wird.

---

[217] Vgl. Bochow (1994), S.21: „Bei den homosexuellen Männern in den alten Bundesländern [für die neuen Bundesländer liegen keine entsprechenden Zeitreihendaten vor, Anm. d. Verf.] scheint eine Zunahme in der erfahrenen Akzeptanz oder Toleranz ihrer Homosexualität vorzuliegen. Der Anteil von ihnen, der in seinem sozialen Umfeld (Eltern, Geschwister, Kollegen, heterosexuelle Freunde) seine Homosexualität nicht verbirgt und sie akzeptiert oder toleriert sieht, steigt von 46 Prozent 1987 und 42 Prozent 1988 auf 56 Prozent 1991 und 61 Prozent 1993. Umgekehrt fällt der Anteil der Männer, der sich mit seiner Homosexualität in seinem sozialen Umfeld nicht akzeptiert fühlt oder aber diese verschweigt, von 25 Prozent 1987 und 26 Prozent 1988 auf 18 Prozent 1991 und 13 Prozent 1993." Hingewiesen sei hier noch darauf, dass die Haltung des sozialen Umfelds hier nicht beim Umfeld selbst erhoben wurde, sondern über den Eindruck, den die schwulen Männer von ihrem Umfeld haben. Es ist allerdings kaum zu erwarten, dass sich Haltung und Eindruck gegenläufig entwickelten. Insofern scheint es gerechtfertigt, von gestiegener Toleranz des Umfelds zu sprechen, zumal dies auch mit den oben bereits referierten Einstellungen der Gesamtgesellschaft im Einklang steht.

[218] Vgl. Bochow (1994), S.22. Dort werden auch Zahlen genannt: „Die folgenden Prozentangaben beziehen sich nur auf die Befragten, die (noch) einen Vater haben. 1991 zeigte sich, dass lediglich ein Drittel der Väter (Westdeutschland: 36%, Ostdeutschland: 37%) die Homosexualität des Sohnes akzeptiert. Die Anteile steigen 1993/94 auf 45 Prozent (Westdeutsche) und 40 Prozent (Ostdeutsche)."

[219] Vgl. hierzu Savin-Williams (1989), der zu dieser Frage eine empirische Untersuchung unter 317 schwulen und lesbischen Jugendlichen durchführte.

3.3.3.2. Reaktionen in der Arbeitswelt

Angesichts der in unserer Gesellschaft üblichen Trennung von Arbeits- und Privatleben halten viele Menschen gegenüber Kollegen mehr Distanz als gegenüber Familienmitgliedern. Dies und die Tatsache, dass bei Eintritt ins Arbeitsleben die Persönlichkeitsentwicklung normalerweise schon weiter fortgeschritten ist, lässt vermuten, dass Kollegen einen weniger entscheidenden Einfluss auf das Selbstwertgefühl haben als die Familie. Trotzdem bilden die Kollegen den Personenkreis, mit dem viele Menschen einen Großteil ihrer (wachen) Zeit verbringen, und der deshalb die Lebens- und Erfahrungswelt entscheidend mitprägt.[220]

Zillich schreibt in seiner Untersuchung „Homosexuelle Männer im Arbeitsleben":
„Das gemeinsame Wissen um die negative gesellschaftliche Bewertung der gleichgeschlechtlichen Zuneigung hat sich in der Sozialisation vermittelt und wird von den Menschen in die unterschiedlichsten Figurationen, in denen sie sich bewegen, eingebracht - so auch am Arbeitsplatz."[221]
Er leitet daraus ab, dass die Interaktion zwischen Homosexuellen und Heterosexuellen am Arbeitsplatz durch ein Superioritätsbewusstsein seitens der Heterosexuellen und ein Inferioritätsbewusstsein der Homosexuellen, ein Insider-Outsider-Verhältnis und deshalb einer ungleichen **Machtbalance** geprägt sei.[222] Diese Darstellung mag zunächst übertrieben oder durch die zunehmende Liberalisierung überholt anmuten. Aber selbst wenn die Gruppe derer, die schwule Männer für inferior halten, kleiner geworden ist, so ist sie doch - wie oben belegt wurde - nach wie vor vorhanden. Da andererseits die Gruppe derer verschwindend klein sein dürfte, die umgekehrt die schwulen Männer für superior halten, so bleibt die Diagnose tatsächlich bestehen: Im Durchschnitt schlägt das Pendel der Einstellungen eher in Richtung Inferiorität schwuler Männer aus. Ihre Ausgangssituation im Hinblick auf den von den Kollegen zu erwartenden Respekt der eigenen Person ist deshalb tendenziell weniger günstig, als die eines heterosexuellen Kollegen. Bei der im Jahr 1991 durchgeführten Umfrage von Bochow antworteten denn auch nur zwischen 30% (Beamte:29%, Arbeiter:31%) und 46% (Selbständige und Freiberufler), dass ihre Homosexualität von den Kollegen akzeptiert sei. Die Werte für die anderen ausgewiesenen Gruppen - Angestellte (aufgespalten in höhere und andere Angestellte) und Studenten - lagen zwischen diesen Extrempunkten.[223] Zur Relativierung dieser Aussagen sei zugestanden, dass manche schwule Männer die Toleranz ihrer Kollegen vielleicht unterschätzen. Da es sich um Durchschnittszahlen handelt, soll auch nicht ausgeschlossen werden, dass es Arbeitsplatzsituationen gibt, wo alle oder nahezu alle Mitarbeiter schwule Kollegen für gleichwertig halten. Die Kennzeichnung der Ausgangssituation bezüglich der Machtbalance besagt auch nicht, dass die Machtbalance im Laufe von Interaktionsprozessen unverändert bleibt.

---

[220] Das negative Extrem dieser Prägekraft ist durch die Mobbing-Diskussion der letzten Jahre stark ins Bewusstsein gerückt.
[221] Zillich (1988), S.18
[222] Vgl. Zillich (1988), S.18
[223] Vgl. Schumacher (1993), S.50. Schumacher referiert in seinem Artikel in der Wirtschaftswoche die oben erwähnten Ergebnisse, die in diesem Detaillierungsgrad in Bochow (1993) nicht abgedruckt sind.

Dass ein wie auch immer geartetes Klima am Arbeitsplatz für das Leben eines schwulen Mannes relevant wird, setzt allerdings voraus, dass er den Arbeitsplatz überhaupt bekommt. Umfragen haben ergeben, dass es sich durchaus nachteilig auswirken kann, wenn dem Arbeitgeber zum Zeitpunkt der Bewerbung die Homosexualität des Bewerbers bekannt ist.[224] Auch beim Aufstieg in Führungspositionen müssen schwule Männer bei einem erheblichen Anteil von Arbeitgebern mit Schwierigkeiten rechnen, wenn ihre Homosexualität bekannt ist. Da die **Ablehnung seitens der Arbeitgeber** stärker ist, wenn es sich bei der zu besetzenden Stelle um eine Führungsposition handelt, vermutet der Verfasser, dass die Einschätzung, dass Schwule als Vorgesetzte nicht respektiert würden oder dem Ruf eines Unternehmens schaden würden, wenn sie es nach außen repräsentieren, noch einige Verbreitung hat.[225] Die Relevanz von derlei Diskriminierung für die vorliegende Arbeit besteht neben ihrer Bedeutung für die Erfahrungs- und Erlebniswelt schwuler Männer darin, dass sich beruflicher Aufstieg oder das Ausbleiben desselben auch auf verfügbares Einkommen und somit Konsumentenverhalten auswirken.

Für Jugendliche stellt typischerweise eher die Schule als der Arbeitsplatz ein relevantes soziales Umfeld dar. Empirische Untersuchungen zur Einstellung von Jugendlichen zu Homosexualität sind dem Verfasser allerdings nicht bekannt.

Der Freundes- und Bekanntenkreis, der sicherlich auch einen Teil des relevanten Umfelds darstellt, soll erst im nächsten Abschnitt erörtert werden. Die Zusammensetzung dieses Personenkreises ist anders als bei Elternhaus, Schule, Arbeitsplatz etc. in sehr viel stärkerem Maße gestaltbar und beeinflussbar. Der Aspekt der aktiven Gestaltung und Einflussnahme soll aber in den Zusammenhang von Stigmamanagement gestellt werden, das im nächsten Abschnitt thematisiert wird.

3.4. Stigmamanagementstrategien: Wie „anders" oder wie „normal" geben sich schwule Männer?

Am Anfang dieses Abschnitts soll noch einmal auf Goffmans oben bereits zitierte Definition von Stigma zurückgekommen werden: Das Stigma hat den Effekt, die stigmatisierte Person in den Augen der normalen - also nicht stigmatisierten - Umwelt „zu einer befleckten, beeinträchtigten"[226] herabzumindern. Der Vorwurf, der einer stigma-

---

[224] Vgl. Schumacher (1993), S.50: „Im Auftrag der Wirtschaftswoche hat das Meinungsforschungsinstitut Forsa im März 1993 deutsche Manager repräsentativ zu ihrer Einstellung gegenüber Homosexuellen befragt. Auf die Frage, ob sie einen qualifizierten homosexuellen Bewerber einstellen würden, antworteten: bei einer einfachen Position: ja 66%, nein 16%, kommt auf den Einzelfall an 18%; bei einer Führungsposition: ja 50%, nein 25%, kommt auf den Einzelfall an 25% ." Die Ergebnisse beruhen auf der Befragung von 202 Managern in den alten und neuen Bundesländern. Das geht aus Unterlagen hervor, die dem Verfasser freundlicherweise von Herrn Schumacher, Redakteur der Wirtschaftswoche, zur Verfügung gestellt wurden.
[225] Vgl. Schumacher (1993), S.47.
[226] Goffman (1963/1975), S.11. Aus dieser Definition wird deutlich, dass es sinnvoll ist, Stigma als graduellen Begriff aufzufassen. Die Herabminderung kann stärker oder schwächer ausfallen oder in

tisierten Person implizit gemacht wird, lautet also, sie sei anders als die - nicht stigmatisierten - Normalen, und diese Andersartigkeit sei schlecht. Das vorliegende Kapitel soll beschreiben, wie schwule Männer auf diesen Vorwurf reagieren. Es dient gleichzeitig als Basis für die Übertragung in einen Konsumentenverhaltens- und Marketingzusammenhang. Denn wie später noch zu zeigen sein wird, haben die unten beschriebenen Strategien auch eine Bedeutung für das Konsumentenverhalten. Der potentielle Anknüpfungspunkt für Marketing besteht darin, Stigmamanagement im Rahmen von Konsumentenverhalten zu unterstützen.

3.4.1. Spektrum der Strategien

Zunächst soll das Strategienspektrum[227] aufgezeigt werden, innerhalb dessen stigmatisierte Personen, hier speziell schwule Männer, immer wieder neu festlegen können, wie sie in ihrem Alltagshandeln den beiden eng miteinander verwobenen Elementen des Vorwurfs begegnen wollen: der Wahrnehmung der Normabweichung und seiner negativen Bewertung.

Unter Stigmamanagementziel ist in diesem Zusammenhang die angestrebte Selbstpositionierung bezüglich der Begriffe normal und anders zu verstehen, und zwar einschließlich der Zwecke, auf die diese Selbstpositionierung abzielt, also z.B. Selbstachtung oder Achtung durch andere. Unter Stigmamanagementstrategie soll die Umsetzung der Ziele im Rahmen von Alltagshandeln verstanden werden. Diese Unterscheidung soll jedoch lediglich deutlich machen, dass Stigmamanagement sowohl eine **Zielkomponente** als auch eine **Umsetzungs- und Verhaltenskomponente** beinhaltet. Ob die Konkretisierung eines Ziels im Einzelfall noch als Unterziel oder schon als Umsetzungsstrategie aufgefasst wird, ist für die weitere Argumentation hier nicht von Bedeutung.

Die Extrempunkte des Strategienspektrums werden markiert an einem Ende durch das Stigmamanagementziel **Betonung von Normalität** und am anderen Ende durch das Ziel **Betonung von Andersartigkeit**. Die Beschreibung der Extrempunkte dient vor allem der Illustration der Bandbreite des Spektrums. Es ist zu erwarten, dass in der Realität Mischstrategien häufiger sind, die darauf abzielen, die Kategorien normal und anders zu vereinbaren. Das kann entweder bedeuten, normal und anders nicht mehr als Gegensatz aufzufassen und nebeneinander bestehen zu lassen, oder es kann den Versuch beinhalten, die Kategorien normal und anders zu überwinden und zu einer

---

einer konkreten Umwelt mit ihren jeweils maßgeblichen Personen auch ganz fehlen. Trotzdem bleibt die Erfahrung der stigmatisierten Person bestehen, grundsätzlich der Herabminderung ausgesetzt zu sein.

[227] Vgl. auch Pronger (1990), dessen „triad of gay sensibility" (S.94-124) gewisse Parallelitäten zu den hier entwickelten Strategietypen aufweist. Seine Triade umfasst die Spielarten „de-emphasis", „irony" und „change". „De-emphasis" ähnelt der Betonung von Normalität - Pronger spricht statt von „normal" von einer orthodoxen Sichtweise - und „change" der Betonung von Andersartigkeit bei gleichzeitiger positiver Neubewertung des „anders", „irony" schließlich ist der Versuch der Kompatibilisierung, der deshalb als „irony" bezeichnet wird, weil er den Gegensatz zwischen (homosexuellem und deshalb anderem) Sein und (normalem) Schein nie ganz aufheben kann.

Synthese von Normalität und Andersartigkeit zu gelangen. Von Mischstrategien zu sprechen, ist auch noch aus einem weiteren Grunde sinnvoll, denn je nach Situation und Kontext wird ein schwuler Mann wahrscheinlich unterschiedliche Stigmamanagementziele anstreben und sie deshalb auch mit je unterschiedlichen Strategien verfolgen.

Die Analyse des Strategienspektrums wird ergänzt durch Verweise auf Leit- und Wunschbilder[228], die dem Zweck dienen, die Analyse gestalthaft zusammenzufassen und zu pointieren. Dies geschieht im Einklang mit dem im ersten Kapitel erläuterten Konzept von Marketing als Identifikationsangebot. Denn wenn ein Marketing an der Lebens- und Erfahrungswelt der Zielgruppe anknüpfen soll, dann muss diese Lebens- und Erfahrungswelt Gestalt annehmen.

3.4.1.1. Betonung von Normalität

Die Betonung von Normalität hat zum Ziel, die Andersartigkeit, im vorliegenden Fall die Homosexualität mit all ihren Teilaspekten, der Wahrnehmung zu entziehen und so der Abwertung aufgrund der Andersartigkeit zu entgehen. In der Terminologie Goffmans würde dies der „Out-Group"-Orientierung entsprechen. Die Kategorien normal und anders sind allerdings keine feststehenden Größen, und so bedarf es einer Konkretisierung[229], wenn Betonung von Normalität zu einer konkret anwendbaren Strategie werden soll. Die Konkretisierung wird davon abhängen, welche Normalitätsvorstellungen der Strategieanwender bei den Personen vermutet, deren negatives Urteil er abwenden will. Darüber hinaus werden auch seine eigenen Normalitätsvorstellungen von Relevanz sein. Die Normalstrategie ist deshalb nicht als ein konkret benennbares Verhalten oder Set von Verhaltensweisen zu verstehen, sondern als **Anpassung oder Annäherung an die jeweils relevante Normalität**.

Zwei gängige Konkretisierungen seien erwähnt. Zum einen kann **Normalität im Sinne von Unauffälligkeit** und Durchschnittlichkeit angestrebt werden. Pointiert wird diese Vorstellung von Normalität z.B. im Klischeebild des netten jungen Manns von nebenan. Dieses Bild mit Details auszustatten, fällt deshalb schwer, weil es sich weniger durch konkrete Charakteristika auszeichnet als dadurch, dass ihm auffällige Charakteristika fehlen. Doch auch das ist bezeichnend. Den netten jungen Mann von nebenan wird man sich normalerweise nicht als promisken Schwulen vorstellen, nicht

---

[228] Vgl. hierzu auch die Diskussion des Konzepts von „Konsum als Integration" in Abschnitt 4.1.2.2., das die Vorstellung einer symbolischen Einverleibung der Bedeutung des Konsumobjekts beinhaltet; sofern Produkte und Leistungen ein Wunschbild versinnbildlichen, kann das Wunschbild in Form des Produkts oder der Leistung auch konsumiert werden.
[229] Dies ist ein Beispiel für die oben bereits erwähnte Problematik der eindeutigen Zuordnung: die Konkretisierung könnte sowohl der Ebene der Stigmamanagementziele als auch der Ebene der Zielumsetzung im Rahmen der Stigmamanagementstrategie zugerechnet werden. Die Problematik soll hier aber aus den oben bereits genannten Gründen nicht weiter verfolgt werden.

als jemanden, der auffällig bunte Kleidung trägt, nicht als jemanden, der sich durch eine weiblich anmutende Gestik auszeichnet etc.

Zum anderen kann auch eine **idealisierte** Variante von **Normalität** angestrebt werden. Da die Wahrnehmung der fehlenden Normalität schwuler Männer sich nicht zuletzt auf deren angebliche Defizite in puncto Männlichkeit stützt, liegt die Reaktion nahe, durch Betonung von Männlichkeit Normalität zu bekunden. Dieser Strategie entsprechen z.B. die Leitbilder des athletischen Helden oder des mutigen Beschützers. Neben Heldenhaftigkeit oder Athletentum können auch andere Aspekte von Männlichkeit im Rahmen dieser Strategie herausgestellt werden, z.B. Härte und Rationalität, oder Kameradschaftlichkeit und jungenhafte Unbefangenheit. Welcher Aspekt jeweils betont wird, hängt ab vom **jeweiligen Männlichkeitsverständnis** dessen, der die Strategie anwendet, und der dabei wiederum berücksichtigen wird, wem gegenüber er Normalität bekunden will. Im Extrem kann dies bedeuten, dass dem Klischee vom eher femininen schwulen Mann, mit einem gelebten Gegenklischee geantwortet wird, bei dem z.B. „mit tiefer Stimmlage, kurzgeschnittenem Haar, Schnurrbart, Holzfällerhemd, Blue Jeans und dicksohligen Schnürstiefeln eine betont maskuline Erscheinung"[230] kultiviert wird. Da die Umwelt dieses Erscheinungsbild meist nicht als typisch schwul einordnet, eben weil es dem gängigen Bild vom effeminierten Schwulen nicht entspricht, kann ein schwuler Mann, der diese Strategie anwendet, tatsächlich damit rechnen, von seiner Umwelt als normal, d.h. nicht als schwul, eingestuft zu werden. Aus diesem Grund wird die Strategie, die eine idealisierte Männlichkeit betont, hier auch zunächst der Strategie der Betonung von Normalität zugeordnet.

3.4.1.2. Versuch der Kompatibilisierung des Gegensatzes normal-anders

Mit der Betonung von Männlichkeit kann aber auch das Ziel verfolgt werden, die Vereinbarkeit von normal und anders zu demonstrieren. Die **Homosexualität** wird dabei **nicht ausgeblendet**, darin liegt der Unterschied zur Strategie der Betonung von Normalität.[231] Da die Andersartigkeit vor der Umwelt nicht verborgen wird, besteht bei dieser Strategie die Gefahr der Abwertung durch die Umwelt aufgrund der Andersartigkeit. Die Strategie zielt also nicht primär auf die Vermeidung eines negativen Urteils der Umwelt. Denkbar ist, dass anderen Zielen, z.B. der Selbstachtung, höhere Priorität eingeräumt oder angestrebt wird, aktiv auf das negative Urteil der Umwelt Einfluss zu nehmen.

Für die Beschreibung einer konkreten Kompatibilisierungsstrategie bedarf es auch hier wieder der situationsbezogenen Konkretisierung der Komponenten normal und anders. Die Komponente normal kann z.B. für gemeinhin als männlich geltende Eigenschaften stehen, und die Komponente anders für gleichgeschlechtliches Sexualverhalten. Ein offen schwuler Mann kann z.B. mit der Betonung von Männlichkeit den Zweck verfol-

---

[230] Haeberle (1994), S.26. Haeberle beschreibt dort das leicht abwertend als „clone"-Look bezeichnete, einem gewissen maskulinen Stereotyp - deshalb „clone" von klonen - verpflichtete Auftreten.
[231] Vgl. auch die „change"-Strategie bzw. „change"-Sensibilität bei Pronger (1990)

gen, sich gegen das Klischee vom effeminierten Schwulen zu wehren. Der Einstellung, dass Schwule keine „richtigen" Männer seien, wird mit einem Gegenangriff geantwortet, der besagen soll: Schwule sind die besseren Männer oder zumindest genauso männlich wie andere Männer. Die Aufgabe, nach herkömmlichem Verständnis unvereinbare Gegensätze - wie normal und anders, männlich und schwul - miteinander vereinbar zu machen, beschreibt in ihrer **Paradoxie** die Grundsituation schwuler Männer. Diese Paradoxie begünstigt die bei vielen schwulen Männern - und Angehörigen anderer Minderheiten - anzutreffende ironische Sicht der Dinge.[232]
Während bei der eben beschriebenen Strategievariante das herkömmliche Verständnis von Männlichkeit und Normalität als wesentliche Referenzpunkte bestehen bleiben, kann der Versuch einer Kompatibilisierung auch auf eine **Auflösung der begrifflichen Gegensätze** abzielen. Dies kann z.B. durch eine Erweiterung des männlichen Rollenverständnisses geschehen, so dass auch weiblich identifizierte Eigenschaften zugelassen werden. Pointiert ausgedrückt will diese Strategie demonstrieren, dass ein schwuler Mann jenseits von unnötig einschränkenden Kategorisierungen in normal und anders, männlich und weiblich u.s.w. das volle Potential seines Menschseins nutzen und leben kann.

Viele der Leit- und Wunschbilder, die die Strategie der Kompatibilisierung treffend verkörpern, haben einen Beigeschmack des Unrealistischen, wie die des Balletttänzers oder des Märchenprinzen, die beide männlich identifizierte Eigenschaften wie Kraft oder Edelmut und weiblich identifizierte wie Grazie oder Mitgefühl in sich vereinigen. Angesichts der Tatsache, dass bei der Strategie der Kompatibilisierung immer nur Teilerfolge zu erwarten sind, ist das Element des Unrealistischen aber nicht verwunderlich. Daneben existieren allerdings auch weniger entrückte Idealbilder, etwa das des unbekümmerten Glückskindes, das mit seinem unwiderstehlichen Charme die üblichen Kategorisierungen in normal und anders außer Kraft setzt.
Beim Versuch der Auflösung begrifflicher Gegensätze ist die Zuordnung zu den Strategien nicht eindeutig. Dieser Versuch kann - vom Strategieanwender, seinem Umfeld oder beiden - auch als Versuch der Etablierung einer neuen Normalität oder als Gegenposition zur herkömmlichen Normalität gesehen werden. Diese **Unschärfen** haben ihren Grund jedoch nicht in der unzureichenden Genauigkeit der Analyse, sondern sie ergeben sich notwendigerweise aus den unterschiedlichen Interpretationen der für diese Arbeit zentralen Begriffe wie Normalität, Männlichkeit u.s.w. Dieses Interpreta-

---

[232] Zum Thema Ironie als typisch schwule Lebenssicht vgl. Pronger (1990), S.104f.: „The experience of being homosexual in our culture is fundamentally an ironic experience. In one form of irony there is an interplay between two contradictory phenomena: appearance and reality. [...] That which seems to be the case actually turns out not to be; this is the experience of being taken for heterosexual when one is, in fact, homosexual. [...] But another perhaps deeper, gay ironic sensibility emerges from the duality inherent in the paradox itself. [...] The truth of being homosexual in our culture is double-edged; it's a matter of being paradoxical in an orthodox culture, of being gay in a mostly straight world." Zur Übertragung des Gedankens von Ironie und Paradox auf Marketing vgl. darüber hinaus die Anmerkungen von Stern (1994); Stern sieht angesichts einer grundsätzlichen Mehrdeutigkeit im Lebensgefühl der Postmoderne Paradox als kennzeichnendes Kriterium dieser Ära im allgemeinen und der Gestaltung von Werbung im besonderen.

tionsspektrum ist Teil des Untersuchungsobjekts und kann deshalb auch nicht mit Hilfe von Begriffsklärungen oder definitorischen Setzungen auf eindeutige Aussagen reduziert werden. Es weist somit nur einmal mehr auf das Paradoxiepotential hin, von dem oben bereits die Rede war.

3.4.1.3. Betonung von Andersartigkeit

Bei der Betonung von Andersartigkeit - bei Goffman die „In-Goup-Ausrichtung" - besteht in besonderem Maße die Gefahr eines negativen Urteils der Umwelt. Wenn es eintritt, mag das Selbstwertgefühl leiden, aber immerhin versorgt diese Strategie die sie anwendende Person mit einer **Identität** und mit einem **Zugehörigkeitsgefühl** zu einer Gruppe gleich identifizierter Personen. Das kann vor allem dann attraktiv erscheinen, wenn eine von der Umwelt positiv bewertete Identität nicht realisierbar erscheint, sei es noch nicht - z.B. in der Phase des Coming Out[233] - oder sei es nicht mehr, z.B. in einer Situation, in der die Umwelt bereits von der Homosexualität weiß und sie verurteilt.

Andersartigkeit bedarf wie Normalität der Konkretisierung. Die Betonung von Andersartigkeit kann z.B. darin bestehen, als männlich geltende Eigenschaften und Verhaltensweisen abzulehnen und eine weibliche Rolle einzunehmen. Im Extremfall ist das die Rolle der Tunte, die sich in Habitus, Gestik und Sprache weiblich oder sogar bewusst weibisch gibt. Inwieweit diese Rolle eine **bewusste Gegenposition** darstellt oder nur eine **resignative Annahme** eines von der Umwelt aufgezwungenen, negativ bewerteten Klischees, ist schwer zu bestimmen. Allerdings ist zu vermuten, dass sich die Chancen für die Variante der bewussten Gegenposition im Zeitablauf verbessert haben, denn angesichts der Ausdifferenzierung der schwulen Lebensformen in den letzten Jahrzehnten ist die effeminierte Tunte längst nicht mehr die einzig naheliegende Rolle für einen offen schwul lebenden Mann. Wenn die Tunte das negative Zerrbild der Strategie der Betonung von Andersartigkeit darstellt, so lassen sich durchaus auch positiv bewertete Pendants finden, etwa das Bild des mutigen Rebellen oder das des rührigen Aktivisten.

3.4.2. Anwendung auf die Teilaufgaben von Stigmamanagement

Nach der Skizzierung des Strategienspektrums soll nun die Anwendung der Strategien auf die verschiedenen Teilaufgaben von Stigmamanagement illustriert werden. Am Anfang des Kapitels wurden in Anlehnung an Goffman drei Teilaufgaben genannt: **Informationsmanagement, Bezugsgruppenmanagement** und Aufbau einer Selbstdefinition. Dieses Schema soll mit Modifikationen hier wieder aufgenommen werden. Von der dritten Teilaufgabe, dem Aufbau einer Selbstdefinition, soll hier nicht mehr

---

[233] Als Illustration mag folgendes Zitat dienen (Reinhart,1982, S.26, zitiert nach Troiden, 1989, S.58): „The first name I had for what I was, was ‚cocksucker'. ‚Cocksucker' was an awful word the way they used it, but it meant that my condition was namable. I finally had a name for all those feelings. I wasn't nothing."

gesprochen werden, da dieser Aspekt bereits an anderer Stelle (Abschnitt 3.2.3. Schwuler Werdegang und Coming Out) ausführlich behandelt wurde. Dessen ungeachtet bleibt nach Ansicht des Verfassers die Frage nach der Identität und ihrer beständigen Neu- und Uminterpretation zentraler Referenzpunkt jeglichen Stigmamanagements. Die im fünften Kapitel erläuterten Ergebnisse der Gruppendiskussionen werden diese Ansicht auch empirisch stützen.

Somit verbleiben Informations- und Bezugsgruppenmanagement. Dabei wird Informationsmanagement hier zum einen in einem engeren Sinne als **Steuerung expliziter (verbaler) Information** über die eigene Homosexualität verstanden, zum anderen in einem weiteren Sinne als **Steuerung von impliziter Information** nicht verbaler Art. Hierzu sind z.B. Verhaltensweisen, speziell Rollenverhalten, Gestik etc. zu zählen, die auch einen Informationsgehalt als Indikator für Homosexualität haben können. Unter Bezugsgruppenmanagement sollen Auswahl und **Steuerung der Abgrenzung von und Orientierung an Bezugsgruppen** verstanden werden.

3.4.2.1. Stellenwert der Aufgaben

Vorab soll noch einmal die Frage vertieft werden, was die **Gründe für den hohen Stellenwert** sind, den schwule Männer dem Informations- und Bezugsgruppenmanagement und damit dem Management ihres Fremdbilds einräumen. Denn zuweilen sehen sie sich - wie andere Minderheiten auch - dem Vorwurf ausgesetzt, ihrer Andersartigkeit zu große Bedeutung beizumessen. Unabhängig davon, ob man dieser Einschätzung im Einzelfall zustimmt oder nicht, ergibt sich aber der Stellenwert der Andersartigkeit - und als Folge der des Informations- und Bezugsgruppenmanagements - automatisch daraus, dass Homosexualität eine **Verletzung gesellschaftlich relevanter Normen** darstellt.

Auch wenn seine Homosexualität anderen nicht bekannt ist, befindet sich ein schwuler Mann in der potentiell heiklen Situation, „dass er unwissentlicher Akzeptierung seiner selbst durch Individuen begegnen muss, die voreingenommen sind gegen Personen von der Art, als deren Angehöriger er enthüllt werden kann."[234] Selbst wenn die **Gefahr der Enthüllung** nicht besteht, bleibt für einen schwulen Mann die Unsicherheit darüber, was die anderen „wirklich" von ihm denken würden, wüssten sie, dass er homosexuell ist. Wie andere seine Person beurteilen, hängt aus seiner Sicht - und angesichts der oben referierten Umfrageergebnisse ist diese Sicht nicht realitätsfern - in einem nicht unerheblichen Maß davon ab, ob andere ihn als homosexuell kategorisieren oder nicht. Mit der Steuerung der Information über die eigene Homosexualität schafft ein schwuler Mann also auch die Grundlage für die **Beurteilung der eigenen Person** durch andere. Die Möglichkeit zu dieser Steuerung beruht darauf, dass Homosexualität äußerlich zunächst nicht unmittelbar wahrnehmbar ist. Ein schwuler Mann

---

[234] Goffman (1963/1975), S.75. Das Zitat ist einer Textpassage entnommen, in der Goffman das Problem Informationskontrolle am Beispiel eines ehemaligen Geisteskranken erläutert, die Problematik ist aber bei schwulen Männern die gleiche.

kann in gewissem Maß selbst bestimmen, wem gegenüber er sich als schwul zu erkennen gibt, wer also überhaupt sein „Anderssein" wahrnehmen soll.[235]

Die relevante Gemeinsamkeit für die gesamte Zielgruppe besteht darin, dass sich die Frage nach diesem Informationsmanagement überhaupt stellt. Eine Person, die sich keiner Verletzung zentraler gesellschaftlicher Normen bewusst ist, hat keinen Anlass, sich darüber Gedanken zu machen, ob sie aus der Normabweichung eine abweichende Selbstkategorisierung herleitet, und wen sie gegebenenfalls davon in Kenntnis setzt. Dieses Problem stellt sich mit einiger Dringlichkeit zum ersten Mal in der Phase des oben bereits erwähnten Coming Out. Auf Situationen, in denen diese Entscheidung neu zu treffen ist, werden schwule Männer aber ein Leben lang stoßen, z.B. bei einem Arbeitsstellen- oder Wohnortwechsel oder ganz generell, wenn sich im persönlichen Umkreis neue Personenkonstellationen ergeben, sei es, weil Personen diesen Umkreis verlassen und andere hinzukommen oder sich die Beziehungen zu den Personen ändern, und die Frage nach dem Informations- und Bezugsgruppenmanagement deshalb neu gestellt wird.

3.4.2.2. Informationsmanagement i.e.S.

Angesichts der zu erwartenden Häufigkeit von Anlässen für Informationsmanagement, ist davon auszugehen, dass schwule Männer Reaktionsmuster entwickeln, die auch eine Relevanz für ihr Konsumentenverhalten haben. Das Spektrum der Möglichkeiten reicht von extrem restriktivem bis zu extrem offensivem Informationsmanagement. Dabei ist im Zusammenhang mit Informationsmanagement im engeren Sinne zunächst nur an die **Steuerung verbaler Informationen** gedacht. Als Bezugspunkte dieser Informationen kommt das gesamte Spektrum der Aspekte von Homosexualität in Betracht, von Sexualverhalten und Erotik bis zu Rollen- und speziell Geschlechterrollenverständnis.

Zum einen kann im Rahmen der oben erläuterten **Normalstrategie** versucht werden, an andere - vor allem an die nicht-homosexuelle Umwelt - grundsätzlich keine Information über die eigene Homosexualität weiterzugeben oder sogar aktiv Fehlinformationen zu streuen, um so eine „normale" Fassade zu wahren und gleichzeitig einer stigmabedingten Abwertung der eigenen Person durch die Umwelt den Boden zu entziehen. Das andere Extrem, die **Betonung von Andersartigkeit**, besteht darin, unabhängig von negativen Folgen grundsätzlich die eigene Homosexualität zu betonen, sei es aus Gründen der Selbstachtung, der Provokation oder auch sonstiger Motive. Das tatsächliche Informationsmanagement schwuler Männer liegt eher zwischen den beiden genannten Extremen. Statt eindeutige Informationen zu geben, können sich

---

[235] Dass es äußere Zeichen gibt - in Gestik, Sprechweise, Wortwahl, Kleidung, Dauer des Männern gegenüber aufrechterhaltenen Blickkontakts, um nur einige Beispiele zu nennen - sei unbestritten. Sie werden von schwulen Männern manchmal sogar bewusst eingesetzt und/oder vermieden. Somit bleibt es aber dabei, dass ein schwuler Mann bis zu einem gewissen Grad steuern kann, wem gegenüber er sich als schwul zu erkennen gibt.

schwule Männer z.B. auf Andeutungen beschränken, die es der Umwelt überlassen, sie wahrzunehmen oder zu ignorieren. Sprachliche Nuancen sind dabei eine Möglichkeit, auf die eigene Homosexualität hinzuweisen, etwa wenn ein schwuler Mann im Büro von gemeinsamen Wochenendunternehmungen erzählt und dabei von „seinem Freund" statt nur von „einem Freund" spricht. Die **Strategie der Kompatibilisierung** würde beinhalten, durch gezielte verbale Informationen vermeintliche Gegensätze zwischen normal und anders aufzuheben. Das könnte darin bestehen, sowohl offen zu der eigenen Homosexualität zu stehen als auch die Normalität der eigenen Lebens- und Erfahrungswelt zu betonen, so dass für die Umwelt Gemeinsamkeiten z.B. im Hinblick auf Alltag, Freizeitaktivitäten, Wertvorstellungen etc. deutlich werden. Diese Strategie wird zwar nicht immer mit dem Erfolg gekrönt sein, dass alle an der Situation Beteiligten eine eventuell bestehende negative Wertung von Homosexualität aufgeben, trotzdem verbergen immer weniger schwule Männer in ihrem sozialen Umfeld ihre Homosexualität.[236] Empirisch gesehen gibt es unter schwulen Männern eine **Tendenz zu offenem Informationsmanagement**. Neben der gestiegenen gesellschaftlichen Toleranz mag ein weiterer Grund hierfür darin liegen, dass die Ziele der positiven Neubewertung von Homosexualität und der Auflösung vermeintlicher Gegensätze - wie sie im Rahmen einer Kompatibilisierungsstrategie angestrebt werden - langfristig nur mit einem offenen Informationsmanagement zu erreichen sind.

3.4.2.3. Informationsmanagement i.w.S.

Neben explizit formulierten, verbalen Informationen wird auch Verhalten selbst als möglicher Indikator von Homosexualität interpretiert, und zwar sowohl von der handelnden Person als auch ihrer Umwelt. Da **Verhalten und verbale Darstellung** üblicherweise **als Einheit** wahrgenommen wahrgenommen werden, sind auch die Übergänge zwischen Informationsmanagement i.e.S. und Informationsmanagement i.w.S. fließend. Man denke z.B. an verbale Andeutungen, die erst im Kontext des begleitenden Verhaltens eindeutig interpretiert werden können.

Am Beispiel des Informationsmanagements zum Thema Erotik und Sexualität soll dieser Gedanke erläutert werden. Eindeutig erotisch definierte soziale Situationen mögen rar sein, die Möglichkeit der erotischen Einfärbung von Situationen ist jedoch durchaus alltäglich. **Normalität** kann in der einen Situation beinhalten, das Thema Erotik so weit wie möglich aus der Situation herauszuhalten, sich Frauen gegenüber zurückhaltend und „als Gentleman" zu geben. Es kann im anderen Extrem aber auch bedeuten, sexuelle Potenz oder Verführungskünste zu thematisieren (Informationsmanagement i.e.S.) und mit Verhalten zu demonstrieren (Informationsmanagement i.w.S.).

Auch für die Strategie der **Betonung von Andersartigkeit** gilt die oben erläuterte Notwendigkeit der Konkretisierung. Diese Strategie besteht auf den Unterschieden zur jeweils gültigen Normalitätsdefinition, z.B. indem sie üblicherweise als erotikfrei defi-

---

[236] Vgl. Bochow (1994), S.21, auf dessen Untersuchungen Ende der achtziger und Anfang der neunziger Jahre sich diese Einschätzung stützt.

nierte Situationen in erotische umdefiniert, oder indem sie in Situationen, in denen heterosexuelle Erotik zugelassen wird, auch Homoerotik ins Spiel bringt. An diesem Beispiel wird deutlich, dass die Betonung von Andersartigkeit ein ganzes Spektrum von Möglichkeiten einschließt: Die Andersartigkeit kann verschieden stark akzentuiert werden. Ein schwuler Mann kann es dabei bewenden lassen, sich Situationen zu verweigern, in denen heterosexuelle Erotik eine Rolle spielt, oder er kann provokativ homoerotisches Verhalten zur Schau stellen.

Neben erotikbezogenem Verhalten kann auch Verhalten in ganz anderen Bereichen dazu dienen, die eigene Selbstpositionierung auf dem Spektrum normal-anders zu unterstreichen, z.B. können bestimmte Sportarten - man denke etwa an Boxen oder Rudern[237]- als Ausdruck von Männlichkeit oder bestimmter Aspekte von Männlichkeit verstanden werden. Das kann für einen schwulen Mann zum Anlass werden, diese Sportarten (sowohl in der Rolle des Aktiven als auch in der Rolle des Zuschauers) zu meiden. Das wäre die Strategie, die Andersartigkeit betont. Oder aber er kann gerade wegen der männlichen Symbolik ein spezielles Interesse an solchen Sportarten entwickeln, sei es, um im Rahmen einer Normalstrategie die eigenen Homosexualität auszublenden und Männlichkeit unter Beweis zu stellen, oder sei es, um im Rahmen einer **Kompatibilisierungsstrategie** die eigene Homosexualität im Blickfeld zu belassen und den vermeintlichen Gegensatz zwischen der „Männlichkeit" der Sportart und der Homosexualität des Sportlers - oder Zuschauers - aufzuheben..

3.4.2.4. Bezugsgruppenmanagement

Je weniger das Verhalten oder die verbale Darstellung von Verhalten der gesellschaftlichen Norm entsprechen, desto größer ist die Wahrscheinlichkeit, bei der normalen, nicht stigmatisierten Umwelt auf Unverständnis und Ablehnung zu stoßen. Dies bietet den Anlass für Bezugsgruppenmanagement im Sinne von Auswahl und Steuerung der **Abgrenzung von und Orientierung an Bezugsgruppen**.

Im Sinne einer **Normalstrategie** kann ein schwuler Mann zwar auch primär Kontakte zu normalen, d.h. nicht-schwulen Bezugsgruppen pflegen, sich an ihnen orientieren und so die eigene Homosexualität sowohl sich selbst als auch anderen gegenüber ausblenden. Wahrscheinlicher ist aber ein anderes Verhalten. Will ein schwuler Mann seine **Andersartigkeit** betonen oder zumindest nicht verstecken und trotzdem Sanktionen seiner Umwelt vermeiden, so liegt es nahe, ein relativ großes Gewicht auf soziale Kontakte zu anderen schwulen Männern zu legen. Empirische Daten zur Zusammensetzung der Freundeskreise schwuler Männer spiegeln dies wider. Schwule Männer sind in den Freundeskreisen weit stärker vertreten als es ihrem Bevölkerungsanteil entsprechen würde.[238] Dies kann als Spezialfall der **Kompatibilisierungsstrategie** gewer-

---

[237] Vgl. Pronger (1990), dessen Titel lautet: „ The Arena of Masculinity: Sports, Homosexuality and the Meaning of Sex"
[238] Bochow (1994, S.25) stellt fest: „Bei der Mehrheit der Befragten setzt sich der engere Freundeskreis gleichermaßen aus heterosexuellen und homosexuellen Freunden und Freundinnen zusammen. In West-

tet werden. Der Gegensatz zwischen normal und anders wird dadurch aufgehoben, dass er von der gewählten Bezugsgruppe schwuler Männer nicht als Gegensatz gesehen wird. Das Durchbrechen der - heterosexuell definierten - Normalität wird im Umfeld der schwulen Bezugsgruppe zu einer eigenen - homosexuell bzw. schwul definierten - Normalität. Aus diesem Grund hat im Zusammenhang mit Bezugsgruppenmanagement die Strategie der Betonung von **Andersartigkeit** eine **ambivalente Bedeutung**. Wenn sich eine ganze Gruppe über Andersartigkeit definiert, so wird notwendigerweise das, was außerhalb der Gruppe als andersartig gilt, innerhalb der Gruppe zu einer neuen Normalität. Lediglich ein Verhalten, das grundsätzlich eine Gegenposition zur jeweils relevanten Bezugsgruppe einnimmt und vielleicht am besten mit dem Begriff Enfant terrible zu umschreiben ist, wäre eindeutig der Strategie der Betonung von Andersartigkeit zuzuordnen.

Anders als beim Freundeskreis, den sich ein schwuler Mann auch nach dem Kriterium von Akzeptanz oder zu erwartender Akzeptanz der Homosexualität zusammenstellen kann, ist das bei der Familie und anderen vorgegebenen Personenkreisen wie Mitschülern oder Kollegen kaum möglich. Auch bezüglich des **Berufslebens** besteht natürlich die gesamte Bandbreite des Strategiespektrums: eine normale Fassade zu wahren und die Homosexualität zu verschweigen, sie anzusprechen und bei eventuell bestehender Ablehnung auf eine positive Neubewertung hinzuwirken oder im Sinne der Andersstrategie die Rolle des Enfant terrible anzunehmen und sich so von der möglicherweise erfahrenen Ablehnung zu distanzieren. Es ist allerdings davon auszugehen, dass Berufe und ihr typisches Umfeld für Normabweichungen einen jeweils unterschiedlichen Spielraum lassen. Man denke z.B. an Bankangestellte einerseits und Schauspieler andererseits. Das bedeutet in einem weiteren Schritt, dass ein schwuler Mann je nach Konformitätsdruck vielleicht im Berufsleben eine Normalitätsstrategie anwendet und im Privatleben Andersartigkeit betont bzw. durch den Rückzug in schwule Bezugsgruppen eine schwule Gegennormalität aufbaut. Auf diese Weise wird ein Rollen- und **Strategienrepertoire** entwickelt, das eine je nach Situation unterschiedliche Selbstdarstellung nach außen erlaubt. Dies ist eine Konstellation, die im Leben schwuler Männer nicht selten ist, und die wiederum eine Grundhaltung ironischer Distanz begünstigt. Wer bewusst als gegensätzlich empfundene Rollen spielt, eine normale und eine von der Normalität abweichende, wird kaum von der alleinigen Gültigkeit der jeweils mit einer Rolle verbundenen Wertvorstellungen überzeugt sein können. Das Entscheidende und für die Situation schwuler Männer Typische dabei ist, dass zumindest eine der beiden Rollen von der herkömmlichen Normalität abweicht. Im Privatleben ein anderes Rollenverhalten zu zeigen als im Berufsleben, ist auch für nicht-schwule Männer nicht ungewöhnlich, aber beide Rollen werden bei ihnen in der Mehrzahl der Fälle jeweils als für die Situation normal gelten.

---

und Ostdeutschland ist es jeweils die knappe Hälfte. [...] Einen „überwiegend schwulen' engeren Freundeskreis haben 38 Prozent der Berliner, 32 Prozent der Westdeutschen und 20 Prozent der Ostdeutschen."

Der Beruf wird häufig als eine wichtige Determinante der Schichtzugehörigkeit gesehen. Wie an anderer Stelle bereits erwähnt, ist zu erwarten, dass verschiedene **soziale Schichten** Homosexualität gegenüber unterschiedlich tolerant sind. Tendenziell findet sich eine größere Toleranz gegenüber Abweichungen von der herkömmlichen männlichen Geschlechterrolle in den mittleren sozialen Schichten, eine geringere in den unteren und oberen.[239] Vor diesem Hintergrund ist es nicht verwunderlich, dass Dannecker und Reiche in den siebziger Jahren eine auffällige **aufwärtsgerichtete soziale Mobilität** bei schwulen Männern aus der Unterschicht feststellten.[240] Da auch heute noch die Toleranz gegenüber Abweichungen von der männlichen Geschlechterrolle in den unteren sozialen Schichten geringer ist - die oben erwähnte Untersuchung von Hollstein stammt aus dem Jahre 1990 -, ist zu erwarten, dass diese Tendenz immer noch besteht. Übersetzt in die Kategorien der Stigmamanagementstrategien bedeutet dies, dass in den unteren sozialen Schichten der Konformitätsdruck bezüglich der herkömmlichen Geschlechterrollen wahrscheinlich relativ stark ist, so dass bei Verbleib in dieser Schicht vor allem die Strategie der Betonung von Normalität angebracht erscheint, mit der Konsequenz, dass Homosexualität in dieser Schicht entsprechend weniger sichtbar ist. Will jemand seine Homosexualität dagegen offener leben, so bietet sich im Sinne der Kompatibilisierungsstrategie vor allem der Ausweg der Flucht „nach oben" an.

3.5. Zusammenfassung

Schwule Männer weichen in den Bereichen sexuelles Verhalten, erotisches Begehren und männliche Geschlechterrolle von gesellschaftlichen Normen ab. Die Wahrnehmung dieser **Abweichungen** geht bei einem signifikanten Teil der nicht-schwulen, „normalen" Umwelt mit einer **negativen Bewertung** einher, die sich nicht nur auf die Abweichung selbst bezieht, sondern auf die gesamte Person. Homosexualität wird zum Stigma. Die Wahrnehmung und Wertschätzung der Person hängen deshalb in nicht unerheblichem Maße ab von der Kategorisierung als normal oder anders. Auf diese Weise werden die **Kategorien normal und anders** zu einem **bestimmenden Element der Lebens- und Erfahrungswelt** schwuler Männer und die Selbstpositionierung bezüglich dieser Kategorien, das Stigmamanagement, zur beständigen Aufgabe. Da Stigma auf der Wahrnehmung von Andersartigkeit und ihrer negativen Bewertung durch Teile der Gesellschaft beruht, sind die zwei wichtigen Aufgaben eines Stigmamanagements der **Umgang mit Informationen** über die eigene Andersartigkeit und der **Umgang mit bzw. die Auswahl von Bezugsgruppen**.

---

[239] Vgl. Hollstein (1990), S.119 und Bochow (1997), S.42-45. Der Begriff Schicht und die Vorstellung einer vertikalen Sozialstruktur, die er impliziert, ist sicherlich problematisch. Da er für die weitere Argumentation aber nicht zentral ist, soll hier von einer Problematisierung abgesehen und lediglich hingewiesen werden auf die Diskussionen bei Bochow (1997), S.17-19, und bei Biechele (1996), S.17-19.

[240] Vgl. Dannecker/Reiche (1974), S.315: „Demgegenüber haben die befragten Homosexuellen eine viel höhere Aufstiegsquote von Arbeiter- zu Angestelltenpositionen aufzuweisen" [als der männliche Bevölkerungsdurchschnitt laut Statistik der Bundesversicherungsanstalt für Angestellte; Anm. d. Verf.].

Zur Bewältigung dieser Aufgaben bedienen sich schwule Männer eines Spektrums verschiedener **Strategien**, mit denen sie eine Selbstpositionierung auf jeweils unterschiedlichen Punkten des Kontinuums normal-anders anpeilen. Unabhängig davon, welche Stigmamanagementstrategien im Einzelfall gewählt werden, ob Normalität betont wird oder Andersartigkeit, ob versucht wird, sich diesem Gegensatz zu entziehen, ironisch mit ihm zu spielen oder ihn zu überwinden, zeigt die Breite des Strategienspektrums, dass die **Gemeinsamkeit** schwuler Männer **in der Frage** nach Normalität und Andersartigkeit liegt und **nicht in den Antworten**, die individuell und situationsabhängig sehr unterschiedlich ausfallen können.

Vor allem die **Normalitätsstrategie** scheint mit ihrer Zielsetzung Normalität zunächst wenig zielgruppenspezifische Elemente aufzuweisen. Das Spezifische liegt aber nicht so sehr im Ziel Normalität selbst als in dem in den vorausgehenden Kapiteln erläuterten Hintergrund. Vor diesem Hintergrund erlangt die Kategorie Normalität besondere Bedeutung, weil schwule Männer dieser Kategorie in spezifischer Weise nicht entsprechen. Zum anderen ist die Normalitätsstrategie notwendigerweise nicht im Sinne zielgruppenunspezifisch, als sie ja gerade dem Zweck der Ausblendung der Besonderheiten der Zielgruppe dient. Das eben Gesagte gilt mit einigen Abwandlungen auch für die **Strategie der Kompatibilisierung**. Das Spezifische liegt wiederum im Hintergrund, und zwar bei der spezifischen Zielgruppenrelevanz der zu überwindenden Kategorien - normal und anders - und deren hier relevanten Variationen heterosexuell und homosexuell, männlich und weiblich etc. Die Besonderheiten der Zielgruppe werden dabei nicht wie oben ausgeblendet, sondern sie verlieren ihre stigmatisierende Wirkung, indem sie in übergeordneten, höher bewerteten Charakteristika aufgehen. Die **Strategie der Betonung von Andersartigkeit** enthält dagegen mehr zielgruppenspezifische Elemente, denn sie beharrt ja gerade auf den Unterschieden zur nicht-stigmatisierten Umwelt.

Abbildung 1: Komponenten von Stigmamanagement

Selbspositionierung imRahmen von Stigmamanagement

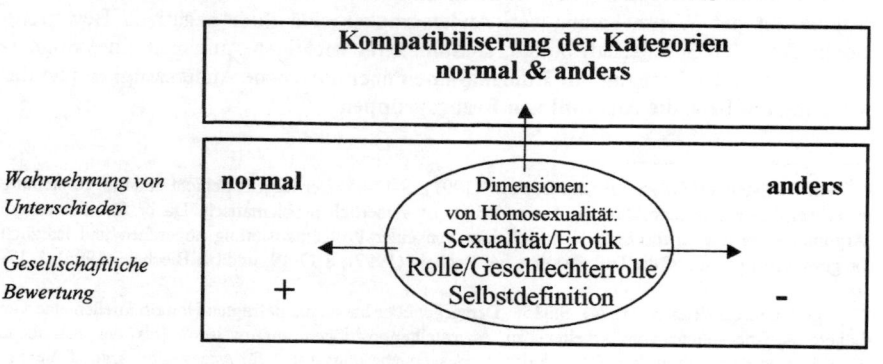

	Kompatibilisierung der Kategorien normal & anders	
Wahrnehmung von Unterschieden	**normal**	**anders**
Gesellschaftliche Bewertung	+ Dimensionen: von Homosexualität: Sexualität/Erotik Rolle/Geschlechterrolle Selbstdefinition	−

4. Stigmamanagement im Licht ausgewählter Ansätze der Theorie des Konsumentenverhaltens

4.1. Brücken vom Begriff Stigmamanagement zu ausgewählten Ansätzen der Theorie des Konsumentenverhaltens

4.1.1. Begriffsdefinitionen

Nachdem im letzten Kapitel erläutert wurde, wie Stigma und Stigmamanagement die grundsätzliche Erfahrungs- und Erlebniswelt schwuler Männer prägen, soll nun der Blickwinkel verengt und auf Konsumentenverhalten fokussiert werden. Es wird der Versuch unternommen, den Begriff „Stigmamanagement" fruchtbar zu machen für die Analyse des Konsumentenverhaltens der hier untersuchten Zielgruppe. Zu diesem Zweck werden zunächst die Begriffe „Stigmamanagement" und „Konsumentenverhalten" definiert.

4.1.1.1. Stigmamanagement

Der Begriff Stigma wurde oben bereits definiert. Der Begriff Stigmamanagement lässt sich nach den Ausführungen im letzten Kapitel für Zwecke der vorliegenden Arbeit auf folgende Kurzformel bringen: Stigmamanagement ist die **Selbstpositionierung bezüglich der Kategorien normal und anders**. Stigmamanagement soll dabei nicht nur beobachtbares Selbstpositionierungsverhalten bezeichnen, sondern auch die mit dem Verhalten verfolgten Absichten und die subjektive Bedeutung des Verhaltens.[241] Diese Definition entspricht dem **konstruktivistischen Ansatz** der vorliegenden Arbeit, wie er bereits im Eingangskapitel[242] erläutert wurde: Wenn bereits der Begriff der Homosexualität, der den Ausgangspunkt der vorliegenden Arbeit bildet, eine gesellschaftliche (Bedeutungs-) Konstruktion beinhaltet, dann müssen folgerichtig auch die weiteren Begriffe, die zur Analyse verwendet werden, hier also vor allem Stigmamanagement und Konsumentenverhalten, den Aspekt der gesellschaftlichen Konstruktion von Wirklichkeit berücksichtigen.

Die oben erwähnten Stichworte „Absichten" und „subjektive Bedeutung" könnten zum Anlass genommen werden, für die weitere Analyse sozialpsychologische Ansätze heranzuziehen. Ein typisches Thema sozialpsychologischer Ansätze ist die Verkettung

---

[241] Vgl. diese Definition mit dem sozialtheoretischen Begriff der Praxis, auf den Holt (1995, S.1) - unter Hinweis auf Wittgensteinsche Ansätze und die Phänomenologie im allgemeinen und Bourdieu, Garfinkel und Giddens im besonderen - verweist: „...practices are viewed as the embodied skills that people bring to bear in their everyday activities." Der Aspekt der Fertigkeit („skill") klingt auch bei Goffman (1964) im Untertitel seiner Untersuchung zum Thema Stigma an: „Notes on the *Management* [im Original nicht kursiv] of Spoiled Identity", bzw. deutsch „Über *Techniken* [im Original nicht kursiv] der Bewältigung beschädigter Identität"

[242] Vgl. Abschnitt 1.1.2

von Einstellung und Verhalten[243], und diese Verkettung erscheint auch an der Nahtstelle von Stigmamanagement und Konsumentenverhalten von einiger Relevanz. Trotzdem soll auf diesen Ansatz im weiteren Verlauf der Arbeit allenfalls am Rande verwiesen werden, denn die Begriffe „Stigma" und „Stigmamanagement" haben einen primär soziologischen Hintergrund. Gewichtiger als dieses eher formale Argument ist allerdings ein anderer Grund. Ziel der vorliegenden Arbeit ist weniger, das Konsumentenverhalten einzelner schwuler Männer zu erklären, sondern auf der Gruppenebene die Bedeutung von Stigmamanagement für Konsumenten-verhaltensstrukturen zu umreißen. Für dieses Ziel erscheint der **soziologische Ansatz**, den der Begriff „Stigmamanagement" enthält, geeigneter. Aus dem gleichen Grund werden auch psychologische Ansätze, z.B. aktivierende und kognitive Prozesse[244] als Grundlagen des Konsumentenverhaltens, nicht an zentraler Stelle als Analyseinstrumente eingesetzt. Damit wird die grundsätzliche Relevanz dieser Ansätze, vor allem im Zusammenhang mit zu vermutenden motivationalen Aspekten von Stigmamanagement nicht in Abrede gestellt, sondern lediglich festgestellt, dass sie für die vorliegende Arbeit nicht im Zentrum des Interesses stehen.

4.1.1.2. Konsumentenverhalten

Konsumentenverhalten bezeichnet - nach Kroeber-Riel/Weinberg - das Verhalten „beim Kauf und Konsum von wirtschaftlichen Gütern".[245] Zu wirtschaftlichen Gütern zählen selbstverständlich auch Dienstleistungen. Es wird hier bewusst eine allgemein gehaltene Definition gewählt, denn so kann vermieden werden, dass durch eine verfrühte Verengung der Betrachtung potentiell stigmamanagementrelevante Aspekte des Konsumentenverhaltens übersehen werden.

In Analogie zur oben gegebenen Definition von „Stigmamanagement" sollen auch beim Begriff „Konsumentenverhalten" subjektive Absichten und Bedeutungen mitgedacht werden. Da Absichten und Bedeutungen jeweils die rein individuelle Ebene überschreiten, hat Konsumentenverhalten - ebenso wie Stigmamanagement - immer auch einen Bezug zur sozialen Umwelt. So definiert Holt - unter Verweis auf die Soziologie Simmels - Konsumentenverhalten als „social action in which people make use of consumption objects in a variety of ways".[246] Auch die zuletzt zitierte Definition ist noch sehr weit gefasst. Erst im folgenden Abschnitt werden bei der Vorstellung ausgewählter neuerer Ansätze der Theorie des Konsumentenverhaltens die Aspekte herausgearbeitet, die im Zusammenhang mit Stigmamanagement besonders interessant erscheinen.

---

[243] Vgl. z.B. Fishbein/Ajzen (1975), das als Standardwerk bezeichnet werden kann, und das bereits im Titel - „Belief, Attitude, Intention and Behavior" - auf die erwähnte Thematik verweist
[244] Vgl. z.B. die Darstellung bei Kroeber-Riel/Weinberg (1996)
[245] Kroeber-Riel/Weinberg (1996), S.1
[246] Holt (1995), S.1.

4.1.2. Interpretative Ansätze

Im Einklang mit dem konstruktivistischen Ansatz der vorliegenden Arbeit interessiert hier vor allem der jeweils zugeschriebene Bedeutungsgehalt von Verhalten. Es liegt also nahe, zunächst interpretative Ansätze des Konsumentenverhaltens in die Analyse einzubeziehen. Die Darstellung stützt sich unter anderem auf den Überblick über interpretative Ansätze bei Holt[247], der vier Aspekte von Konsumpraktiken[248] unterscheidet: **Konsum als Erlebnis**[249], **Konsum als Spiel, Konsum als Integration** und **Konsum als Klassifikation**.

4.1.2.1. Konsum als Klassifikation

Bereits Veblens Untersuchung über demonstrativen Konsum[250] kann als Ausprägung des Ansatzes von Konsum als Klassifikation verstanden werden. Der Ansatz ist also nicht neu, er wurde aber in neueren Forschungen neu belebt.[251] Wenn sich Konsumenten mittels Konsum klassifizieren, d.h. wenn sie mittels Konsum symbolisch **Zugehörigkeiten und Abgrenzungen** dokumentieren[252], so liegt die Affinität zu Stigmamanagement auf der Hand. Denn auch die Selbstpositionierung bezüglich der Begriffe normal und anders enthält ein klassifikatorisches Element. Beide Konzepte enthalten zudem einen ähnlich gelagerten Bezugsgruppenaspekt[253]: die Akteure - Konsumenten bzw. stigmamanagementbetreibende schwule Männer - werden Klassifikation und Selbstpositionierung in den meisten Fällen nicht nur im Hinblick auf ihr eigenes Selbstbild vornehmen, sondern auch im Hinblick auf den Eindruck, den sie bei der Umwelt hinterlassen wollen.

Dabei kann die Klassifikation bzw. Selbstpositionierung auf dem Konsumobjekt - einem materiellen Gut oder einer Dienstleistung - selbst beruhen. Dafür muss vorausgesetzt werden, dass das Konsumobjekt in den Augen aller relevanten beteiligten Akteure eine feste klassifikatorische Bedeutung hat. Hier wird also die **symbolische Bedeutung des Objekts** als gegeben unterstellt. Dass davon nicht

---

[247] Vgl. Holt (1995), S.2 f.
[248] Zum Begriff der Praxis bzw. Praktiken vgl. Fußnote 241
[249] Der Verfasser übersetzt hier den Begriff „consuming as experience" mit „Konsum als Erlebnis", „Konsum als Erfahrung" wäre zwar auch möglich, erscheint aber sowohl angesichts der weiteren Ausführungen bei Holt (1995) als auch angesichts des etablierten Begriffs des „Erlebniskonsums" als weniger angebracht.
[250] Vgl. Veblen ([1899] 1970)
[251] Vgl. z.B. die Arbeiten von Fisher/Price (1992) und Kleine/Kernan (1991), die das Vorzeigen von materiellen Gütern thematisieren, oder Holt (1998) und Schouten/McAlexander (1995) die von Konsumenten-Subkulturen sprechen.
[252] Vgl. hierzu auf der wissenschaftstheoretischen Ebene den Ansatz des symbolischen Interaktionismus, wie er z.B. von Plummer (1995) vertreten wird.
[253] Zur Definition des Begriffs Bezugsgruppe vgl. Kroeber-Riel/Weinberg (1996), S.435: „Man versteht darunter Gruppen nach denen sich das Individuum richtet: Die Bezugsgruppen bestimmen die Art und Weise, wie das Individuum seine Umwelt und sich selbst wahrnimmt und beurteilt, und sie liefern die Normen für sein Verhalten."

unbedingt ausgegangen werden kann, zeigt das Beispiel des Tragens von Ohrringen. Noch vor zehn bis zwanzig Jahren wurde in Deutschland ein Ohrring am Ohr eines Mannes als relativ untrügliches Zeichen für dessen Homosexualität gelesen, während diese Interpretation heute nur noch eine geringe Rolle spielt. Das heißt, dass klassifikatorische Bedeutungen nicht Teil des (Konsum-) Objekts sind, sondern gesellschaftlich zugeschrieben werden. Statt durch das Objekt selbst ist auch eine **Klassifikation durch den Umgang mit dem Objekt** denkbar. Genau genommen ist auch im obigen Beispiel des Ohrrings nicht der Ohrring selbst der Bedeutungsträger, denn am Ohr einer Frau würde er nicht als Indikator für deren Homosexualität gewertet. Es ist also erst der Umgang mit dem Ohrring - hier z.B. das Tragen, und zwar durch einen Mann, im Gegensatz zu bloßem Besitzen oder Aufbewahren - der die klassifikatorische Bedeutung bedingt.

4.1.2.2. Konsum als Integration

Ebenso wie der Ansatz von Konsum als Klassifikation betont auch der Ansatz von Konsum als Integration symbolische Bedeutungsgehalte. Mit Integration ist hier gemeint, dass der Konsument das Konsumobjekt zu einem Teil seines **Selbstkonzepts**, seiner **Identität**[254] werden lässt. Belk spricht in diesem Zusammenhang von „Possessions and the Extended Self"[255]. Auch in der Alltagswelt ist die Vorstellung, dass Gegenstände mit emotionalem Wert, z.B. Geschenke von wichtigen Bezugspersonen, zu einem Teil des eigenen Selbst werden können, durchaus geläufig.[256] Bezogen auf Stigmamanagement ist z.B. denkbar, dass der Besuch von schwulen Treffpunkten als Ausdruck des eigenen Ich verstanden wird und zu einem integrativen Bestandteil des so verstandenen Selbstkonzepts wird. Dieses Beispiel macht deutlich, dass die Metapher von Konsum als Integration sich nicht unbedingt nur auf materielle Gegenstände bezieht. Auch die Inanspruchnahme von Dienstleistungen kann zum Teil des Selbst werden.

Das Beispiel zeigt außerdem, dass die Abgrenzung zwischen Konsum als Klassifikation und Konsum als Integration empirisch nur schwer fassbar ist. Der Besuch von schwulen Treffpunkten kann einerseits unabhängig von der Wahrnehmung durch andere dem Ausdruck eines Selbstkonzepts dienen, er kann aber auch die Selbstklassifikation im Hinblick auf ein Publikum beinhalten. Es handelt sich bei Konsum als Klassifikation und Konsum als Integration also nicht so sehr um

---

[254] Für eine Diskussion und Problematisierung der Begriffe Identität und Selbstkonzept in einem Konsumentenverhaltenszusammenhang vgl. Sirgy (1982). Im Rahmen der vorliegenden Arbeit kann auf eine nähere Diskussion dieser Konzepte verzichtet werden, weil wie oben bereits dargelegt sozialpsychologische oder gar psychologische Details der Definition von Identität und Selbst nicht im Vordergrund stehen. Stattdessen interessieren hier im Sinne Goffmans vor allem Prozesse des „Impression Management" (vgl. Abschnitt 3.1.1.3 dieser Arbeit).
[255] Belk (1988)
[256] Vgl. hierzu auch Belk (1987)

verschiedene Verhaltensweisen, sondern um verschiedene Aspekte, die bei einunddemselben Verhalten vorhanden sein können.

Diese Doppelbedeutung ist auch bei dem Konzept der **Produktkonstellationen**[257] identifizierbar. Dieses Konzept geht nicht aus vom einzelnen Produkt, das in das Selbstkonzept integriert oder aber als klassifikatorisches Symbol benutzt wird, sondern es geht aus von Produktbündeln. Denn erst Produktbündel in ihrer Gesamtheit bringen nach außen hin ein Selbstkonzept hinreichend zum Ausdruck. Produktbündel werden in der Literatur[258] allerdings weniger als Indikatoren von Selbstkonzepten sondern vielmehr als Indikatoren sozialer Rollen[259] interpretiert. Die potentielle Relevanz des Konzepts für Stigmamanagement liegt darin, dass im Rahmen des Produktbündelansatzes die Vermutung geäußert wird, dass bei Personen, die erst kürzlich eine Rolle angenommen haben, in besonderem Maße rollentypische Produkte festzustellen sein müssten, weil diese Personen so den Prozess der Rollenakkulturation zu beschleunigen versuchen.[260] Angewandt auf Stigmamanagement wäre also zu erwarten, dass schwule Männer sich im Anschluss an ihr Coming Out in besonderem Maße an subkulturellen Konsummustern orientieren.

4.1.2.3. Konsum als Erlebnis

Da in der vorliegenden Arbeit Stigma und Stigmamanagement als Teil der Erlebnis- und Erfahrungswelt schwuler Männer dargestellt wurden, ist die Relevanz des Ansatzes von Konsum als Erlebnis unmittelbar nachvollziehbar. Darüber hinaus ergibt sich seine Bedeutung auch aus der gegenwärtigen Verbreitung von Erlebnisorientierung als Lebensauffassung.[261] Bei Holt ist allerdings mit Konsum als Erlebnis lediglich das **konsumobjektbezogene Erlebnis** gemeint, während das aus der Interaktion mit anderen Personen resultierende Erlebnis mit dem Begriff „Konsum als Spiel" belegt wird.[262]

Der Verfasser hält zwar die von Holt gewählten Begriffe für nicht glücklich, denn der Begriff „Erlebnis" schließt alltagssprachlich auch Erlebnisse ein, die auf sozialer Inter-

---

[257] Vgl. hierzu z.B. Solomon/Assael (1987)
[258] Vgl. Solomon/Assael (1987), S.192
[259] Zum Begriff „soziale Rolle" vgl. die folgende Definition bei Kroeber-Riel/Weinberg (1986), S.446: „Eine soziale Rolle wird definiert als eine *Menge von Verhaltensmustern*, die dem einzelnen von der Gesellschaft (Gruppe) zugewiesen wird." Auf eine nähere Diskussion des Begriffs kann hier aus den Gründen, wie sie bereits in Fußnote 254 angeführt wurden, verzichtet werden.
[260] Vgl. Solomon/Assael (1987), S.195 f.: „...newcomers to a role tend to display more stereotypical products, or to be brand loyal to market leaders as a way to speed acculturation ..."
[261] Vgl. Schulze (1993), der aufbauend auf eine Erhebung aus dem Jahre 1985 im Titel seines Werkes die deutsche bzw. bundesrepublikanische Gesellschaft insgesamt als „Erlebnisgesellschaft" bezeichnet. Der Begriff „Lebensstil", wie er in Marketingzusammenhängen häufig verwendet wird, ist hier wegen seiner engen Affinität zu Konsumentenverhalten absichtlich vermieden. „Lebensauffassung" ist ein weit gefasster Begriff und bezeichnet bei Schulze (1993, S.37) eine „Gestaltungsidee" für das Leben.
[262] Vgl. Holt (1995), S.2 f.

aktion beruhen.[263] Unabhängig davon ist aber die theoretische Unterscheidung zwischen objektbezogenem und interaktionsbezogenem Erlebnis potentiell fruchtbar. Bezogen auf Stigmamanagement könnte zum Beispiel vermutet werden, dass ein von schwulen Männern positiv gewerteter Erlebnisaspekt gerade darin bestehen kann, dass das Konsumerlebnis nicht von stigmatisierenden Interaktionsprozessen gestört wird.

4.1.2.4. Konsum als Spiel

Soziale Interaktion kann auch einen als angenehm empfundenen Nebenaspekt des Konsumentenverhaltens darstellen. Beim Besuch von Kneipen dürfte dieser Aspekt sogar im Vordergrund stehen. Je nachdem, ob ein schwuler Mann im Einzelfall die Gesellschaft anderer schwuler Männer sucht oder aber gerade vermeiden will, kann er zwischen schwulen und anderen Kneipen wählen. So ist also auch die Relevanz dieses Ansatzes für Stigmamanagement leicht nachvollziehbar..

Holt benutzt in diesem Zusammenhang den Begriff „Spiel", weil sich seiner Ansicht nach Interaktionen des Typs Konsument - (Konsum-) Objekt - Konsument dadurch auszeichnen, dass die beteiligten Akteure einen **Rahmen**[264] auf die Situation anwenden, der **Rollen** und **Regeln** beinhaltet. Rollen und Regeln strukturieren die Interaktion, während das (Konsum-) Objekt als Auslöser und/oder Instrument unverzichtbar ist. Auch dieser engere Spielbezug hat im Zusammenhang mit Stigmamanagement durchaus Relevanz. Es ist z.B. denkbar, dass ein schwuler Konsument - im Rahmen einer Normalitätsstrategie - nur dort einkauft, wo sich das Verkaufspersonal an die Regel hält, keine Anspielungen auf Sexualität, Erotik, Beziehungen oder sonstige potentiell „homosexualitätsnahe" und deshalb heikle Themen zu machen. Oder man denke - im Zusammenhang mit Strategien der Betonung von Andersartigkeit oder Strategien der Kompatibilisierung - an das Phänomen schwuler Sportvereine[265], deren Existenz auch auf der Bedeutung des Interaktionsmotivs beruht.

4.1.3. Der Co-Produzentenansatz

Die bisher vorgestellten Ansätze beleuchteten interessante Einzelaspekte der Verschränkung von Stigmamanagement und Konsumentenverhalten, erlaubten aber nach Ansicht des Verfassers noch keine schlüssige Einordnung der Fragen, die im Zusammenhang mit dem Begriff „Stigmamanagement" am nächsten liegen. Diese Fragen sind: Wer managt was, kraft welcher Fähigkeiten, mit wessen Beteiligung oder Hilfe, zu welchem Zweck, und in welchen Prozessen des Konsumentenverhaltens schlägt sich das nieder? Einen geeigneten Gesamtrahmen für diese Art Fragestellung sieht der

---

[263] Das würde auch gelten, wenn man den Begriff „consuming as experience" mit „Konsum als Erfahrung übersetzen würde.
[264] Vgl. Goffman (1974)
[265] Die Mitgliedschaft in Sportvereinen wird hier als Teil des Konsumentenverhaltens gesehen. Der zu leistende Mitgliedsbeitrag dokumentiert den wirtschaftlichen Aspekt.

Verfasser im Co-Produzentenansatz. Dieser Ansatz soll zunächst kurz vorgestellt werden, bevor im nächsten Abschnitt ein auf das Konsumentenverhalten anwendbares Stigmamanagementmodell entworfen wird.

4.1.3.1. Werteverwirklichung

Bereits Wiswede spricht vom „Streben nach Werteverwirklichung" als einer „Art Generalnenner sozialen Verhaltens"[266], also auch des Konsumentenverhaltens. Die Idee der Werteverwirklichung wird im Co-Produzentenansatz wieder aufgegriffen, wobei in diesem Ansatz statt von allgemein verhaltensbezogener Werteverwirklichung von Wertschöpfung, also wirtschaftlicher Werteverwirklichung die Rede ist. Hansen/Hennig sprechen von einer „Revision der Konsumentenrolle im Sinne einer aktiven bzw. zu aktivierenden Wertschöpfungspartnerschaft"[267] und verweisen dabei auch auf das Konzept vom Konsumenten bzw. Kunden „als Werte produzierender und Werte beeinflussender Prosument".[268]

Die **Dialogkonzeption** des Co-Produzentenansatzes[269] ergibt sich dabei zwingend aus der Tatsache des Zusammenwirkens von Kunde und Anbieter[270] bzw. Produzent, denn ohne Dialog wäre ein Erfolg der Wertschöpfungspartnerschaft kaum zu erwarten. Eine weitere Voraussetzung für den Erfolg der Co-Produktion wird in den **Kompetenzen**[271] gesehen, die von den Beteiligten in den Co-Produktionsprozess und seine verschiedenen Phasen eingebracht werden. Darunter sind zum einen fachliche und zum anderen soziale Kompetenzen zu verstehen.[272]

Wie viel auch Stigmamanagement mit Werteverwirklichung zu tun hat, lässt sich daran ermessen, dass Stigma definiert wurde als eine Eigenschaft, „die zutiefst diskreditierend ist"[273] und den Effekt hat, dass jemand „von einer ganzen und gewöhnlichen Person zu einer befleckten, beeinträchtigten herabgemindert"[274] wird. Mit dieser Herabminderung des Werts der eigenen Person muss im Rahmen von Stigmamanagement umgegangen werden. Da Stigmamanagement als Selbstpositionierung bezüglich der Kategorien normal und anders definiert wurde, liegt in dieser Selbstpositionierung auch die spezifische Werteverwirklichung, die im Rahmen dieser Arbeit im Mittelpunkt des Interesses steht. Der **subjektive Wert einer bestimmten Selbstpositionierung** ist dabei vor allem vom Konsumenten bzw. Kunden

---

[266] Wiswede (1972), S.20
[267] Hansen/Hennig (1995), S.311
[268] Hansen/Hennig (1995), S.319, unter Verweis auf Toffler (1980), S. 272 ff. und Kotler (1986)
[269] Vgl. Hansen/Hennig (1995), S.318
[270] Auf weitere Konsequenzen intensiven Zusammenwirkens von Kunde und Anbieter im Rahmen personendominanter Dienstleistungen weist Korpiun (1998) hin.
[271] Vgl. hierzu auch das von Hennig-Thurau (1998) entwickelte Konzept der Konsumkompetenz
[272] Vgl. Hansen/Hennig (1995), S.321
[273] Goffman (1963/1975), S.11
[274] Goffman (1963/1975), S.10 f.

selbst zu bestimmen. Das Ergebnis der produktionsseitigen Wertschöpfung, also die angebotenen Leistungen, sind allenfalls Hilfsmittel der Realisierung des kundenseitig zu bestimmenden Wertes. Werteverwirklichung bedarf der aktiven Teilnahme des Kunden. Zu einer ähnlichen Einschätzung kommt auch Wikström.[275] Es liegt nahe, dass sich im Hinblick auf die erfolgreiche Umsetzung dieser Werteverwirklichung auch spezifische **Stigmamanagementkompetenzen** definieren lassen. Darauf wird im Laufe des Abschnitts 4.2. noch einzugehen sein.

4.1.3.2. Wertschöpfungsketten

Grundsätzlich ist eine aktive Teilnahme des Kunden an der Wertschöpfung in allen Phasen der Wertschöpfung denkbar. Hansen/Hennig thematisieren im Rahmen ihres Co-Produzentenansatzes zum einen die Co-Produktion in der Vorkaufwertschöpfung, d.h. die Einbindung des Konsumenten in Produktentwicklung und Produktion, und zum anderen die Co-Produktion in der Nachkaufwertschöpfung, d.h. der Nutzung und Entsorgung.[276] Es werden also primär die wirtschaftlichen Aspekte der Wertschöpfung in Betracht gezogen.

Bei der Übertragung des Co-Produktionsansatzes auf Stigmamanagement ist die Betrachtung zunächst von (wirtschaftlicher) Wertschöpfung auf Werteverwirklichung in einem nicht ausschließlich wirtschaftlichen Sinn auszuweiten, allerdings nur insoweit, wie diese Werteverwirklichung im Rahmen des Konsumentenverhaltens, also im Rahmen des Umgangs mit und der Nutzung von wirtschaftlichen Gütern, stattfindet. In diesem Zusammenhang interessiert nicht so sehr die Einbindung des Kunden in Entwicklung und Produktion der Leistung selbst, sondern seine **Einbindung in die Prozesse der subjektiven Wertverwirklichung** auf der Ebene der Bedeutung der Leistung im Hinblick auf Stigmamanagement, d.h. im Hinblick auf seine Selbstpositionierung bezüglich der Kategorien normal und anders. Für diese Art der Fragestellung erscheint das oben bereits erwähnte Konzept der Stigmamanagementkompetenz besonders fruchtbar, denn der Erfolg oder Misserfolg einer Co-Produktion von Stigmamanagement hängt primär von den Kompetenzen ab, die von den Beteiligten in diesen Prozess eingebracht werden.

4.2. Stigmamanagement im Rahmen des Konsumentenverhaltens: ein theoretisches Modell

Im folgenden wird aufbauend auf den Co-Produzentenansatz und die oben behandelten interpretativen Ansätze zunächst aufgezeigt, welche **Kompetenzen** besondere Relevanz für ein erfolgreiches Stigmamanagement im Rahmen des Konsumentenverhaltens besitzen. Stigmamanagementkompetenz ist dabei nicht als eine spezifische Einzelfä-

---

[275] Vgl. Wikström (1995), S.250: „The view that the company's role is to satisfy the consumers' wants and needs is also challenged. Instead the company's task is defined as making a *contribution to the consumers' own value-creation*."
[276] Vgl. Hansen/Hennig (1995), S.321f.

higkeit oder Eigenschaft zu verstehen, sondern als ein Set von Fähigkeiten und Eigenschaften, die auch außerhalb von Stigmamanagement einen Stellenwert haben, im hier gegebenen Rahmen aber eine spezifische Bedeutung erlangen. Da Stigma und Stigmamanagement hier primär als soziales Phänomen betrachtet werden, sind auch Stigmamanagementkompetenzen vor allem als Aspekte sozialer Kompetenz zu verstehen.

Auf Basis der Zuordnung der beschriebenen Stigmamanagementkompetenzen auf die am Konsumentenverhalten beteiligten Akteure werden in einem zweiten Schritt mögliche stigmamanagementbezogene Konsumentenverhaltens**rollen** abgeleitet.

4.2.1. Aspekte von Stigmamanagementkompetenz

4.2.1.1. Problemerkennungskompetenz

Die Kurzformel Problemerkennungskompetenz soll hier bedeuten, dass erfolgreiches Stigmamanagement zunächst die Wahrnehmung voraussetzt, dass ein **Gestaltungsbedarf** oder eine **Gestaltungsmöglichkeit** im Hinblick auf Stigmamanagement existiert. Damit soll nicht behauptet werden, dass sich im Licht von Stigmamanagement gänzlich neue spezifisch schwule Bedürfniskategorien identifizieren lassen. Die Relevanz liegt eher in der spezifischen Einfärbung von Bedürfnissen, die auch außerhalb der schwulen Zielgruppe verbreitet sind.

Die Gestaltungsbedarfe und -möglichkeiten, die es mit Hilfe der Problemerkennungskompetenz zu identifizieren gilt, reichen dabei weit über den Themenbereich Sexualität und sein Umfeld hinaus. Es ist zu vermuten, dass die oben bereits erläuterten weiteren Dimensionen des Begriffs Homosexualität - Selbstdefinition als schwul oder homosexuell, Erotik und soziale bzw. Geschlechterrolle - für das Konsumentenverhalten mindestens ebenso relevant sind. Im dritten Kapitel wurde erläutert, wie sich die schwule Zielgruppe in den genannten Dimensionen von anderen unterscheidet, und wie dadurch im Zuge der Auseinandersetzung mit sich selbst und der Umwelt laufend Anlässe zur Selbstpositionierung mit Bezug auf die Kategorien normal und anders entstehen. Diese Anlässe bilden die Basis für die Problemerkennung im hier relevanten konsumentenverhaltensrelevanten Sinn. Darüber hinaus sind bereits die Anlässe **Ergebnisse einer Co-Produktion** im Rahmen der gesellschaftlichen Konstruktion von Wirklichkeit[277], denn sie entstehen im Rahmen des Umgangs mit dem Stigma Homosexualität, an dessen Interpretation und Wertung sowohl der Konsument selbst als auch seine soziale Umwelt beteiligt sind.

Darüber hinaus lassen sich **Parallelen** ziehen zu den oben behandelten **interpretativen Ansätzen** des Konsumentenverhaltens: von Gestaltungsbedarf auf dem Gebiet der Selbstdefinition zu Konsum als Klassifikation, von Erotik zu Konsum als Spiel, von sozialer bzw. Geschlechterrolle wiederum zu Konsum als Klassifikation (im Sinne der

---

[277] Vgl. Berger/Luckmann (1980)

Dokumentation der Rolle nach außen) aber auch zu Konsum als Integration (im Sinne einer Identifizierung mit der Rolle).

4.2.1.2. Entscheidungs- und Beratungskompetenz

Neben der Problemerkennung setzt erfolgreiches Stigmamanagement Entscheidungen voraus. Die Entscheidungen betreffen zunächst die anzuwendende **Stigmamanagementstrategie**. Im Einklang mit der gewählten Strategie muss der schwule Konsument weitere Entscheidungen treffen, die direkter das Konsumentenverhalten betreffen. Er muss festlegen, welche **Informationsquellen** er nutzen, welche **Anbieter** und **Angebote** er in Betracht ziehen und auch an welchen **Bezugsgruppen** er sich dabei gegebenenfalls orientieren will.

Die oben bereits erwähnten Aufgaben Informationsmanagement und Bezugsgruppenmanagement erfahren im Zusammenhang mit dem Konsumentenverhalten eine Spezifizierung und Erweiterung. Als zu steuernde Information über die eigene Homosexualität kommen hier insbesondere auch die stigmamanagementrelevanten Informationen in Betracht, die kraft symbolischer Bedeutungen den Gütern und Dienstleistungen anhaften, die der schwule Konsument kauft oder mit denen er umgeht. Die **Entscheidungen über wahrzunehmende Angebote** sollen hier vor allem im Hinblick auf das Selbstpositionierungspotential untersucht werden, das den zur Auswahl stehenden Leistungen im Rahmen von Stigmamanagement zukommt. Auf die Erörterung anderer nicht themenspezifischer Kriterien, z.B. die Einschätzung technischer Produkteigenschaften oder die Wahrnehmung genereller Servicequalitäten[278], soll verzichtet werden.

Modellhaft lässt sich die **Bewertung des Stigmamanagementpotentials** von Angeboten wie folgt beschreiben: Da das im Rahmen der Selbstpositionierung vorgenommene „impression management" kein rein rationaler Prozess ist, darf auch die Bewertung des Stigmamanagementpotentials einer Leistung nicht als rein rationaler Entscheidungsprozeß gedacht werden. Kriterium sind hier weniger die objektiv feststellbaren Eigenschaften eines Produkts oder einer Leistung, sondern ihre subjektive Bedeutung[279]. Diese erstreckt sich unter anderem auf die geweckten gedanklichen Assoziationen und die darin möglicherweise enthaltene Signalwirkung. Zum einen kann ein wirtschaftliches Gut **begriffliche Assoziationen** auslösen, d.h. an Begriffe wie Macht oder Ansehen denken lassen oder - näher am Thema Stigmamanagement - an Exzentrik oder

---

[278] Zum Thema Service- bzw. Dienstleistungsqualitäten vgl. z.B. Meyer/Mattmüller (1987), Parasuraman et al.(1994), und zum Thema Dienstleistungsmarketing generell Meffert/Bruhn (1995)

[279] Für eine eingehendere Diskussion der Thematik subjektiver und symbolischer Produktbedeutungen vgl. den Sammelband „Marketing and Semiotics", Umiker-Sebeok (Hrsg.) (1987). vgl. Hoshino (1987), S.45 und die dort vorgenommene Unterscheidung zwischen „denotative" und „connotative meaning" eines Produkts: „Denotative meaning involves a product's surface meaning, which mainly implies its technological and functional meaning (practical and substantial meaning), and corresponds to the consumer's physical needs. Connotative meaning involves a product's deep and hidden meaning, which tacitly and vaguely suggests a non-material and imagistic meaning (a visual, acoustic, tactile, gustatory, and olfactory meaning) and corresponds to the consumer's psychological needs."

Respektabilität. **Assoziationen** können darüber hinaus aber auch **sinnlicher Art** sein, also bildhafte Vorstellungen wecken oder auch Vorstellungen, die den Geschmackssinn, Geruchssinn, das Gehör oder den Tastsinn betreffen.[280] Ein ungewöhnlich geschnittenes und farblich als gewagt empfundenes Sakko mag z.B. für seinen Träger (und die von ihm für relevant gehaltenen Bezugspersonen) Ausgefallenheit und Unabhängigkeit vom Urteil anderer ausstrahlen. Ein Hemd aus weich fließendem Stoff kann beim Käufer Assoziationen von Zärtlichkeit wecken. Die Sinnes- und Bedeutungsassoziationen, die ein Leistungsangebot hervorruft, sind also Teil der subjektiven Bedeutung die eine Leistung für einen Konsumenten hat. Da davon auszugehen ist, dass nicht nur den technischen Eigenschaften der Leistung, sondern auch diesen subjektiven Bedeutungen Bedürfnisse des Konsumenten gegenüberstehen[281], gehen diese subjektiven Bedeutungen auch in den stigmamanagementrelevanten Informationsgehalt und deshalb in die Bewertung der Leistung ein. Selbst wenn diese Bewertung zum Teil unbewusst erfolgt, hat der schwule Konsument wahrscheinlich zumindest eine intuitive Vorstellung der angestrebten Selbstpositionierung und wird z.B. eine Aussage darüber treffen können, ob ein anzuschaffender Esszimmertisch eher repräsentativ und solide - und damit auf ehrbare Weise „normal" - oder aber ob er „schrill" wirken soll, ob ein zu erwerbendes Auto eher jugendlich und sportlich - und damit möglicherweise auch männlich und in dieser Hinsicht wiederum normal - oder ob es vielleicht durch Farbe und Innenausstattung die Andersartigkeit seines Käufers versinnbildlichen soll.

Zum Informationsmanagement im Sinne der Steuerung von Informationsweitergabe tritt hinzu die Steuerung der Informationsbeschaffung. Die Entscheidung für die eine oder andere **Informationsquelle** wird ein schwuler Konsument unter anderem nach dem Kriterium der Eignung für die von ihm präferierte Stigmamanagementstrategie treffen. Es sei an dieser Stelle noch einmal betont, dass hier nicht behauptet werden soll, schwule Konsumenten würden ihr Informationsverhalten, oder gar ihr gesamtes Konsumentenverhalten primär unter dem Gesichtspunkt Stigmamanagement gestalten.[282] Es ist davon auszugehen, dass auch schwule Konsumenten den Stigmamanagementaspekt nicht grundsätzlich in den Vordergrund stellen, und dass sie z.B. beim Kauf einer Waschmaschine ebenso wie andere Konsumentengruppen auch an technischen Produktinformationen interessiert sind. Im Rahmen der vorliegenden Arbeit interessieren aber primär die stigmamanagementrelevanten Aspekte. Bei einer Normalitätsstrategie mögen als Informationsquelle Tageszeitungen oder generell Medien mit breiter Zielgruppenstreuung oder heterosexuelle Freunde relevante

---

[280] Diesen Sinnesassoziationen können dann wiederum Bedeutungen zugeschrieben werden, z.B. der taktilen Vorstellung eines weich fließenden Hemdenstoffs die Bedeutung Zärtlichkeit. Vgl. auch die vorausgehende Fußnote und das dort wiedergegebene Zitat von Hoshino (1987).
[281] Vgl. das Zitat in Fußnote 279
[282] Vgl. hierzu die Einschätzung von Holt (1997): „Unless a particular collectivity is highly stigmatized and politicized (as are many gay, lesbian, and ethnic collectivities in the fractious battle between Eurocentric ideals and multiculturalism and certain subcultures, as well as many religious collectivities that are labeled as deviant), individuals are unlikely to understand and enact consumption practices centered around a single coherent framework of tastes expressive of a particular social identity.

Informationsquellen darstellen, bei einer Strategie der Betonung von Andersartigkeit eher solche Medien, die für non-konformistisch gehalten werden - etwa Schwulenzeitschriften - und vielleicht die schwulen Freunde. An dieser Stelle verschränken sich die Aufgaben des Informationsmanagements mit denen des Bezugsgruppenmanagements, nämlich dann, wenn der schwule Konsument bestimmten Informationsquellen bzw. -lieferanten eine **Beteiligung an der Konstruktion von Bedeutungen** zugesteht. Bestehen kann diese Bedeutungskonstruktion z.B. in einer Aussage darüber, ob ein Gut oder eine Dienstleistung zur Person des Konsumenten und seiner Stigmamanagementstrategie passt (Konsum als Integration) oder in der Einschätzung der klassifikatorischen Wirkung eines zu erwerbenden Kleidungsstücks auf der normal-anders Skala (Konsum als Klassifikation) etc. In diesen Fällen kann wiederum von einer Co-Produktion auf der Bedeutungsebene gesprochen werden.

Für die Entscheidung, wem oder welchen Quellen eine Mitwirkung an der Bedeutungskonstruktion zugestanden werden soll, wird ein schwuler Konsument wahrscheinlich unter anderem auch das Kriterium der **Glaubwürdigkeit** heranziehen. Stern[283] verweist auf einen hier relevanten spezifischen Aspekt der Glaubwürdigkeit. Sie spricht von „Authentizität" einer Werbung, wenn sie erfolgreich die Illusion einer Lebensrealität mit Bezug zu einer Konsumsituation aufbaut. In Anlehnung an diesen Gedanken bemisst sich Glaubwürdigkeit nicht nur nach der Dimension Wahrheit und Realitätstreue (im Sinne der Widerspiegelung bestehender Realität) sondern beinhaltet auch ein rhetorisches Element, das die mögliche und gestaltbare Realität betrifft. Dieser Aspekt erscheint deshalb für die vorliegende Arbeit relevant, weil Stigmamanagement im Sinne einer Selbstpositionierung immer auch ein gestaltendes Element enthält. Aus diesem Grund kommt dem Kriterium Authentizität im Zusammenhang mit Stigmamanagement nicht nur eine Bedeutung im Hinblick auf Werbung zu, sondern kann grundsätzlich in Entscheidungen über die zu wählenden Informationsquellen, Anbieter, Angebote, ja selbst Entscheidungen über Stigmamanagementstrategien einfließen.

Anhand des Co-Produzenten-Ansatzes lässt sich auf ein weiteres verwandtes Entscheidungskriterium schließen, das sowohl die Entscheidung über Informationsquellen als auch die Entscheidung über **Anbieter** beeinflussen dürfte. Co-Produktion erfordert ein einvernehmliches Zusammenwirken der Beteiligten. Dafür ist neben Glaubwürdigkeit im Sinne der oben erläuterten Authentizität ein **Mindestmaß an gegenseitiger Wertschätzung**, Achtung erforderlich. Ein schwuler Konsument wird bei seinen Entscheidungen über die Auswahl geeigneter Anbieter also auch berücksichtigen, ob diese potentiellen Co-Produzenten in seinen Augen eher eine wohlwollende Position ihm oder generell Schwulen gegenüber einnehmen oder eher eine feindliche Position. Das heißt mit anderen Worten, der Selbstpositionierung im Rahmen von Stigmamanagement steht im Konsumentenverhalten eine stigmamanagementrelevante Positionszuweisung durch die Co-Produzenten gegenüber. Relevant erscheint bei der Auswahl des Co-Produzenten in diesem Kontext auch, welcher **Stellenwert der Stigmamanagementkom-**

---
[283] Vgl. Stern (1994), S.388

ponente zukommt. Es ist z.B. denkbar, dass ein Konsument Obst und Gemüse immer in einem Laden kauft, in dem er stets mit einem netten, jungen Verkäufer flirten kann. Die Qualität der angebotenen Produkte mag für ihn dabei sekundär sein, solange ein Mindestanspruchsniveau erfüllt ist. Auch hier verschränken sich wieder Aspekte des Informationsmanagements mit solchen des Bezugsgruppenmanagements. Mit flirtendem Verhalten gibt der schwule Konsument - wenn auch interpretationsbedürftige - Information über sich preis, gibt sich bis zu einem gewissen Grad zu erkennen und dokumentiert gleichzeitig Zugehörigkeiten - z.B. eine Identifikation als Schwuler oder auch sehr viel vager eine Zugehörigkeit zur Gruppe derer, die sich auch in der Öffentlichkeit nicht davor scheuen, mit einem anderen Mann zu flirten. Darüber hinaus kommen hier nicht nur Informations- und Bezugsgruppenaspekte zum Tragen. Flirten verweist auf den Erlebnischarakter von Konsum als Interaktion und Spiel, im Beispiel zwischen den beteiligten Co-Produzenten schwuler Konsument, Verkaufspersonal und möglicherweise weiterem anwesenden Publikum. Die Aufgaben **Informations-** und **Bezugsgruppenmanagement** sind also zu erweitern um das stigmamanagementbezogene **Interaktionsmanagement** gerade im Hinblick auf die Co-Produzenten. Dabei steht nicht der Informationsgehalt der Verhaltensweisen im Vordergrund, sondern ihre Zielgerechtigkeit im Hinblick auf die angestrebte Selbstpositionierung und ihr Erlebniswert.

Wenn Authentizität und Bereitschaft zu gegenseitiger Achtung wie oben erläutert Entscheidungskriterien im Rahmen des Konsumentenverhaltens schwuler Konsumenten darstellen, stellt sich die Frage, inwieweit diese Kriterien eher als Sucheigenschaft, Erfahrungseigenschaft oder Vertrauenseigenschaft zu verstehen sind. Als Sucheigenschaft müsste ihr Vorhandensein - bei Informationslieferanten, Anbietern, Verkaufspersonal u.s.w. - bereits vor dem Co-Produktionsprozess bzw. vor Kauf und Nutzung des wirtschaftlichen Gutes beurteilt werden können, als Erfahrungseigenschaft würde sich ihr Vorhandensein erst anhand der Nutzung oder nach dem Produktionsprozess erweisen, bei der Vertrauenseigenschaft müsste sich der Konsument bezüglich ihres Vorhandenseins gänzlich auf das Urteil anderer verlassen.[284] Der Verfasser vermutet, dass **Authentizität** und **Glaubwürdigkeit** im Rahmen von Stigmamanagement **Elemente sowohl der Such- als auch der Erfahrungs- und der Vertrauenseigenschaft** aufweist. Ein Anbieter kann z.B. Schwulenfreundlichkeit dadurch bekunden, dass er sich in speziellen Branchenverzeichnissen für die schwule Zielgruppe auflisten lässt. In dieser Hinsicht wäre Glaubwürdigkeit eine Sucheigenschaft. Dabei bleibt offen, ob die bekundete Schwulenfreundlichkeit auf einen bestimmten Kunden oder die gesamte schwule Zielgruppe authentisch wirkt. In dem Maße, in dem Glaubwürdigkeit anhand des persönlichen Umgangs mit dem Anbieter beurteilt wird, anhand der „Co-Produktionserfahrung" mit ihm, stellt sie eine Erfahrungseigenschaft dar. Wird die Glaubwürdigkeit schließlich auch danach beurteilt, ob sich der Co-Produzent auch außerhalb seiner konkreten Co-Produzentenrolle grundsätzlich schwulenfreundlich verhält, etwa in seinem Verhalten schwulen Kollegen oder Mitarbeitern gegenüber, im Hinblick auf

---

[284] Vgl. die Unterscheidung in Such-, Erfahrungs- und Vertrauensqualitäten bei Bloom/Krips (1982)

die politische Unterstützung schwuler Belange etc., so kann dies der schwule Konsument im Normalfall nicht selbst in Erfahrung bringen. Er ist auf Informationen von Dritten angewiesen. In dieser Hinsicht stellt die Glaubwürdigkeit des Co-Produzenten dann eine Vertrauenseigenschaft dar.

An der Nahtstelle zwischen Entscheidung und Umsetzung steht der Kauf von Gütern und Dienstleistungen. Beim Kauf lassen sich Konsumenten oft von der Anbieterseite oder Mitgliedern von Bezugsgruppen beraten. Insofern kann allen o.g. Aspekten der Entscheidungskompetenz eine entsprechende **Beratungskompetenz** zugeordnet werden, d.h. Beratung über Informationsquellen, Anbieter und Angebote, die für die jeweils angestrebte Selbstpositionierung im Rahmen des Stigmamanagements geeignet erscheinen, möglicherweise auch Beratung über die anzustrebende Selbstpositionierung. Da die entsprechenden Punkte oben bereits erläutert wurden, sollen dieser Feststellung hier keine detaillierten Erläuterungen mehr folgen.

4.2.1.3. Umsetzungskompetenz

Der Begriff Co-Produzent lässt bereits an ein produziertes Ergebnis denken, hier im Sinne stigmamanagementbezogener Wirkungen von Konsumentenverhalten. Es liegt also nahe, auf Umsetzungskompetenz noch näher einzugehen. Unter Umsetzungskompetenz soll hier die **Kompetenz bei der Nutzung** der wirtschaftlichen Güter für Zwecke des Stigmamanagements verstanden werden. Zwei Aspekte sollen hier interessieren: Steuerung der **Wahrnehmbarkeit des Nutzungsverhaltens** durch Dritte und die Frage, ob die angestrebte Selbstpositionierung in den Augen des schwulen Konsumenten auch erreicht wurde, d.h. die **Feststellung des Zielerreichungsgrades**, einschließlich des Spezialfalls der kognitiven Dissonanz[285], d.h. nachträglicher Unzufriedenheit mit der Kaufentscheidung.

Die Frage der Wahrnehmbarkeit bestimmt gleichzeitig, ob eine Stigmamanagementfunktion bezüglich der Umwelt erfüllt wird, also ob das Stigmamanagement auf die Schaffung eines **Fremdbilds** ausgerichtet ist, oder ob sich das Stigmamanagement nur auf das angestrebte **Selbstbild** des Konsumenten bezieht. Ein gutes Beispiel ist hier Unterwäsche. Sie kann zum einen dem Konsumenten ein gewisses Selbstbild - bei einem entsprechenden Markenimage etwa das des verführerischen und muskulösen Athleten - verleihen. Zum anderen kann es aber auch einen Kreis von Bezugspersonen geben, bei denen der Konsument einen bestimmten Eindruck erzeugen will. Der Kreis derer, die eine bestimmte Person in Unterwäsche zu sehen bekommt, dürfte eher klein sein, aber er ist gerade deshalb auch besonders relevant. Er schließt durchaus nicht nur potentielle Sexualpartner ein, sondern z.B. die zufällig im Umkleideraum des Fitnessstudios anwesenden anderen Besucher, oder die anderen Vereinsmitglieder im Sport-

---

[285] Zur Definition von kognitiver Dissonanz vgl. Kroeber-Riel/Weinberg (1996), S.160, der kognitive Dissonanz anhand eines Beispiels erläutert: „Ein Käufer hat das Auto A gekauft und erlebt danach eine kognitive Dissonanz: Sein Wissen, die Automarke A zu besitzen, steht im Widerspruch zu der Erkenntnis, dass die nicht erworbene Automarke B beachtliche Vorteile hatte, die eigentlich für den Kauf dieser Automarke sprachen."

verein, oder den Arzt und die Arzthelferin. Es ist auch denkbar, dass jemand einen besonders ausgefallenen Slip immer nur dann trägt, wenn niemand anders den Slip zu sehen bekommt. Allein das Bewusstsein, einen besonderen Slip zu tragen, kann - im Sinne des oben erwähnten produktbezogenen Konsumerlebnisses - ein Vergnügen darstellen. Wenn die gleiche Person dagegen zum Sport geht, achtet sie möglicherweise darauf, eine „ganz normale" Unterhose zu tragen.

Für den Stigmamanagementerfolg im Sinne des angestrebten Fremdbilds ist wiederum zu beachten, dass Normalität nicht durch den Konsumenten selbst definiert wird, sondern durch die - vom Konsumenten vermutete - Einschätzung durch die relevante Bezugsgruppe. Das obige Beispiel zeigte in diesem Zusammenhang, dass die Wahrnehmbarkeit der Verwendung nicht so sehr eine feststehende Eigenschaft eines Produkts oder einer Leistung ist,[286] sondern dass sie von dem Konsumenten - im Sinne eines Informations-, Bezugsgruppen- und Interaktionsmanagements - auch gesteuert werden kann. Insofern ist z.B. denkbar, dass sich ein schwuler Konsument einen Satz Garderobe für Situationen zulegt, in denen er primär Normalität bekunden will, etwa auf der Arbeitsstelle, und einen anderen für Situationen, in denen er sich Andersartigkeit zugesteht, etwa für die im Kreis schwuler Bekannter verbrachte Freizeit.[287]

Die Bandbreite und Gegensätzlichkeit der jeweils anzuwendenden Stigmamanagementstrategie bedingt eine besondere Relevanz des Phänomens **kognitiver Dissonanz**. Ein schwuler Konsument kann und muss seine Selbstpositionierung bezüglich der Kriterien Normalität und Andersartigkeit je nach Situation immer wieder neu bestimmen. Variabel ist nicht nur die Selbstpositionierungsintention des Konsumenten, sondern auch die Wahrnehmung der Selbstpositionierung durch die Umwelt. Es ergibt sich deshalb ein besonders hohes Dissonanzpotential aufgrund dieser **doppelten Variabilität** der **Selbstpositionierung**.[288] Ein Gut, das im Hinblick auf eine bestimmte Selbstpositionierung erworben wurde, erscheint in einer neuen Situation, in der eine andere Selbstpositionierung angestrebt wird, möglicherweise unangemessen. Oder der amüsante Einkauf beim stadtbekannten schwulen Herrenausstatter erzeugt plötzlich einen unschönen Nachgeschmack, weil sich herausstellt, dass der erworbene Anzug anderswo billiger gewesen wäre. Der Konsument hat dann möglicherweise das Gefühl, er werde zum leichten Opfer von Übervorteilung gerade aufgrund seiner Eigenschaft als schwuler Konsument und habe sich mit dem Etikett schwul ködern lassen, wobei dieses Etikett sowohl am Produkt als auch an der Einkaufsstätte oder dem dort

---

[286] Vgl. dagegen die Unterscheidung in öffentlich konsumierte Güter und privat konsumierte Güter bei Bearden/Etzel (1982)

[287] Vgl. Schenk/Holman (1980), A Sociological Approach to Brand Choice: The Concept of Situational Self-Image

[288] Kroeber-Riel/Weinberg (1996), S.160, unterscheiden zwischen kognitiver und motivationaler Dissonanz. Das Beispiel enthält angesichts variabler Stigmamanagementintentionen auch Elemente motivationaler Dissonanz. Die Unterscheidung ist aber für den weiteren Verlauf der Arbeit nicht von Bedeutung.

arbeitenden Personal haften kann. Entspricht ein erworbenes Gut nicht mehr der angestrebten Selbstpositionierung, so kann der Konsument seine Nutzung, zumindest soweit sie wahrnehmbar ist, einstellen. Das kann, muss aber nicht, zur **Entsorgung** des jeweiligen Gutes führen. Insofern ist also unter Nutzungskompetenz auch die Kompetenz zu verstehen, die sich durch ein stigmamanagementgerechtes Unterlassen der Nutzung unter Beweis stellt.

4.2.2. Die beteiligten Co-Produzenten und ihr Co-Produktionsbeitrag im Rahmen von Stigmamanagement

Während die Erörterung stigmamanagement- und gleichzeitig konsumentenverhaltensrelevanter Kompetenzen einen ersten Eindruck dessen ergab, wie sich Stigmamanagement im Konsumentenverhalten widerspiegeln kann, sollen nun darauf aufbauend die stigmamanagementrelevanten Aspekte der **Rollen** der Beteiligten - schwuler Konsument, Umwelt, und Anbieter - charakterisiert werden. Dabei wird Rolle hier vor allem im Hinblick auf den Co-Produktionsbeitrag der verschiedenen Akteure verstanden.[289]

4.2.2.1. Der schwule Konsument als Stigmamanager

Der schwule Konsument selbst ist in diesem Zusammenhang als der Stigmamanager zu betrachten. Stigmamanagement bezeichnet hier sowohl ganz allgemein den Umgang mit Stigma[290] als auch die Funktion des Entscheidungsträgers. **Entscheidungsträger** ist der schwule Konsument hier nicht nur bei Kauf- und anderen Konsumentenverhaltensentscheidungen, sondern auch bei der Festlegung der angestrebten Selbstpositionierung.

Er wird im Rahmen seiner Entscheidungsvorbereitung **Einstellungen**[291] entwickeln zu Produkten und Leistungen, die ihm für Zwecke seines persönlichen Stigmamanagements geeignet erscheinen. Zum Beispiel kann er auffällige Kleidung bevorzugen, um so sein Anderssein zu unterstreichen. Er wird aber auch Einstellungen zu anderen Akteuren entwickeln, die in sein Konsumentenverhalten involviert sind und ihn deshalb bei seiner Stigmamanagementaufgabe entweder unterstützen oder behindern können, z.B. zu den Verkäufern seiner Einkaufsstätte oder zu seinem schwulen Bekanntenkreis, deren Kleidungsstil ihm möglicherweise als Vorbild dient.

Die **Kompetenzen**, die den schwulen Konsumenten bei seiner Stigmamanagementaufgabe unterstützen, sind deshalb zum einen Entscheidungskompetenz und als Teil davon vor allem die Fähigkeit, Selbstpositionierungseffekte einschätzen zu können und geeignete Anbieter als Co-Produzenten auszuwählen, und zum anderen Umsetzungs-

---

[289] Vgl. auch die allgemeinere Definition des Begriffs „soziale Rolle" in Fußnote 259

[290] Vgl. die Erläuterungen im Abschnitt 3.1.1.2.

[291] Mit dem Begriff Einstellung ist „a person's favorable or unfavorable evaluation of an object" (Fishbein/Ajzen,1975, S.12) gemeint, die auch eine Komponente der Handlungsbereitschaft enthält (vgl. Fischbein/Ajzen, 1975, S.8)

kompetenz, die es ihm ermöglicht, im Rahmen der Nutzung der erworbenen Leistung den angestrebten Selbstpositionierungseffekt zu erzeugen.

4.2.2.2. Bezugsgruppen als Co-Produzenten des Bezugsrahmens für Stigmamanagement

Die Existenz von Bezugsgruppen ist Voraussetzung für den Prozess der Selbstpositionierung, denn Selbstpositionierung wird hier als **sozialer Prozess der Bedeutungszuschreibung** verstanden, an dem neben dem schwulen Konsumenten selbst auch seine Umwelt beteiligt ist. Im Zusammenhang mit In-Group- und Out-Group-Ausrichtungen war bereits von Bezugsgruppen und ihrer Bedeutung die Rede. Erst in der Auseinandersetzung mit Bezugsgruppen entsteht der Bezugsrahmen, innerhalb dessen stigmatisierte wie nicht-stigmatisierte Personen eigene Wertvorstellungen und in der Folge davon Vorstellungen geeigneter Handlungsoptionen zu deren Umsetzung entwickeln.[292] Da die Bezugsgruppen in dieser Funktion eher eine passive Rolle wahrnehmen, benötigen sie dafür keine besondere Kompetenz. Bezogen auf das Konsumentenverhalten liegt die Bedeutung von Bezugsgruppen aber darüber hinaus darin, dass Bezugsgruppen als **Rat- oder Orientierungsgeber** in den Prozess der Co-Produktion subjektiver Werte einbezogen sind. Hier ist ihre Beratungskompetenz gefragt.

Als Bezugsgruppen der schwulen Zielgruppe sollen hier zunächst die Gruppen betrachtet werden, denen sich der schwule Konsument selbst zugehörig fühlt (sog. Eigengruppen oder **Mitgliedschaftsgruppen** im Gegensatz zu Fremdgruppen) und denen ihn eine persönliche Interaktion verbindet (sog. **Primärgruppen** im Gegensatz zu Sekundärgruppen, die üblicherweise als groß gedacht werden und zwischen deren Mitgliedern nur unregelmäßige und meist formale Interaktion stattfindet).[293] In besonderem Maße kommen hier zunächst **andere schwule Konsumenten** in Betracht. Das ergibt sich aus der Zusammensetzung des Freundes- und Bekanntenkreises, in dem andere schwule Männer eine wichtige Rolle spielen, wie im vorangegangenen Kapitel unter Hinweis auf empirische Untersuchungen bereits erläutert wurde.[294] Daneben haben aber auch nicht-schwule Freunde und Bekannte, Kollegen und andere Personen des alltäglichen Umfeldes eine Bedeutung, vor allem bei einer Stigmamanagementstrategie, die Normalität betont. Neben Personen aus dem sozialen Umfeld können auch fremde Personen, entweder als **Fremdgruppen** oder auch als Einzelpersonen relevant sein. Man kann an das zufällig in einer Einkaufsstätte anwesende Publikum denken - vor dem sich der schwule Konsument vielleicht mit seinen ausgefallenen Wünschen nicht blamieren will - oder auch an TV-Stars, die für den Konsumenten ein Wunschbild verkörpern. Je weniger Interaktion zwischen dem schwulen Konsumenten

---

[292] Vgl. die Definition des Begriffs „Bezugsgruppe" in Fußnote 253 und darüber hinaus die Konzepte „subjective norm" und „normative belief" bei Fishbein/Ajzen (1975, S.16), die auch eine Vermittlung durch Bezugspersonen („referents") einschließen.

[293] Zu den Definitionen der hier benutzten Gruppenbegriffe vgl. Kroeber-Riel/Weinberg (1996), S.434 f.

[294] Vgl. Fußnote 238

und der Bezugsperson stattfindet, desto mehr ist der schwule Konsument auf Vermutungen angewiesen, wenn er aus Äußerungen und Verhalten[295] der Bezugsperson eine Orientierung für sein Stigmamanagement ableiten will. Dabei sind Irrtümer und Missverständnisse möglich. Zum Beispiel ist denkbar, dass von dem zufällig anwesenden Publikum in einem Bekleidungsgeschäft der unkonventionelle Geschmack des schwulen Konsumenten durchaus nicht missbilligt wird, obwohl der Konsument diesen Eindruck hat. Vielleicht täuscht sich der schwule Konsument auch, wenn er annimmt, die Kollegen würden an einem grellbunten Hemd Anstoß nehmen. Die Beispiele zeigen, dass die Relevanz der Bezugsgruppen und -personen weniger auf deren Einstellungen und Verhaltensweisen selbst beruht, sondern auf der **Wahrnehmung der Bezugsgruppen** und ihrer Einstellungen und Verhaltensweisen **durch den Konsumenten**. Die Wahrnehmung des Konsumenten kann dabei realitätsgerecht oder auch verzerrt sein.

Bezugsgruppen liefern - gerade als Fremdgruppen - nicht nur positive Orientierungsmarken im Sinne nachzuahmender **Vorbilder**, sondern auch negative im Sinne zu vermeidender **Gegenbilder**. Die Relevanz der Bezugsgruppen bestimmt sich danach, in welchem Maße und für welche Verhaltensbereiche - hier speziell Konsumentenverhaltensbereiche - der schwule Konsument sich an ihnen orientiert bzw. in Auseinandersetzung mit ihnen seine eigene Position festlegt. Im theoretischen Extremfall ist einerseits die Bezugsgruppe denkbar, die für alle Lebensbereiche das maßgebliche Vorbild bzw. Gegenbild liefert, andererseits auch die Bezugsgruppe, die nur für einen begrenzten Bereich ein überdies nur unverbindliches Vorbild oder Gegenbild abgibt. In der Realität wird die Bedeutung der meisten Bezugsgruppen irgendwo zwischen diesen Extrempunkten anzusiedeln sein. Dabei kann zum Beispiel der Einfluss des schwulen Freundeskreises ein relativ breites Spektrum von Verhaltensbereichen abdecken. Er kann dem schwulen Konsumenten einen bestimmten Kleidungsstil - etwa modisch avantgardistisch - empfehlen, einen anderen - etwa unauffällig und seriös - als unpassend erscheinen lassen. Er kann gleichzeitig einen Einfluss darauf haben, welche Urlaubsziele der schwule Konsument attraktiv findet, und wohin er auf keinen Fall reisen möchte, wie er seine Wohnung einrichtet und welche geerbten Möbelstücke er auf den Sperrmüll bringt oder verkauft, ob er seinen Käse im Supermarkt oder im Delikatessengeschäft kauft usw. Zum anderen kann der Einfluss einer Bezugsgruppe aber auch eng begrenzt sein. So mag sich ein schwuler Konsument in puncto Berufskleidung am Kollegenkreis orientieren und sich in der Freizeit bewusst ganz anders kleiden als die Kollegen. Einunddieselbe Bezugsgruppe kann für einen Bereich Vorbild sein und für einen anderen ein Gegenbild abgeben.

Die Funktion des **Absteckens von Stigmamanagementoptionen** durch die Bezugsgruppen muss sich nicht auf Verhalten beschränken. Auch Einstellungen und Motivati-

---

[295] Äußerungen können auch als verbales Verhalten verstanden werden und stellen dann nur einen Spezialfall von Verhalten dar.

onen können dem Einfluss von Bezugsgruppen unterliegen.[296] Mit anderen Worten heißt das, Bezugsgruppen beeinflussen auch, in welcher Situation ein schwuler Konsument welchen Punkt auf dem Kontinuum normal-anders anpeilt, und welche Art von Konsumentenverhalten er für geeignet hält, diesen Punkt zu erreichen. Zum Beispiel kann der schwule Freundeskreis einem schwulen Konsumenten nahe legen, sich um der Selbstachtung willen auch am Arbeitsplatz als offen schwul zu erkennen zu geben, oder die Geschwister können einem schwulen Konsumenten nahe legen, dass sein buntes Jackett vielleicht etwas tuntig wirkt.

Wenn bisher die Rolle der Umwelt - speziell die der Bezugsgruppen - als Co-Produzenten der Bedeutungsebene erläutert wurde, so lässt sich dieses Rollenverständnis grundsätzlich auch auf die Anbieterseite übertragen. Es ergeben sich bei der Betrachtung der Anbieterseite allerdings einige Besonderheiten und Akzentverschiebungen, die im nächsten Abschnitt angesprochen werden sollen.

4.2.2.3. Der Anbieter als potentieller Stigmamanagementassistent

Die Funktion der Anbieterseite im Rahmen von Stigmamanagement kann vielleicht am treffendsten als potentielle Stigmamanagementassistenz bezeichnet werden. Als **potentiell** ist diese Funktion deshalb zu anzusehen, weil die Anbieterseite sie nicht zwingend erfüllt, während der schwule Konsument quasi automatisch zum Stigmamanager wird, und auch die Umwelt quasi automatisch an der Co-Produktion des Bezugsrahmens beteiligt ist. Als Assistenzfunktion könnte zwar auch das oben erwähnte Abstecken des Handlungsrahmens für Stigmamanagement durch die Umwelt bezeichnet werden, aber der Schwerpunkt der potentiellen Assistenz der Anbieterseite ist anders gelagert. Die Funktionen der Anbieterseite liegen zum einen auf dem Gebiet der **Beratung**, darin ähnelt ihre Funktion der der Bezugsgruppen. Zusätzlich ist die Anbieterseite im Vergleich zu den Bezugsgruppen stärker in die **Umsetzung** des Stigmamanagements des jeweiligen Konsumenten eingebunden. Neben Beratungskompetenz ist demnach auch Umsetzungskompetenz gefragt.

Die Umsetzungskompetenz weist bezüglich der Anbieterseite aber bisher noch nicht erläuterte Spezifika auf. Als Stigmamanagementassistent wird die Anbieterseite zum Interaktionspartner des schwulen Konsumenten. Soll die Interaktion zu einem Stigmamanagementerfolg führen, so setzt dies zunächst voraus, dass die Anbieter zu einer richtigen Einschätzung der vom schwulen Kunden angestrebten Selbstpositionierung gelangen. Für diesen Prozess ist **Kommunikations- und Interaktionskompetenz** vonnöten. Als relevante Träger dieser Kompetenz auf der Anbieterseite kommen alle Funktionsträger des Marketing in Betracht, vom Verkaufspersonal oder Erbringer von

---

[296] Vgl. wieder die Definition des Begriffs „Bezugsgruppe" in Fußnote 253, vgl. auch Fishbein/Ajzen (1975), S.16: deren Modell setzt sich zusammen aus den Komponenten „belief" (i.S. von Informationsbasis), „attitude", „intention" und „behavior". Direkte Bezugsgruppeneinflüsse existieren bei ihnen als „normative beliefs" auf der Ebene der Informationsbasis und als „subjective norms" auf der Ebene der Einstellungen („attitudes"), wobei beide in der Folge sich auch auf „intention" und „behavior" auswirken.

Dienstleistungen bis hin zu Funktionsträgern im Bereich der Marktforschung und werblichen Inszenierung. Die Umsetzung bedarf aber auch der Güter und Dienstleistungen, mit deren Hilfe Stigmamanagement betrieben werden soll. Im Rahmen ihrer Stigmamanagementassistenz kommt den Anbietern also auch die Aufgabe zu, mit der entsprechenden Kompetenz für die **Bereitstellung geeigneter Stigmamanagementressourcen** in Form von Gütern und Dienstleistungen Sorge zu tragen.

Dieser kurze Abriss der Rolle der Anbieterseite soll hier genügen, denn Schlüsse für das Marketing im Sinne der Ausgestaltung der Rolle sollen erst in Kapitel sechs, d.h. nach der Präsentation der empirischen Studie gezogen werden.

4.3. Zusammenfassung

Im Rahmen des hier entwickelten Modells wird Konsumentenverhalten als **werteverwirklichendes Verhalten**[297] verstanden. Auch Stigmamanagement stellt insofern werteverwirklichendes Verhalten dar, als die Selbstpositionierungen, die schwule Männer im Rahmen des Stigmamanagements anstreben, für sie wertbehaftet sind. Zu einer gegenseitigen Durchdringung von Konsumentenverhalten und Stigmamanagement kommt es folglich immer dann, wenn stigmamanagementbezogene Selbstpositionierungen auch im Rahmen des Konsumentenverhaltens angestrebt werden. Besonders relevant erscheinen in diesem Zusammenhang interpretative Ansätze zur Erklärung des Konsumentenverhaltens: Konsum als Klassifikation, Integration (von symbolischen Bedeutungen in das eigene Selbstkonzept), Spiel und Erlebnis.[298] Wie das Konzept Stigmamanagement, so verweisen auch die genannten Ansätze auf dem Gebiet des Konsumentenverhaltens auf die Bedeutungen, die dem Verhalten zugeschrieben werden.

Am Prozess der **Produktion stigmamanagementrelevanter Bedeutungen** sind **im Rahmen des Konsumentenverhaltens** mehrere Akteure beteiligt: Aus diesem Grund wird der Co-Produzentenansatz[299] für die Analyse herangezogen. Die beteiligten Co-Produzenten sind der Konsument selbst als Entscheidungsträger, die Bezugsgruppen in seiner Umwelt als Co-Produzenten des Bezugsrahmens und die Anbieterseite als potentielle Stigmamanagementassistenten. Für die verschiedenen genannten Co-Produzentenrollen sind jeweils verschiedene **Kompetenzen** besonders relevant, beim Konsumenten selbst Entscheidungs- und Umsetzungskompetenz, letzteres vor allem bezogen auf die stigmamanagementgerechte Nutzung wirtschaftlicher Güter; bei den Bezugsgruppen, sofern sie als Orientierungsgeber fungieren, Beratungskompetenz; beim Anbieter neben der Beratungskompetenz die Umsetzungskompetenz, hier eher bezogen auf Interaktion mit dem schwulen Kunden und Bereitstellung wirtschaftlicher Güter, die sich als Stigmamanagementressourcen einsetzen lassen.

---

[297] Vgl. die Quellenangaben in Kapitel 4.1.3.1.
[298] Vgl. die Quellenangaben in Kapitel 4.1.2.
[299] Vgl. die Quellenangaben in Kapitel 4.1.3.

111

Abbildung 2: Konsum als Co-Produktion von Selbstpositionierung

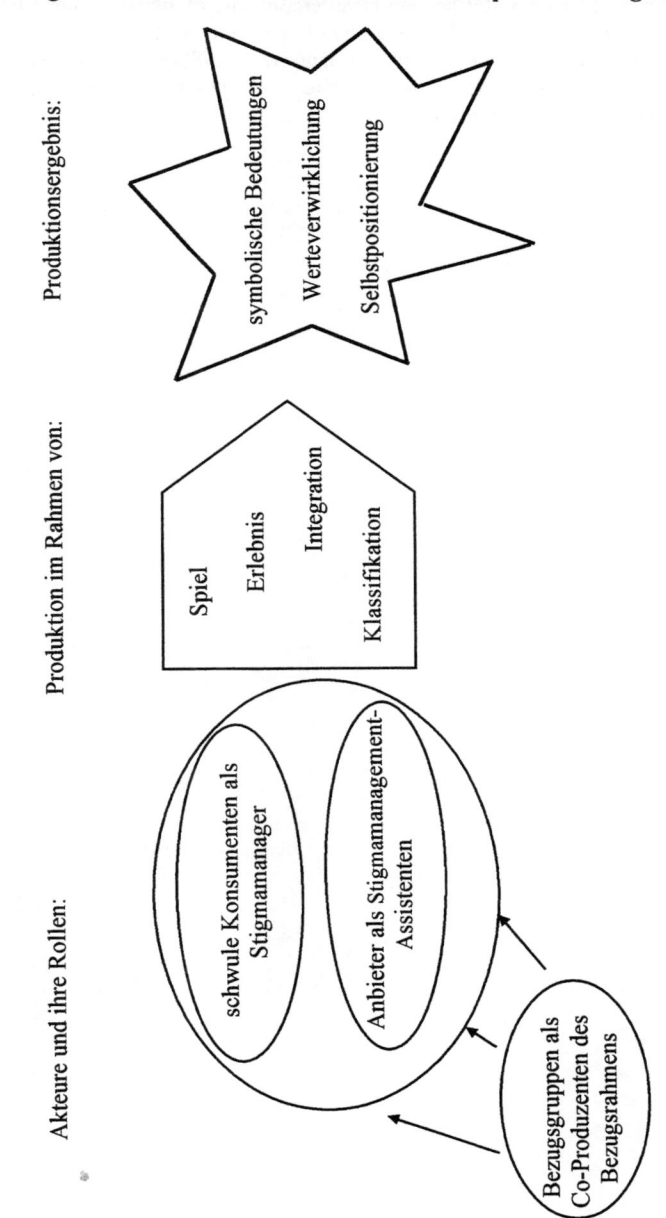

Akteure und ihre Rollen:
- schwule Konsumenten als Stigmamanager
- Anbieter als Stigmamanagement-Assistenten
- Bezugsgruppen als Co-Produzenten des Bezugsrahmens

Produktion im Rahmen von:
- Spiel
- Erlebnis
- Integration
- Klassifikation

Produktionsergebnis:
- symbolische Bedeutungen
- Werteverwirklichung
- Selbstpositionierung

Als nützlich und erklärungsrelevant ist das hier entworfene Modell dann einzuschätzen, wenn die im nächsten Kapitel präsentierten empirischen Untersuchungen bestätigen, dass schwule Konsumenten im Rahmen ihres Konsumentenverhaltens
- tatsächlich Stigmamanagement in den oben erläuterten Bandbreiten betreiben und
- die beschriebenen, für die Anbieterseite relevanten Kompetenzen als Entscheidungskriterien heranziehen.

5. Der empirische Teil der Arbeit: Gruppendiskussionen mit schwulen Männern und verschiedene Voruntersuchungen

Im Mittelpunkt der empirischen Untersuchung steht die Frage nach der **Umsetzung von Stigmamanagement im Rahmen des Konsumentenverhaltens** der Zielgruppe.

Die Darstellung des Konzepts Stigmamanagement beschränkte sich bisher weitgehend auf den theoretischen Rahmen. In diesen Rahmen flossen aber bereits Erkenntnisse aus empirischen Untersuchungen ein, die teils von anderen Autoren angestellt wurden, teils auch im Rahmen von Vorstudien vom Verfasser selbst. Die empirischen und theoretischen Teile der Arbeit wurden parallel vorangetrieben. Insofern besteht der Zweck des empirischen Teils auch nicht in der reinen **Überprüfung** der bisher entwickelten Gedankengänge, denn es erscheint wenig fruchtbar, sich darauf zu beschränken, Gedankengänge, die bereits anhand empirischer Untersuchungen entwickelt wurden, noch einmal empirisch zu überprüfen. Ziel ist vielmehr die **Weiterentwicklung** dieser Gedankengänge zu einer Theorie. Bezogen auf die vorliegende Arbeit heißt das: Das Konzept Stigmamanagement soll empirisch angereichert und dadurch theoretisch weiterentwickelt werden. Die Überprüfung der theoretischen Gedanken wird dadurch nicht überflüssig, aber das Hauptziel der empirischen Untersuchung geht darüber hinaus.

Daraus folgt, dass sich die vorliegende Arbeit nicht an ein starres Schema von Hypothesenaufstellung und anschließendem Hypothesentest mittels statistischer Verfahren anlehnt. Die in diesem Zusammenhang relevanten grundsätzlichen methodologischen Fragestellungen wurden bereits im Einleitungskapitel erläutert. Darauf kann hier aufgebaut werden. Das Kapitel beschreibt zunächst die konkrete Vorgehensweise samt den angestellten Voruntersuchungen und im Anschluss daran die Ergebnisse der Gruppendiskussionen, die den Angelpunkt des empirischen Teils der vorliegenden Arbeit ausmachen.

5.1. Vorgehensweise

5.1.1. Empirische Voruntersuchungen

Mit Hilfe der Ergebnisse der im folgenden vorgestellten empirischen Untersuchungen entwickelte der Verfasser die Vorstrukturierung des Themas. Insofern sind auch Eingrenzung der Fragestellung und Gliederung der vorliegenden Arbeit - ganz im Sinne der Gegenstandsbezogenen Theorie - empirisch fundiert. Die Bezeichnung Voruntersuchungen ist dabei nicht strikt zeitlich zu verstehen, theoretisch orientierte Arbeitsgänge erfolgten zum Teil parallel. Dabei wurde mit verschiedenen Methoden und verschiedenen Materialquellen gearbeitet. Das ist als Umsetzung des oben erläuterten Triangulationsgedankens zu verstehen.

5.1.1.1. Formlose Gespräche im Freundes- und Bekanntenkreis

Am Anfang der Arbeit stand die Leitidee von Marketing für die Zielgruppe schwule Männer. Der Verfasser begann die empirische Annäherung an das Thema mit Gesprächen im schwulen Freundes- und Bekanntenkreis. In diesen ersten Gesprächen fiel auf, dass der **Gegensatz normal-anders** in verschiedensten Variationen (z.B. Integration-Ghettoisierung, Gesamtgesellschaft-Subkultur, Anpassung-Provokation und nicht zuletzt heterosexuell-homosexuell) häufiger Bezugspunkt der Gespräche war. Dieses Ergebnis bestimmte den Aufbau des dritten Kapitels, in dem die Zielgruppe anhand der für sie charakteristischen Ausprägungsformen des Gegensatzes zwischen Normalität und Andersartigkeit detailliert beschrieben wurde.

5.1.1.2. Interviews mit der Anbieterseite

Die ersten Interviews führte der Verfasser mit Vertretern der Anbieterseite. Zweck dieser Interviews war, zu erfahren, wo aus Sicht von Einzelhändlern und Dienstleistern Chancen und Risiken bei einem Marketing für schwule Männer liegen könnten.[300]

Fazit dieser Interviews war, dass **Chancen** gesehen wurden zum einen im Angebot einer zielgruppenspezifischen Kompetenz[301] seitens der Anbieter und zum anderen im Angebot einer schwulen Kompetenz, die in der Homosexualität des Anbieters begründet liegt, beispielsweise die angebliche oder tatsächliche Kompetenz schwuler Männer in Geschmacks- und Stilfragen, wobei diese Kompetenz auch für nicht-schwule Kunden Attraktivität besitzen kann:

Tabelle 1: Formen der Anbieterkompetenz im Hinblick auf die schwule Zielgruppe

relevante Form der Anbieterkompetenz:	Beispiel:
zielgruppenspezifische soziale Kompetenz	Vermeidung von Befangenheit im Umgang zwischen schwulem Kunden und Anbieter
zielgruppenspezifische Produktkompetenz	Informationen eines Reisebüros über Möglichkeiten der schwulen Freizeitgestaltung an einem Ferienort
zielgruppenunspezifische schwule Kompetenz	positives Image eines schwulen Friseurs (auch bei nicht-schwulen Kunden)

Risiken wurden in der Heterogenität der Zielgruppe und ihrer geringen Größe gesehen. Die meisten interviewten Anbieter gingen deshalb davon aus, dass sie zur Sicherung ihrer wirtschaftlichen Existenz neben der schwulen noch weitere Zielgruppen ansprechen müssen. Zum anderen brachten die Interviewten zum Ausdruck, dass die Ziel-

---

[300] Interviewpartner waren ein Düsseldorfer Antiquitätenhändler, mehrere Mitarbeiter eines Kölner Reisebüros, das zum Zeitpunkt des Gesprächs regelmäßig in Schwulenzeitschriften Werbeanzeigen schaltete, ein Kölner Optiker, der explizit die Zielgruppe schwule Männer umwarb, und verschiedene Aussteller auf der Messe „Gay and Lesbian Lifestyle", die im Juli 1995 in Köln stattfand. Die Interviewten stuften sich zum Teil selbst als schwul ein oder hatten als Anbieter Erfahrungen mit schwulen Kunden.
[301] Vgl. die Diskussion des Kompetenzbegriffs im Rahmen des Co-Produzentenansatzes bei Hansen/Hennig (1995), S.322 f.

gruppe den mit dem Faktor schwul verbundenen Nutzen - worin immer er im einzelnen gesehen wurde - meist als bloßen Zusatznutzen einstufe, für den sie keine zusätzliche Preisbereitschaft zeige. Es existiere im Gegenteil eine starke Preisempfindlichkeit. Hohe Preise würden von schwulen Kunden leicht als Versuch der Ausbeutung einer ohnedies diskriminierten Minderheit interpretiert. Betont sei hier, dass dieser Verdacht nur auftreten kann, wenn das Leistungsangebot von der Zielgruppe als speziell für sie bestimmt wahrgenommen wird, denn sonst kann nicht das Gefühl entstehen, aufgrund des Faktors Homosexualität zur Zielscheibe eines Ausbeutungsversuchs gemacht zu werden. Dieses Fazit steht deshalb nicht im Widerspruch zu der Vermutung eines gewissen Hangs zum Luxus, der der schwulen Zielgruppe oft nachgesagt wird.

Tabelle 2: Risikofaktoren des Marketing für die schwule Zielgruppe

Risikofaktor:	Beispiel für mögliche Auswirkung:
Größe der Zielgruppe	Existenzgefährdung eines Einzelhändlers bei alleiniger Ausrichtung auf schwule Zielgruppe
Heterogenität der Zielgruppe	mangelnder Erfolg mit zielgruppenspezifischen Produkten (z.B. Gruppenreisen für schwule Männer) aufgrund zu unterschiedlicher Kundenwünsche
Diskriminierungsverdacht der Zielgruppe	Ablehnung eines zielgruppenspezifischen Angebots aufgrund der Interpretation als Ausgrenzung

Angesichts dieser Ergebnisse bot sich an, die Frage nach dem zielgruppenspezifischen Nutzen weiter zu verfolgen, um auf diesem Wege Gemeinsamkeiten einer relativ heterogenen Zielgruppe zu identifizieren. Zum anderen stellte sich auch die Frage, wie eine Marketingstrategie für die Zielgruppe schwule Männer in eine umfassendere Strategie eingebettet werden kann, wenn eine Beschränkung auf die schwule Zielgruppe nicht sinnvoll erscheint. Die letztere Frage wird allerdings erst im sechsten Kapitel wieder aufgegriffen.

5.1.1.3. Sichtung zielgruppenspezifischer Branchenverzeichnisse

Auf der Suche nach den Gemeinsamkeiten der Zielgruppe zog der Verfasser im nächsten Schritt U.S.-amerikanische und deutsche schwul/lesbische Branchenverzeichnisse[302] heran. Die Leitfrage bei der Analyse dieser Publikationen war die nach den Gemeinsamkeiten bezüglich des **zielgruppenspezifischen Nutzens** der angebotenen Leistungen. Der Verfasser versuchte, die Gemeinsamkeiten anhand des Materials zu erschließen, ohne dabei von den verschiedenen Inhalten des Begriffs Homosexualität auszugehen, die bereits im Eingangskapitel erläutert wurden. Allerdings erwiesen sich im Laufe der Analyse genau diese Bedeutungsinhalte als die relevanten gemeinsamen Bezugskategorien. Die Tatsache, dass die Branchenverzeichnisse auch Angebote ohne unmittelbaren Bezug zum Thema Homosexualität enthielten, z.B. Computerläden, ließ vermuten, dass der Angelpunkt eines Marketing für die Zielgruppe schwule Männer nicht in „schwulen Produkten" liegt. Das heißt mit

---

[302] Das umfangreichste unter ihnen waren mit dreihundertzwanzig Seiten die „Community Yellow Pages, Southern California's Gay and Lesbian Telephone Book" von 1994.

anderen Worten, dass der zielgruppenspezifische Nutzen nicht immer die als zentral wahrgenommene Nutzenkategorie darstellen muss.

Die Beispiele für Leistungsangebote in der folgenden Tabelle haben nur illustrierende Funktion. Die Zuordnung muss nicht für die gesamte Zielgruppe so gelten, denn mit dem gleichen Angebot können verschiedene Konsumenten verschiedene Nutzenvorstellungen verbinden, sowohl bezüglich des Stellenwerts des zielgruppenspezifischen Nutzens als auch bezüglich der Affinität zu den verschiedenen Aspekten von Homosexualität.

Tabelle 3: Bezugspunkte des zielgruppenspezifischen Nutzens

Homosexualitätsbezug des Nutzens	Produkt- und Leistungsbeispiele
Sexualverhalten	schwule Sauna
Erotik	schwule Bar
soziale Rolle	
- (Befürchtung von) Diskriminierung	auf Diskriminierungsfragen spezialisierter Rechtsanwalt, schwulenfreundlicher Immobilienmakler
- Selbstdarstellung nach außen	T-Shirts mit aufgedruckten schwulen Symbolen
Selbstdefinition/Gruppenidentifikation	schwule Buchhandlung, schwuler Friseur

Die Ergebnisse der Inhaltsanalyse der Branchenverzeichnisse fanden ihren Niederschlag in Kapitel vier bei der Darstellung der Bezugspunkte von Stigmamanagement und Ableitung relevanter Angebotsbereiche.

5.1.1.4. Sichtung zielgruppenspezifischer Zeitschriften

Bei der Analyse zielgruppenspezifischer Zeitschriften[303] stand ein anderer Aspekt der Suche nach Gemeinsamkeiten im Vordergrund. Hier stellte sich der Verfasser die Frage, was der gemeinsame Nenner für die implizit angesprochenen **Leitbilder** sein könnte, unabhängig davon, ob diese Leitbilder im redaktionellen Teil, in Werbung, Kleinanzeigen, verbaler Form oder in Bildern Ausdruck fanden.

In einem Prozess, der teilweise als analytisch, teilweise als kreativ bezeichnet werden kann, identifizierte der Verfasser als wesentlichen Bezugspunkt der Leitbilder die Frage nach der Definition von Männlichkeit. Das Spektrum der in den Zeitschriften zum Ausdruck kommenden Antworten auf diese Frage lässt sich wie folgt skizzieren:
- normale im Sinne von herkömmlich definierter Männlichkeit
- idealisierte Männlichkeit

---

[303] Herangezogen wurden verschiedene Nummern von „magnus", „männer aktuell" und verschiedener zielgruppenspezifischer Anzeigenblätter mit begrenztem redaktionellem Teil.

- bewusste Gegenposition zur herkömmlich definierten Männlichkeit
- Überwindung der Begriffe männlich und weiblich als relevante Bezugsgrößen

Dieses Spektrum von Antworten auf die Frage nach der Männlichkeit bildete eine wichtige Grundlage für die Ausführungen in Kapitel drei zum Thema Stigmamanagementstrategien und der im Rahmen dieser Strategien verfolgten Ziele.

5.1.1.5. Probediskussion mit schwulen Konsumenten

Mit dem Vorverständnis aus den beschriebenen Voruntersuchungen führte der Verfasser eine Art **Pretest** durch in Form einer Diskussion mit zwei schwulen Männern aus seinem Freundeskreis.[304] Zweck war, eine Brücke zu schlagen von den in den Voruntersuchungen entdeckten Gemeinsamkeiten schwuler Männer zu ihrem Konsumentenverhalten. Die Diskussion sollte helfen, die in diesem Zusammenhang relevanten Themenbereiche zu identifizieren und das Thema aus Sicht der Zielgruppe zu strukturieren.

Der Verfasser gab nur den Themeneinstieg vor, ansonsten setzte er die Themenschwerpunkte nicht selbst, sondern überließ dies den Diskussionsteilnehmern. In der Auswertung wurden schließlich folgende Themenkomplexe als relevant herausgefiltert:
- Konsumentenverhalten schwuler Männer
  - Bedeutung des Faktors Homosexualität
  - Wünsche der schwulen Konsumenten an die Anbieter
- Wahrnehmung von Marketing für schwule Männer
  - Wertung schwulenspezifischer Marketingmaßnahmen
  - Bedeutung des Faktors schwules bzw. schwulenfreundliches Personal
  - geeignete Produkt- und Leistungsbereiche

- Selbstverständnis schwuler Männer
  - Normalitätsdefinition der Gesamtgesellschaft und schwule Normalität
  - Zielvorstellungen zwischen Integration und Beharren auf Unterschieden

Neben der **Eingrenzung relevanter Themenbereiche** sollte die Diskussion auch die Kategorien aufdecken, anhand derer die Diskussionsteilnehmer den Stellenwert eines Themenbereichs - oder Teilaspekts davon - bestimmen und darüber hinaus eine positive oder negative Wertung vornehmen. Die detaillierte Analyse der Diskussion mittels Kodierung im Sinne der Gegenstandsbezogenen Theorie von Glaser/Strauss ergab eine Vielzahl relevanter **Bezugskategorien** z.B. schwul-heterosexuell, Normen-Freiheit von

---

[304] Die beiden Männer gehörten zum Zeitpunkt des Interviews der Altersgruppe der 35- bis 40-jährigen an. Sie bezeichneten sich beide als schwul. Die Diskussion fand im Sommer des Jahres 1994 in der Wohnung des Verfassers statt. Die Diskussion wurde auf Band aufgenommen und wörtlich transkribiert. Die Transkription umfasst fünfzehn DIN-A4 Seiten. Die in der Kodierung enthaltene Interpretation der Aussagen wurde von einem an der Diskussion unbeteiligten Dritten, einem Studenten der Volkswirtschaft, der sich selbst als schwul definiert, überprüft und korrigiert.

Normen, Akzeptanz-Diskriminierung, Befangenheit-Unbefangenheit (im Umgang zwischen schwulen Männern und ihrer schwulen oder nicht-schwulen Umwelt), Anpassung-Provokation, Solidarität innerhalb der Minderheit-Aufgehen in der Mehrheit. Die Bezugskategorien sind hier als Gegensatzpaare ausgedrückt. Dies dient jedoch nur der Anschaulichkeit. Eine Bezugskategorie muss nicht notwendigerweise einen solchen Gegensatz beinhalten. Die Suche nach dem gemeinsamen Nenner der genannten Bezugskategorien, nach dem Basiskonzept im Sinne der Gegenstandsbezogenen Theorie von Glaser/Strauss, führte wieder zu dem **Gegensatz Normalität-Andersartigkeit**. Aus der Betrachtung dieses Gegensatzes im Licht der Stigmatheorie von Goffman entwickelte der Verfasser schließlich das im theoretischen Teil bereits vorgestellte Konzept von Stigmamanagement als konsumentenverhaltensrelevante Selbstpositionierung bezüglich der Kategorien normal und anders. Die bisher dargestellten empirischen Voruntersuchungen flossen also bereits in das theoretische Konzept des vierten Kapitels ein.

5.1.2. Entwicklung des Konzepts Stigmamanagement durch Gruppendiskussionen

Mit dem Vorverständnis des Themas, wie es das vierte Kapitel zum Ausdruck brachte, begann der Verfasser die Gruppendiskussionen, die das Herzstück des empirischen Teils der Arbeit darstellen. Wie in der Einleitung zu diesem Kapitel bereits gesagt, bestand das Ziel der Gruppendiskussionen darin, das Konzept Stigmamanagement empirisch anzureichern und dadurch auch theoretisch weiterzuentwickeln.

5.1.2.1. Gründe für die Wahl der Methode Gruppendiskussion

Zunächst soll kurz erläutert werden, welche **Vorteile** bei der Entscheidung für die Methode der Gruppendiskussion entscheidend waren.[305] Da die Arbeit von einem verbraucherzentrierten Marketingverständnis ausgeht, bei dem das **Dialogelement** einen hohen Stellenwert hat,[306] lag es nahe, eine Methode zu wählen, bei der die Zielgruppe selbst zu Wort kommt. Der Verfasser griff in seiner Rolle als Diskussionsmoderator - abgesehen von der Vorgabe des Themenrahmens - möglichst wenig steuernd in die Diskussion ein, wählte also eine non-direktive Gesprächsführung.[307] Er lehnte sich dabei an die Methode des sog. „aktiven Zuhörens" an, einer praxisorientierten Methode, die auf dem Konzept der non-direktiven Gesprächsführung aufbaut.[308] Der Verfasser befragte ein breites Spektrum von Zielgruppenmitgliedern. Gruppenori-

---

[305] Die wissenschaftstheoretische Diskussion über Für und Wider der Methode Gruppendiskussion soll hier aber nicht ausführlich dargestellt werden. Deshalb möge hier ein Literaturhinweis genügen. Eine detaillierte Erörterung der Thematik findet sich z.B. bei Lamnek (1993), Band 2, S.125-172

[306] Vgl. Hansen (1995)

[307] Eine gegenüberstellende Erläuterung der Begriffe direktive und non-direktive Gesprächsführung gibt Lamnek (1993), Band 2, S.154f.

[308] Ein praxisorientierter Leitfaden findet sich bei Bay (1988), der fünf zentrale Charakteristika des aktiven Zuhörers nennt: ehrliches Interesse; eine nicht beurteilende Haltung; eine nicht dirigistische Haltung; eine echte Absicht, die Sichtweise des Gesprächspartners nachzuvollziehen; ein stetiges Bemühen um objektive und kontrollierte Gesprächsführung, vgl. Bay (1988), S.35 f.

entierte Verfahren boten hier den Vorteil, dass sie den **Zeitaufwand** pro Befragtem im Vergleich zu Einzelinterviews beträchtlich reduzieren. Zudem eignen sich gruppenorientierte Verfahren besser dazu, die thematische Schwerpunktsetzung den Befragten zu überlassen. Einzelinterviews entwickeln selten die gleiche **Dynamik** wie Gruppendiskussionen und verfallen leicht in ein Frage-Antwort-Schema, bei dem zwangsweise der Interviewer die Themenschwerpunkte setzt. Die in Gruppensituationen mögliche Dynamik erhöht zudem die Chance, dass die Diskussion neue Aspekte des Themas aufzeigt, die der Interviewer vorab nicht bedacht hat, und nach denen er deshalb auch nicht gezielt fragen könnte.[309] Aus demselben Grund wählte der Verfasser eine offene, nicht-standardisierte Methode. Nur ein offenes Forschungsdesign bietet die Möglichkeit, noch während der Erhebung zusätzliche Aspekte des Themas aufzugreifen. Für die Wahl einer nicht-standardisierten Methode sprachen darüber hinaus dieselben Gründe, die auch für die Anlehnung an die Gegenstandsbezogene Theorie nach Glaser/Strauss maßgeblich waren und im Eingangskapitel bereits erläutert wurden.

Die **Nachteile** der Gruppendiskussion bestehen unter anderem darin, dass die Meinung zurückhaltender Diskussionsteilnehmer (im Vergleich zu Einzelbefragungen) möglicherweise nicht genügend zur Geltung kommt. Hier versuchte der Verfasser dadurch gegenzusteuern, dass er solche Teilnehmer explizit um Äußerungen bat. Die Auswertung und Überprüfung der Auswertung durch Dritte (im Sinne einer Triangulation) ist bei einer nicht-standardisierten Gruppendiskussion ungleich aufwendiger als bei standardisierten Techniken. Diesen Nachteil nahm der Verfasser bewusst in Kauf.

5.1.2.2. Leitfaden der Diskussionen

Bei der nun folgenden Darstellung der Themenbereiche, auf deren Abdeckung der Verfasser in allen Diskussionen achtete, wird deutlich, dass der Begriff „nicht-standardisierte Methoden" in gewissem Maß irreführend ist. Auch die sog. nicht-standardisierten Methoden erfordern ein gewisses Maß an Standardisierung. Im vorliegenden Fall bestand die Standardisierung in der Festlegung eines **Minimalkatalogs obligatorischer Themen**. Welche Aspekte zusätzlich zu diesem Minimalkatalog angesprochen wurden, ergab sich jeweils aus dem Interesse der Diskussionsteilnehmer.

Ziel der Diskussionen war, Erkenntnisse über die Verschränkung von Stigmamanagement und Konsumentenverhalten bei der Zielgruppe zu gewinnen. Der nächstliegende Weg zu diesem Ziel hätte darin bestanden, diese Verschränkung einschließlich des

---

[309] Vgl. Hansen/Raabe (1995), S.67 f.: „Gemeinsamkeit in der dialogischen Kommunikation fordert eine Abkehr von der - in der Marktforschung üblichen - Vorgehensweise, die Kommunikation mit Verbrauchern lediglich dazu zu nutzen, unternehmensseitige Hypothesen bzw. Annahmen z.B. über Zusammenhänge zwischen Bedürfnissen und Produkten einer Überprüfung zu unterziehen. Um hier eine Gemeinsamkeit systematisch sicherzustellen, wäre zu fordern, den Verbrauchern eine aktive *Mitwirkung am kreativen Teil der Problemdefinition* und *Lösungssuche* oder zumindest die *Kritik* an den entwickelten Hypothesen zu ermöglichen, was im Sinne des Moralprinzips als wesentliche Voraussetzung für eine tragfähige Konsensfindung zwischen den Partnern erkannt werden kann."

Stigmamanagementbezugs explizit zum Thema der Diskussionen zu machen. Dieser Weg erschien jedoch aus mehreren Gründen ungeeignet. Es hätte die Gefahr bestanden, dass die Diskussion gar nicht zustandekommt, wenn den Teilnehmern der Bezug eines theoretischen Konzeptes wie Stigmamanagement zu konkreten Situationen ihres eigenen Konsumentenverhaltens fehlt. Die Themenstellung musste also anschauliche und interessante **Anknüpfungspunkte für die Teilnehmer** bieten. Die zweite Gefahr sah der Verfasser darin, dass die direkte Frage nach Stigmamanagement auch bei einer verständlichen Übersetzung des Begriffs in die Alltagssprache bei den Diskussionsteilnehmern möglicherweise eine Abwehrhaltung provozieren könnte. Denn ohne einen vorausgehenden **Aufbau von Vertrauen** wäre diese Frage möglicherweise als ungebetenes Eindringen in die Privatsphäre aufgefasst worden. Diese Gefahr bestand umso mehr, als den Diskussionsteilnehmern bekannt war, dass das Thema Homosexualität den Hintergrund der Fragestellung bildete, und der Bezug zu einem die Intimsphäre tangierenden Thema damit offensichtlich war. Der Verfasser entschloss sich deshalb, das Thema Stigmamanagement nicht direkt anzusprechen, sondern die in der Pretestdiskussion als relevant identifizierten Fragestellungen als Aufhänger zu nutzen. Um speziell die zuletzt genannte Gefahr einer Abwehrhaltung bei den Diskussionsteilnehmern zu minimieren, erschien es sinnvoll, die Diskussionen mit einem Thema zu beginnen, das den Teilnehmern erlaubte, zunächst eine gewisse persönliche Distanz zu wahren, und das gleichzeitig genügend Interesse wecken und Anknüpfungspunkte bieten konnte, um eine lebhafte Diskussion in Gang zu setzen.

Am Anfang der Gruppendiskussionen stand deshalb jeweils das Thema **Wahrnehmung** bereits existierender **schwuler Werbung** in den Medien. Aufgrund der Erfahrungen mit Gesprächen im schwulen Freundes- und Bekanntenkreis konnte der Verfasser davon ausgehen, dass die meisten Diskussionsteilnehmer zu diesem Thema eine Meinung haben würden, sei sie zustimmend oder ablehnend. Was der Begriff schwule Werbung beinhaltet, und ob er überhaupt sinnvoll ist, blieb dabei offen. In dieser Offenheit lag nach Ansicht des Verfassers sogar ein Vorteil, weil so Stellungnahmen und Rückfragen seitens der Diskussionsteilnehmer herausgefordert wurden. Im einzelnen sollte jeweils erörtert werden, was den Diskussionsteilnehmern an der Werbung, die sie bei dem Begriff schwule Werbung assoziierten[310], gefiel, missfiel, was sie vermissten, und wie ihrer Meinung nach Werbung für die Zielgruppe schwule Männer aussehen sollte. Die Schwerpunktsetzung sollte dabei den Diskussionsteilnehmern selbst überlassen werden. Es war davon auszugehen, dass sowohl zustimmende als auch ablehnende Meinungsäußerungen der Diskussionsteilnehmer vielfältige Hinweise auf einen Stigmamanagementbezug enthalten würden, was sich im Verlauf der Diskussionen auch bestätigte.

Im zweiten Themenblock sollte jeweils nach dem **Konsumentenverhalten der Diskussionsteilnehmer** gefragt werden. In diesem Zusammenhang wurde zur Sprache gebracht, ob und wo die Teilnehmer Bezüge zwischen ihrem Konsumentenverhalten und

---

[310] Wo die Diskussionsteilnehmer nicht spontan selbst Assoziationen äußerten, stützte der Verfasser durch das Nennen einiger Beispiele. Im Anschluss daran assoziierten die Teilnehmer selbst weiter.

ihrer Homosexualität sahen. Dabei sollten je nach Interesse der Teilnehmer verschiedene Aspekte des Konsumentenverhaltens gestreift werden, z.B. Budgetaufteilung, wichtige Produktbereiche, Vorlieben bezüglich Verkaufs- oder Dienstleistungspersonal. Im Verlauf der Diskussionen fragte der Verfasser auch nach Gründen und Motiven für Verhalten und Einstellungen.

Der dritte Themenblock knüpfte an den Gedanken von Marketing als Identifikationsangebot an und behandelte das **Selbstverständnis der Diskussionsteilnehmer als schwule Männer**. Dadurch sollte die Verschränkung von Stigmamanagement und Konsumentenverhalten der Teilnehmer in den größeren Zusammenhang ihrer Lebens- und Erfahrungswelt als schwule Männer gestellt werden. Zu diesem Zweck wurde über Assoziationen zu den Begriffen schwul und homosexuell gesprochen, über den jeweiligen Stellenwert der Eigenschaft schwul im Leben der Diskussionsteilnehmer, und darüber, wie sie diese Eigenschaft für sich selbst werteten. Da diese Thematik sehr persönliche Fragestellungen beinhaltete und daher ein Mindestmaß an Vertrauen zwischen Diskussionsteilnehmern und Diskussionsleiter voraussetzte, wurde sie bewusst an das Ende der Diskussionen gestellt.

Bei der Einladung zu den Diskussionsterminen nannte der Verfasser den potentiellen Teilnehmern einen **Zeitrahmen von etwa einer Stunde**. Aufgrund des Interesses der Diskussionsteilnehmer wurde der Zeitrahmen allerdings meist überschritten. Der überwiegende Teil der Diskussionen dauerte zwischen einer und eineinhalb Stunden.[311]

5.1.2.3. Auswahl der Diskussionsteilnehmer

Im Sinne der Gegenstandsbezogenen Theorie wurden die Diskussionsteilnehmer mit Hilfe der theoretischen Stichprobenauswahl bestimmt. Der Verfasser wollte herausfinden, wo bei aller Heterogenität der Zielgruppe ihre Gemeinsamkeiten liegen. Er befragte deshalb ein **breites Spektrum** von schwulen Männern, jung und alt, konservativ und progressiv, Großstadt- und Kleinstadtbewohner etc. Insgesamt führte der Verfasser zwölf Diskussionen durch. Die folgende Tabelle gibt einen kurzen Überblick über Herkunft, Zahl und Alter der Teilnehmer.[312]

---

[311] Dieser Zeitrahmen wurde nur bei Diskussion Nr.5 unterschritten, zu der nur einer von fünf bis sechs erwarteten Teilnehmern erschien, und die auf diese Weise ungeplanterweise die Form eines Einzelgesprächs annahm. Dieses Gespräch dauerte etwa eine Dreiviertelstunde. Der andere Extremfall war Diskussion Nr.3 mit einer Dauer von zwei Stunden.

[312] Bei einem Vergleich der vorliegenden Arbeit mit der thematisch ähnlich gelagerten von Kates lässt sich feststellen, dass auch der Stichprobenumfang in beiden Arbeiten ähnliche Größenordnungen aufweist. Er beträgt bei Kates 44 Einzelinterviewpartner (vgl. Kates (1998), Appendix 3, S. 205-207) im Alter zwischen 16 und 53 Jahren (vgl. Kates (1998), S. 26), in der vorliegenden Arbeit 61 Gruppendiskussionsteilnehmer im Alter zwischen 18 und 79 Jahren. Der im Vergleich zur vorliegenden Arbeit größere Stellenwert der sog. gay community bei Kates mag zum Teil in der Stichprobenauswahl (vgl. Kates (1998), S. 25-27) begründet liegen. Möglicherweise stehen die Interviewpartner von Kates der großstädtischen, schwulen Subkultur oder Szene näher als die Teilnehmer der Gruppendiskussionen

Tabelle 4: Überblick über die durchgeführten Gruppendiskussionen

Nr.	Datum	Herkunft der Diskussionsgruppe	Gruppengröße (ohne Verf.)	Alter der Teilnehmer (in Jahren)
1	27.06.96	schwuler Chor, Köln	6	19, 25, 27, 28, 32, 38
2	17.07.96	Homosexuelle und Kirche, Düsseldorf	6	26, 30, 31, 45, 47, 79
3	09.08.96	Schwulengruppe, Düren	5	21, 21, 23, 28, 35
4	15.09.96	schwuler Freundeskreis, Freiburg i.Br.	6	33, 35, 40, 65, 66, 75
5	23.09.96	schwuler Sportverein, Düsseldorf	1[313]	25
6	08.10.96	schwuler Bekanntenkreis, Düsseldorf	5	28, 30, 31, 32, 33
7	16.10.96	Zentrum Schwule Geschichte, Köln	4	35, 36, 49, 57
8	03.11.96	schwuler Freundeskreis, Hannover	5	36, 36, 37, 40, 42
9	23.11.96	schwuler Sportverein, Hamburg	4	27, 32, 39, 40
10	11.12.96	schwule Jugendgruppe, Düsseldorf	5	18, 19, 20, 21, 23
11	15.12.96	schwuler Freundeskreis, Ostberlin	6	24, 30, 35, 41, 45, 46
12	02.02.97	schwuler Bekanntenkreis, Berlin	8	26, 31, 32, 33, 36, 44, 45, 47
			Σ=61	von 18 bis 79

Die das Spektrum bestimmenden Dimensionen (Alter, Größe des Wohnortes u.s.w.) standen zu Anfang der Untersuchung noch nicht vollständig fest.[314] Der Verfasser achtete darauf, dass sich die Diskussionsteilnehmer untereinander kannten. Dadurch sollten Befangenheit und ein schleppender Diskussionsbeginn verhindert werden. Bei

---

der vorliegenden Arbeit, zumal sich der Verfasser der vorliegenden Arbeit bewusst um das Zustandekommen „szeneferner" Diskussionsgruppen bemühte.

[313] Die erwartete Teilnehmerzahl lag auch hier bei fünf bis sechs Personen, von denen allerdings nur eine tatsächlich zum Diskussionstermin erschien. Den Grund für das Ausbleiben der anderen erwarteten Teilnehmer vermutet der Verfasser darin, dass er sich zu sehr auf die Vermittlung durch Dritte verließ und es deshalb versäumte, in ausreichendem Maß persönliches Vertrauen und Verbindlichkeit zwischen potentiellen Diskussionsteilnehmern und Verfasser aufzubauen.

[314] Das Alter der Teilnehmer hielt der Verfasser z.B. von Anfang an für relevant, weil sich die Einstellungen zu Homosexualität im Laufe dieses Jahrhunderts stark gewandelt haben. Es war davon auszugehen, dass deshalb in unterschiedlichen Generationen schwuler Männer auch ein je unterschiedliches Selbstverständnis vorherrschen würde. Aber z.B. die Idee einer Diskussion mit ostdeutschen Teilnehmern entstand erst während der Untersuchung.

der Anwerbung stützte sich der Verfasser auf persönliche Kontakte zu mindestens einem der Diskussionsteilnehmer.[315]

5.1.2.4. Dokumentation

Die Diskussionen wurden mit einem **Kassettenrecorder** aufgezeichnet und jeweils noch vor dem nächsten Diskussionstermin erfolgte eine **wörtliche Transkription**. Ausnahmen bilden Diskussion Nr.7, die aufgrund einer technischen Aufnahmepanne nicht transkribiert werden konnte, und Nr.12, die nur der Bestätigung der Eindrücke aus Nr.11 diente, keine neuen Aspekte aufzeigte und bei der der Verfasser deshalb auf eine Transkription verzichtete. Die Transkriptionen umfassen zwischen 9 (Diskussion Nr.5) und 35 (Nr.3) Seiten (A4, einfacher Zeilenabstand). Auf die phonetisch genaue Kennzeichnung von Akzent- oder Dialektfärbungen wurde verzichtet, weil auf diesem Gebiet kein Erkenntnisinteresse des Verfassers bestand. Wo Wortbeiträge unverständlich waren, z.b. bei gleichzeitigen Äußerungen mehrerer Teilnehmer, wurde dies in der Transkription deutlich gemacht. Hörbare non-verbale Äußerungen wie z.B. Lachen wurden ebenfalls in der Transkription vermerkt.

5.1.2.5. Erarbeitung eines Auswertungsrasters

Für die ersten Auswertungsversuche zog der Verfasser das von Glaser/Strauss vorgeschlagene Auswertungsraster heran: Bedingungen; Interaktion zwischen den Akteuren; Strategien und Taktiken; Konsequenzen.[316] Dieses Raster erwies sich jedoch als zu allgemein, und es fehlte ihm der Bezug zu dem hier zentralen Konzept Stigmamanagement. Im zweiten Versuch übernahm der Verfasser die aus der Theorie herrührende Rasterung Motivation, Einstellung, Verhalten und erstellte in Kombination mit den im theoretischen Ansatz genannten Akteuren (schwule Konsumenten, Bezugsgruppen, Anbieter) eine Auswertungsmatrix. Allerdings war in den Äußerungen der Diskussionsteilnehmer Motivation nicht eindeutig von Einstellung zu isolieren. Motivation wurde meist anhand von Einstellungen und Verhalten thematisiert, und nicht als separate Kategorie. Zudem blieben auch mit diesem Versuch der Rasterung noch zu viele zielgruppenspezifische Besonderheiten des Konzepts Stigmamanagement unerfasst.

So entschloss sich der Verfasser schließlich zu folgender Auswertungsmatrix:

---

[315] Bei den Diskussionen 2, 3, 5, 10 und 11 waren solche Kontakte vorab nicht vorhanden und mussten erst aufgebaut oder über Vertrauenspersonen der späteren Diskussionsteilnehmer vermittelt werden. Es stellte sich heraus, dass persönliches Vertrauen zum Verfasser und seinen Absichten unabdingbare Voraussetzung für die Teilnahmebereitschaft war, und dass dieses Vertrauen nur durch persönliche Kontakte hergestellt werden konnte. Bloße telefonische Anfragen genügten in keinem Fall für das Zustandekommen eines Diskussionstermins.

[316] Strauss (1987), S.27, Übersetzung des Verfassers

Tabelle 5: Auswertungsraster für die Gruppendiskussionen

Dimensionen \ Akteure	S: Diskussionsteilnehmer selbst	B: Bezugsgruppen	A: Anbieter
w: Motivation, Einstellung, Werte	Sw	Bw	Aw
v: Verhalten	Sv	Bv	Av
d: Definition von Homosexualität	Sd	Bd	Ad

Die Dimension **Definition von Homosexualität** erwies sich als gut geeignet, die zielgruppenspezifischen Aspekte des Themas zu erfassen, denn die verschiedenen Definitionen von Homosexualität gaben auch gleichzeitig die Inhalte des Stigmamanagements an. **Motivation, Einstellung und Werte** wurden zu einer Auswertungsdimension zusammengefasst, die den werte- und normengeprägten Aspekt des Themas erfassen sollte. Durch die Zusammenfassung sollte vermieden werden, die bei der gewählten Methode empirisch nicht fassbaren Trennlinien zu thematisieren.[317] **Verhalten** selbst sollte als separate Auswertungskategorie erhalten bleiben, weil es für die Analyse der Verschränkung von Stigmamanagement mit Konsumentenverhalten von zentralem Interesse war. Bei näherer Betrachtung entfernt sich das vom Verfasser angewandte Auswertungsraster nur unwesentlich von dem, das Glaser/Strauss vorschlagen.

Tabelle 6: Vergleich der Auswertungsraster des Verfassers und bei Glaser/Strauss

Auswertungsraster des Verfassers	Vorschlag von Glaser/Strauss
Motivation, Einstellung, Werte	Strategien und Taktiken
Verhalten	Interaktion zwischen den Akteuren
Definition von Homosexualität	Bedingungen
(Marketingkonsequenzen als Ergebnis der Diskussionen, dargestellt in Kapitel 6)	Konsequenzen

Parallelen lassen sich ziehen zwischen der hier verwandten Kategorie Motivation, Einstellung, Werte einerseits und Strategien und Taktiken bei Glaser/Strauss andererseits, zwischen Verhalten einschließlich der Differenzierung zwischen verschiedenen Akteuren einerseits und der Interaktion zwischen den Akteuren andererseits und schließlich zwischen den Definitionen von Homosexualität einerseits und dem, was Glaser/Strauss in der Kategorie Bedingungen erfassen. Nur Konsequenzen wurden hier nicht in einer separaten Kategorie erfasst, sondern teils bei Verhalten, teils bei Motivation, Einstellung, Werte. Darüber hinaus waren aber Konsequenzen für ein zielgruppengerechtes Marketing auch nicht zentraler Bestandteil der Diskussionen. Diese herauszuarbeiten, sah der Verfasser vielmehr als seine eigene (im Kapitel sechs abgehandelte) Aufgabe an.

---

[317] Zur theoretischen Unterscheidung der Begriffe vgl. z.B. Fishbein/Ajzen (1975) und Ajzen (1993)

Nicht alle Felder des Auswertungsrasters erwiesen sich als gleich relevant. Aussagen der Diskussionsteilnehmer konnten am häufigsten dem Feld Motivation, Einstellungen, Werte der Diskussionsteilnehmer selbst (Sw), am wenigsten dem Feld Definition von Homosexualität der Anbieter (Ad) zugeordnet werden.

5.1.2.6. Vorgehen bei der Auswertung

Ein erster Teilschritt der Auswertung erfolgte bereits im Verlauf der Diskussionen, denn die Methode des aktiven Zuhörens sieht aktives Einholen von **Rückbestätigungen bereits während der Diskussion** vor. Der Diskussionsleiter fasst die Aussagen der Gesprächspartner in eigenen Worten zusammen und lässt sich die Zusammenfassung von den Gesprächspartnern bestätigen oder korrigieren, um auf diese Weise sicherzustellen, dass die Aussagen der Gesprächspartner richtig interpretiert werden.

Der zweite Schritt der Auswertung bestand in der Anwendung des Auswertungsrasters auf die transkribierten Interviews und der gleichzeitigen **Kodierung** im Sinne der Gegenstandsbezogenen Theorie, also der Suche nach den jeweils bedeutsamen Sinn- und Bezugskategorien. Dieser Schritt wurde bei den ersten Gruppendiskussionen mehrmals durchlaufen. Denn sie waren bereits vorläufig gerastert und kodiert, bevor das endgültige Auswertungsraster feststand.

Im dritten Schritt wurden - im Sinne einer **Triangulation** - Kodierung und die in ihr enthaltenen Interpretationen von einer weiteren Person[318] überprüft und gegebenenfalls korrigiert.

In einem weiteren Schritt, der zum Teil parallel zu Schritt drei verlief, zum Teil auf dessen Ergebnissen aufbaute, erstellte der Verfasser **theoretische Memos**. Diese Memos enthielten unter anderem die zusammenfassenden Interpretationen jeder Diskussion, in denen der Verfasser die implizit und explizit in den Diskussionen angesprochenen Bezugs- und Sinnkategorien und mögliche Basiskonzepte im Sinne der Gegenstandsbezogenen Theorie festhielt. Auch die bereits erwähnte Entwicklung des Auswertungsrasters geht auf solche theoretische Memos zurück. Andere Memos enthielten Anregungen für Schwerpunktverlagerungen, zusätzliche thematische Aspekte oder Wunschteilnehmer bei künftigen Diskussionen.[319]

---

[318] Es handelt sich hierbei um Herrn Andreas Muno, zum Zeitpunkt der Überprüfung Student der Volkswirtschaft an der Universität Köln. Herr Muno nahm auch an einer der Gruppendiskussionen als Diskutant teil.
[319] So beruhte z.B. die Idee einer Diskussionsrunde mit möglichst jungen Teilnehmern auf der Beobachtung, dass in einer Diskussionsrunde mit Teilnehmern unterschiedlichen Alters die jüngeren Teilnehmer merklich andere Einstellungen zum Ausdruck brachten als die älteren.

5.1.3. In der Vorgehensweise angelegte Quellen möglicher Ergebnisverzerrungen

Die beschriebene Vorgehensweise ist nicht frei von Quellen möglicher Ergebnisverzerrungen. Bevor im nächsten Kapitel die Ergebnisse im einzelnen präsentiert werden, soll deshalb eine Einschätzung vorgenommen werden, inwieweit tatsächliche Ergebnisverzerrungen wahrscheinlich sind.

Die mangelnde statistische Repräsentativität der Stichprobe steht dabei jedoch nicht zur Debatte. Sie ist bei qualitativen Methoden weder gefordert noch möglich. Die Aussagekraft des erhobenen Materials basiert statt auf statistisch repräsentativen Stichproben auf solchen Stichproben, die nach dem Konzept des bereits erläuterten „theoretical sampling" zusammengestellt werden. Mögliche Ergebnisverzerrungen betreffen somit in erster Linie den Prozess der Erhebung selbst und die Interpretation des erhobenen Materials.

5.1.3.1. Person des Verfassers

Die Diskussionsleitung und Akquisition von Diskussionsteilnehmern übernahm der Verfasser grundsätzlich selbst. Eine Gruppendiskussion erfordert Vertrauen zwischen Teilnehmern und Diskussionsleiter. Vertrauensverhältnisse sind notwendigerweise persönlich geprägt, und somit ist nicht auszuschließen, dass die Chance zu Diskussionen mit bestimmten Teilsegmenten der Zielgruppe aufgrund mangelnden Vertrauens von vornherein begrenzt war. Diese Gefahr versuchte der Verfasser dadurch zu minimieren, dass er sich bei der Zusammenstellung von Diskussionsgruppen auch auf die Vermittlung Dritter stützte. Dass die **Vertrauensbarrieren** im Falle dieser Dritten an derselben Stelle lagen wie beim Verfasser selbst, ist zumindest unwahrscheinlich.

Es ist anzunehmen, dass die Person des Verfassers bei den Diskussionsteilnehmern sowohl **Sympathien** als auch **Antipathien** auslöste. Insofern ist nicht auszuschließen, dass manche Diskussionsteilnehmer weniger darum bemüht waren, ihre eigenen Ansichten zu vertreten, sondern entweder eine Gegenposition zu der des Moderators anstrebten oder im Gegenteil versuchten, sich der Position des Moderators anzuschließen. Es ist allerdings unwahrscheinlich, dass hieraus eine systematische Verzerrung der Ergebnisse entstand.

Die Kodierung des erhobenen Materials und damit seine - zunächst notwendigerweise **subjektive - Interpretation** nahm der Verfasser ebenfalls selbst vor. Seine subjektive Sicht, insbesondere seine im Verlauf der Voruntersuchungen gewonnene Überzeugung von der Relevanz des Konzepts Stigmamanagement, floss deshalb notwendigerweise in die Interpretation ein. Durch verschiedene, bereits erwähnte Formen der Triangulation[320] wurde allerdings sichergestellt, dass die Interpretationen des Verfassers auch intersubjektive Gültigkeit besitzen.

---

[320] Zu nennen sind hier das zusammenfassende Zurückspielen von Aussagen an die Diskussionsteilnehmer im Rahmen der Methode des aktiven Zuhörens und die Überprüfung der Kodierung durch einen Dritten.

5.1.3.2. Person der Diskussionsteilnehmer
Ein Element der rhetorischen **Selbstdarstellung** spielt wahrscheinlich bei jeder Gruppendiskussion eine Rolle, umso mehr, wenn wie im vorliegenden Fall eigene Motivation, eigene Wertvorstellungen und eigenes Verhalten Gegenstand der Diskussion sind. Eine beschönigende Selbstdarstellung, in Einzelfällen vielleicht auch eine Darstellung, die die eigenen Schwächen und Fehler überbetont, sind nicht auszuschließen. Diese Gefahr wurde dadurch begrenzt, dass sich die Diskussionsteilnehmer gut kannten und nach Einschätzung des Verfassers ein gewisses Vertrauensverhältnis zwischen ihnen bestand.[321] Somit dürften sowohl Motivation zu einer verzerrenden Selbstdarstellung als auch die Erfolgsaussichten einer solchen Strategie gering gewesen sein.

5.1.3.3. Nichterfassung von Teilsegmenten der Zielgruppe
Die Methode der Gruppendiskussion setzt Bereitschaft und Fähigkeit zu Selbstreflexion und Artikulation voraus. Bei Teilsegmenten der Zielgruppe ist durchaus zu vermuten, dass es entweder an **Bereitschaft** oder an **Fähigkeit** oder beidem mangelt. Bei schwulen Männern mit geringem Bildungsstand dürfte die Fähigkeit ein Problem darstellen, und bei Männern ohne schwule Selbstdefinition trotz gleichgeschlechtlichen Sexualverhaltens kann nicht von einer Bereitschaft zur Teilnahme ausgegangen werden. Denn angesichts der Themenstellung hätte eine Teilnahme sie in die Nähe einer schwulen Selbstdefinition gerückt.

Aus diesen Gründen konnten nur wenige schwule Männer mit geringem Bildungsstand für eine Teilnahme gewonnen werden[322], Männer ohne schwule oder zumindest bisexuelle Selbstdefinition überhaupt nicht. Diesen Mangel versuchte der Verfasser an anderer Stelle, nämlich in den Voruntersuchungen auszugleichen. Soweit die genannten Teilsegmente als Kunden von Anbietern auftreten, die sich an die schwule Ziel-

---

[321] Diese Einschätzung stützt sich darauf, dass der Erstkontakt zu den späteren Diskussionsteilnehmern meist über eine gemeinsame Vertrauensperson erfolgte, dass die Teilnehmer in Kenntnis der geplanten Diskussionsinhalte zu den Diskussionsterminen erschienen, und auf die Art der im Verlauf der Diskussion gemachten Äußerungen, die zumindest eine Offenbarung der eigenen Homosexualität, oft auch eine darüber hinausgehende Offenlegung der eigenen Person beinhalteten, die schwerlich ohne ein Mindestmaß an Vertrauen vorstellbar sind.

[322] Der Verfasser bat die Diskussionsteilnehmer nur um die Angabe ihres Berufes, nicht um die Angabe des höchsten Bildungsabschlusses. In einer Gruppensituation, in der der Verfasser davon ausgehen musste, dass die meisten Teilnehmer Abitur oder einen höheren Bildungsabschluss haben, hätte diese Frage bei den Teilnehmern, die keinen solchen Abschluss haben, möglicherweise Minderwertigkeitsgefühle hervorgerufen. Das wollte der Verfasser vermeiden. Die Einschätzung des Bildungsstands gründet sich demnach auf die Berufsangaben. Von den insgesamt 61 Diskussionsteilnehmern gaben nur 18 einen Beruf an, dessen Ausübung auch ohne die Voraussetzung zumindest des Abiturs möglich und wahrscheinlich erscheint. Es handelt sich dabei um folgende Berufsangaben: technischer Sachbearbeiter im öffentlichen Dienst, kaufmännischer Angestellter (zweimal), Sozialversicherungsangestellter, Krankenpfleger (dreimal), Florist, Versicherungskaufmann, abgebrochene Lehre, Erzieher, Beamter, Masseur und Bademeister, Bankangestellter/Bankkaufmann (dreimal), Landwirt, Filialleiter. Tatsächlich dürften einige dieser 18 Personen Abitur haben, und einen niedrigeren als den Realschulabschluss vermutet der Verfasser bei keinem dieser 18.

gruppe wenden, werden diese Kunden die Erfahrungen dieser Anbieter mitprägen. Die Anbieterseite wiederum wurde in den Voruntersuchungen zu ihren Erfahrungen mit der schwulen Zielgruppe befragt.

5.1.3.4. Fehlen einer Vergleichsgruppe

Zunächst könnte man vermuten, dass Diskussionen mit heterosexuellen Vergleichsgruppen die Interpretation bereichern würden. Auf diese Weise könnte zum Beispiel die Gefahr vermieden werden, Tatbestände als typisch für die schwule Zielgruppe zu interpretieren, die auch auf nicht-schwule Zielgruppen zutreffen.

Bei näherer Betrachtung erweist sich die Idee einer heterosexuellen Vergleichsgruppe jedoch als wenig hilfreich. Die Eigenschaft heterosexuell definiert keine sinnvolle Vergleichsgruppe, weil davon auszugehen ist, dass sie im Bewusstsein der Heterosexuellen **keine** auch nur annähernd gleichwertige **gemeinschaftsstiftende Relevanz** besitzt wie die Eigenschaft schwul oder homosexuell bei der untersuchten Zielgruppe. Ein Grund hierfür ist, dass Heterosexualität nicht mit einem Stigma behaftet ist und somit auch keinen Anlas zu Stigmamanagement gibt.[323] Stigmamanagement bildet aber den zentralen Bezugspunkt der empirischen Untersuchung.

Der Gefahr der Fehlidentifikation angeblich typischer Charakteristika musste also auf andere Weise begegnet werden. Im Verlauf der Diskussionen löste sich dieses Problem jedoch zum Teil von selbst. Denn die Diskussionsteilnehmer zogen bei der Thematisierung des eigenen Konsumentenverhaltens selbst Vergleiche zu Heterosexuellen. Sie wiesen zum Beispiel auf Gemeinsamkeiten der Konsum- und Freizeitgewohnheiten zwischen schwulen Männern und heterosexuellen Singles hin und verwahrten sich so gegen eine vorschnelle Identifizierung nur scheinbar typisch schwuler Charakteristika.

Potentiell fruchtbar wäre möglicherweise die Idee einer ebenfalls stigmatisierten Vergleichsgruppe (z.B. Ausländer, Behinderte) gewesen. Angesichts des erforderlichen Mindestumfangs einer Vergleichsstichprobe und der Aufwendigkeit der gewählten Methode der Gruppendiskussion erschien ein solches Vorgehen aber ebenfalls nicht sinnvoll und muss weiterer Forschung überlassen bleiben.

5.2. Präsentation der Ergebnisse: Akzentverschiebungen gegenüber dem Modell aus Kapitel vier im Licht der Empirie

Die nun folgende Präsentation der Ergebnisse wird mit wörtlichen Zitaten aus den Gruppendiskussionen illustriert.[324] Dabei tritt das Spektrum der verschiedenen Stigma-

---

[323] Auch Heterosexuelle können zwar Stigmatisierung ausgesetzt sein, aber der Anlas für Stigmatisierung wird im Normalfall nicht die Heterosexualität sein, sondern davon unabhängige Faktoren wie z.B. Behinderung oder Nationalität.
[324] Eine vollständige Wiedergabe der Diskussionen im Text oder Anhang verbietet sich aufgrund der Fülle des erhobenen Materials. Die vollständigen kodierten Transkriptionen liegen dem Verfasser vor.

managementstrategien der Diskussionsteilnehmer zutage. Anhand des Spektrums lassen sich einerseits auffällige **Unterschiede** zwischen den Teilnehmergruppen erläutern, andererseits lässt sich auch herausarbeiten, wo bei aller Heterogenität der Zielgruppe die **Gemeinsamkeiten** liegen. Die Darstellung dient vor allem dem Zweck, nachvollziehbar zu machen, weshalb der Verfasser das Konzept Stigmamanagement für den geeigneten gemeinsamen Nenner hält. Die Begriffe Stigma und Stigmamanagement werden in den Zitaten zwar kaum genannt, was sich jedoch dadurch erklärt, dass der Verfasser das Konzept Stigmamanagement selbst nicht zum Thema der Diskussionen machte. Die Darstellung lehnt sich an die bereits im vierten Kapitel herausgearbeiteten Aspekte des Themas an. Eine exakte Übernahme des Gliederungsschemas war aber nicht sinnvoll, denn in Übereinstimmung mit dem oben erläuterten Leitfaden sollte den Diskussionsteilnehmern Spielraum gelassen werden für die eigene Strukturierung und Gewichtung des Themas.

Zunächst kann belegt werden, dass die Thematisierung der verschiedenen Begriffsinhalte von Homosexualität bei der Zielgruppe Aufmerksamkeit hervorruft. Aus den Aussagen der Diskussionsteilnehmer schließt der Verfasser außerdem, dass die jeweils verfolgten Stigmamanagementziele - im Sinne der mit der Selbstpositionierung verfolgten Zwecke - zu Kriterien werden, anhand derer schwule Männer die zielgruppenspezifische Kompetenz von Anbietern beurteilen. Im Anschluss daran wird erläutert, welchen Einfluss Stigmamanagementüberlegungen auf Kaufentscheidungen haben können. Die Ergebnisdarstellung schließt mit einer kurzen Zusammenfassung der auffälligsten Gemeinsamkeiten und Unterschiede innerhalb der Zielgruppe schwule Männer.

5.2.1. Stigmamanagementbezug als Auslöser von Aufmerksamkeit

Auffällig war, dass die Eingangsfragestellung jeder Gruppendiskussion, nämlich die nach Meinungen zu „schwuler Werbung", jeweils sehr schnell zu einer lebhaften Diskussion führte, und dass die Teilnehmer selbst viele Beispiele von schwuler Werbung oder dem, was sie als schwule Werbung einstuften, nennen konnten. Daraus schließt der Verfasser, dass Werbung mit einer schwulen Affinität unter schwulen Konsumenten aufmerksam wahrgenommen wird. Unter **Affinität** versteht der Verfasser hier, dass die Darstellung den schwulen Konsumenten erlaubt oder sogar nahe legt, sich als schwule Männer angesprochen zu fühlen. Die im folgenden wiedergegebenen Aussagen der Diskutanten illustrieren, dass dies vor allem dann der Fall ist, wenn sich eine Relevanz für das persönliche Stigmamanagement ergibt. Die Aussagen können alle als Antwort auf die Frage verstanden werden, welche Aspekte von Homosexualität die Diskussionsteilnehmer im Rahmen ihres persönlichen Stigmamanagements managen. Da Stigmamanagementaufgaben als Bestandteil des täglichen Lebens schwuler Männer betrachtet werden können, hat das Anspielen auf sie mittels der Thematisierung der verschiedenen Begriffsinhalte von Homosexualität einen Aufmerksamkeitswert für die Zielgruppe. Somit kann Marketing Anknüpfungspunkte für die schwule Zielgruppe schaffen, indem es diese Stigmamanagementaufgaben aufgreift und so Stigmamanagementassistenz anbietet.

Alle im theoretischen Teil genannten Bedeutungsinhalte von Homosexualität kamen explizit oder implizit in den Diskussionen zur Sprache: der Umgang mit Sexualität und Erotik, Geschlechterrollenverhalten und soziales Rollenverhalten und auch die Frage nach der Selbstdefinition.

5.2.1.1. Aufmerksamkeitswert von Sexualität und Erotik

Sexualität oder Sexualverhalten wurden in den Diskussionen nur selten direkt angesprochen. Dagegen wurde Erotik in den meisten Gruppendiskussionen als eines der ersten Themen angeschnitten, wenn der Verfasser zur Eröffnung der Diskussion die Frage nach schwuler Werbung stellte. Das folgende und die weiteren Zitate geben einen Überblick, in welche Sinnzusammenhänge die Diskutanten das Thema Sexualität und Erotik stellten, und Hinweise darauf, worin der Aufmerksamkeitswert des Themas für die Zielgruppe liegt:[325]

| D [326] | Ja, ich meine, ich denke allgemein, gerade was man so bei Parfum oder solcher Werbung so sieht, ich finde, dass erst mal der Mann als Objekt so gesehen wird, das ist ja noch gar nicht so lange her, ich denke, dass da mit Sicherheit einige Zielgruppen auch, ob bewusst oder unbewusst, mit Sicherheit auch Schwule angesprochen haben, gerade, wenn ich da wirklich an Cool Water denke oder so, ich denke mal, dass da auch sicher Schwule im Hinterkopf waren. Ich meine, ich finde es insofern auch, einige, ich glaube, Diesel z.B. hat ja auch, wenn ich da so an das Plakat noch denke, oder die eine Werbung da von dem Parfum, wo die beiden Piloten da übereinander herfallen, das finde ich also eigentlich eine klasse Sache, ... |

Männliche Erotik wird generell positiv bewertet. Daraus darf jedoch nicht geschlossen werden, dass auch die werbliche **Nutzung männlicher Erotik** grundsätzlich positiv bewertet wird:[327]

| J | Na ja, aber ich muss sagen, also eine sexuelle Identifikationsmöglichkeit so in der Werbung finde ich schon ganz angenehm, es muss nur irgendwo zum Thema passen. Bei einem Spielzeug einen nackten Mann hinzustellen, ist genauso unsinnig, währenddessen eine nette Unterwäsche sich ja mit einem netten Körper ganz gut verkaufen lässt, ... |

Im folgenden Zitat klingt zumindest unterschwellig **Kritik an der** Verwendung unerreichbarer erotischer **Leitbilder** an:[328]

A1:	Also, wenn ich äh zum Beispiel die Kleider-, Bekleidungswerbung von Versace - wie heißen die?
	[Bestätigung aus der Runde]
A1:	- sehe, die ja auch sehr schwul ist, dann läuft die natürlich auf so einer Welle, eben dem Jugendkult bei den Schwulen, da passt das ganz gut rein, wenn man sich dann die Werbung anguckt. Ist natürlich ansprechend...

---

[325] Zitat aus Diskussion Nr.5, Seite 1 der Transkription
[326] Die Buchstaben dienen jeweils der Identifizierung der Diskussionsteilnehmer, eine namentliche Identifizierung ist bewusst vermieden.
[327] Zitat aus Diskussion Nr.11, Seite 5 der Transkription
[328] Zitat aus Diskussion Nr.1, Seite 1 f. der Transkription

Eine eher kleine Anzahl von Diskussionsteilnehmern sah in **Sexualität und Erotik** das **einzige wichtige Unterscheidungsmerkmal** zwischen sich selbst und der nichtschwulen Umwelt und definierte sich darüber hinaus nicht als anders oder abweichend. Man könnte sagen, sie verfolgte in dieser Hinsicht in puncto Stigmamanagement eine „Normalstrategie". Diese Haltung war besonders bei den ostdeutschen Diskussionsteilnehmern verbreitet:[329]

E	Ja, weil, das ist mir immer so was, warum muss ich denn gleich einen Verein gründen, weil ich schwul bin, also gut, in diesem Land müssen nun mal Interessengruppen irgendwo vertreten sein, sonst kriegen sie gar nichts ab, aber was will ich denn extra haben, weil ich schwul bin, ich weiß es nicht

Den Grund dafür, dass die Aspekte Geschlechterrollenverhalten und Minderheitenposition bei den ostdeutschen Diskussionsteilnehmern eher sekundär waren, vermutet der Verfasser darin, dass Sexualität generell und damit auch Homosexualität in der Gesellschaft der DDR möglicherweise stärker als in der Bundesrepublik als Privatsache betrachtet wurden. Erst wenn Homosexualität nicht mehr als reine Privatangelegenheit gesehen wird, können Definitionen wie Geschlechterrollenverhalten und Minderheitenposition eine stärkere Bedeutung erlangen, denn sie setzen in stärkerem Maße als **Bezugsebene** die **Gesamtgesellschaft** und nicht nur den **privaten Bereich** voraus.

Die eine westdeutsche Gruppe, in der die eben beschriebene Haltung ebenfalls stark vertreten war, war die Dürener Schwulengruppe:[330]

H:	Ja, ich bin anders, aber das wirkt sich nicht auf alle anderen Sachen aus. Ich bin anders, was meine Sexualität betrifft, nicht was meinen Modegeschmack, meine Lebensweise und sonstwas betrifft, darauf habe ich auch immer eine Betonung gesetzt.

Hier vermutet der Verfasser allerdings einen anderen Grund als bei den ostdeutschen Diskussionsteilnehmern. In einer Umgebung wie Düren, die keine ausgeprägte schwule Infrastruktur vorweist, dürfte die **Möglichkeit der primären Orientierung an schwulen Bezugsgruppen** viel weniger vorhanden sein als in einer Großstadt. Es wird sich in einer solchen Umgebung auch nicht in gleichem Maße wie in einer Großstadt eine Subkultur mit abweichenden Wertvorstellungen, Verhaltensweisen, Lebensstilen etc. herausbilden können. Insofern liegt eine stärkere Orientierung an der nichtschwulen Umwelt nahe und damit auch ein Stigmamanagement, das eine Normalstrategie verfolgt. Diese Normalstrategie ist aber nicht mit Anpassung gleichzusetzen, sondern geht bei manchen Diskussionsteilnehmern mit der vehementen Forderung nach Gleichberechtigung und Gleichbehandlung für schwule Männer einher, also der Einforderung von Normalität für Homosexualität.

Wollte man einen **gemeinsamen Nenner** definieren für den Aussagegehalt der zitierten Äußerungen, so läge er nach Ansicht des Verfassers in der **Zielvorstellung der Selbstverständlichkeit** von Homosexualität und **homosexuellem Sexualverhalten** als

---

[329] Zitate aus Diskussion Nr.11, Seite 28 der Transkription
[330] Zitat aus Diskussion Nr.3, Seite 31 der Transkription.

etwas, das nicht automatisch einen Erklärungsbedarf nach sich zieht. Diese Gemeinsamkeit lässt aber reichlich Raum für äußerst unterschiedliche individuelle Stigmamanagementstrategien.

5.2.1.2. Aufmerksamkeitswert von Rollen- und Geschlechterrollenverhalten

Rollen- und speziell Geschlechterrollenverhalten erwiesen sich ebenfalls als Themen, zu denen die Teilnehmer gerne und ausgiebig diskutierten. Diese Tatsache ist deshalb von Bedeutung, weil mit der Ausnahme des Themas Selbstdefinition die verschiedenen Begriffsinhalte von Homosexualität nicht explizit Thema der Diskussionen waren. Im Leitfaden vorgegeben waren nur die drei Themenblöcke schwule Werbung, Konsumentenverhalten der Diskussionsteilnehmer und Selbstverständnis der Diskussionsteilnehmer als schwule Männer. Die Schwerpunktsetzung innerhalb dieser Blöcke reflektiert also ein **besonderes Interesse der Teilnehmer**.

Das folgende Zitat enthält ein weiteres Beispiel für eine Normalstrategie, hier im Sinne einer Orientierung an eher konventionellen Vorstellungen bezüglich der männlichen Geschlechterrolle:[331]

W	Aber wenn ich, gehe ich in ein, will ich ein Parfüm, ich setze voraus, ich will ein Parfüm, gehe ich in den Parfümladen und da ist ein Mann, und der soll mir ein gutes Parfüm geben, mich beraten, und da stellt sich wahrscheinlich heraus, ist eine ganz blöde Tunte [Lachen in der Runde], denn ein wirklicher Kerl steht nicht hinter der Theke und verkauft Duftwässer.

Männliches Verkaufspersonal in Parfümerien - ob schwul oder nicht, bleibt im folgenden Zitat offen - stößt allerdings nicht grundsätzlich auf Ablehnung, sondern wird auch als Hilfe bei der Überwindung geschlechterrollenbedingter Hemmschwellen gesehen[332]:

T:	Und das ist doch, oder, typische Frauenprodukte, wie Mascara, oder was weiß ich, solche Sachen. Das benutzen viele Schwule, aber ich zum Beispiel trau mich nicht in eine Parfümerie und frag da, was soll ich denn nehmen oder was meinen Sie denn, oder so. Ich wohne auch auf dem Dorf, gut aber ich traue mich auch in Köln das nicht, weil ich, weiß nicht. Wie geht es den anderen da so?
	[Wortbeiträge durcheinander aus der Runde]
T:	Oder wir hatten das ja schon mal irgendwann bei uns hier im Chor: Ja, die Herrenabteilung ist da drüben. Ich meine, da ist die Wirtschaft auch ein bisschen dumm und dämlich, da verschließt sie sich einem Markt, der, wenn die...
P:	Aber das kommt, zum Beispiel, wenn Du bei Douglas jetzt einkaufen gehst, gibt es jetzt auch schon Herren, die da beraten.
T:	Ja gut, bei Douglas in der Ehrenstraße
	[Erstaunen und Gelächter bei dem Stichwort Ehrenstraße, auf der Ehrenstraße in Köln ist die Präsenz schwulen Publikums relativ augenfällig, Anm. d. Verf.]

---

[331] Zitat aus Diskussion Nr.4, Seite 19 der Transkription.
[332] Zitat aus Diskussion Nr.1, Seite 9 der Transkription.

R:	Ja gut, lasst uns mal zu seinem Thema kommen, oder.
I:[333]	Nee, aber, das ist natürlich ein interessanter Punkt. Ich meine, wir können auch da weiter machen, von wegen Hemmschwellen, und, wie Du sagst, man verschließt sich einem Markt.
T:	Ich hätte schon etliches gekauft, hätte ich die Beratung. Aber ich trau mich nicht, weil da kommt jetzt die Tussi an hinter der Theke. Ich habe keine Lust irgendwie mich da, ich käme mir dämlich vor, so.

Das folgende längere Zitat spricht eine ganze Fülle von relevanten Teilaspekten von Homosexualität an, mit denen im Rahmen eines Stigmamanagements umgegangen werden muss. Über die Geschlechterrolle hinaus ist allgemein von sozialem Rollenverhalten die Rede, von dem Vorhandensein einer schwulen Subkultur, die auf diesem Rollenverhalten aufbaut, und von der Situation einer diskriminierten Minderheit: [334]

I	Ja, was bedeutet das für Euch, schwul zu sein, was assoziiert ihr damit?
Y	Also, ich finde das erst mal, denke ich, schon eher was Positives, und zwar, dass man so die Möglichkeit hat, nicht diesen vorgegebenen Lebenslauf nachzuleben, den jetzt unsere Eltern vielleicht gehabt haben und viele andere Leute, wo es dann eben heißt, nach der Ausbildung dann heiraten und Karriere machen und Familie gründen und blablabla, und das ist ja eigentlich im Grunde genommen alles vorgegeben, und dieses Schema ist Ewigkeiten gelebt worden und hat sich nie groß geändert, okay, mittlerweile gibt es dann mehr Scheidungen, weil die Leute dann, früher haben sie dann, ob es glücklich war oder nicht, ist eine andere Frage, halt dann diese Ehe durchgezogen, heute gehen sie dann eher in die Brüche, und man sagt dann, okay, wir machen jetzt nicht mehr weiter, und dass man da halt eine Möglichkeit hat, so seinen eigenen Weg zu gehen, der vielleicht auch manchmal ein bisschen schwulentypisch ist, aber ich glaube, da gibt es dann trotzdem noch mehr Pluralismus als es in einer, für den Durchschnittsheterosexuellen gibt.
	[...]
Ma	Also, ich finde erst mal, dass es so eine Sondergruppe ist, so irgendwie sich von der Mehrheit abhebt oder eben da rausfällt, im positiven und im negativen Sinne, also das ist auch hier als Gruppe hier in Hamburg ist es eben, es gibt einen schwulen Sportverein, es gibt diese schwule Infrastruktur, da kann man sich wohl und geborgen fühlen, aber andererseits verbinde ich auch irgendwie damit, ausgegrenzt zu sein, diskriminiert zu sein, Schwierigkeiten zu haben und so, also das ist so, mal so, mal so.
Y	Natürlich, dieses Negative kommt natürlich auch, dass man dann vielleicht auch mal im Beruf manchmal Nachteile hat oder dann eben auch so in dieser Schicht, sagen wir im alten Freundeskreis oder jetzt auch mit den Eltern, dass es da halt dann manchmal zu so Problemen kommt, die andere dann nicht haben, weil man halt nicht dieses Durchschnittsleben führt, und das auch nicht jedem so offen zeigen kann, von sich aus. Auch weil man gar nicht den Mut hat oder die Kraft, und es auch nicht mehr dann wieder alles durchkauen möchte, und weil man das manchmal dann so ein bisschen was versteckt lebt, während andere eben, sagen wir, überall von ihrer Freundin sprechen oder so, kann man halt nicht dann erzählen, ja ich war mit meinem Freund da und da und, man könnte es vielleicht, aber man müsste dann erst mal dieses Selbstvertrauen haben, diese Stärke, diesen Mut. Und das ist dann eben auch schwierig, das aufzubauen, dass man, ja.

---

[333] „I" steht für Interviewer bzw. Moderator. Diese Funktion nahm der Verfasser grundsätzlich selbst wahr.
[334] Zitat aus Diskussion Nr.9, Seite 12 f. der Transkription.

Beim Thema Rollen und speziell Geschlechterrollen scheint der **gemeinsame Tenor** der Aussagen auf das **Ziel Rollensouveränität** zu verweisen. Je nach individueller Stigmamanagementstrategie nimmt die Konkretisierung diese Ziels aber verschiedenste Gestalt an. Die Souveränität kann bei einer Normalstrategie darin bestehen, die herkömmliche Männerrolle überzeugend darzustellen, und bei einer Strategie der Durchbrechung von Normalität darin, die Grenzen herkömmlicher Rollenmuster - in puncto Kleidung, Gestik, Sprachhabitus u.s.w. - souverän zu überschreiten.

5.2.1.3. Aufmerksamkeitswert der Selbstdefinition

Anders als die Themen Erotik/Sexualität und Rollen-/Geschlechterrollenverhalten war das Thema Selbstdefinition im Diskussionsleitfaden vorgegeben. Es kann also nicht darauf verwiesen werden, dass die Diskussionsteilnehmer von sich aus auf dieses Thema zu sprechen kamen. Trotzdem ist nach Ansicht des Verfassers das Potential dieses Themas als Auslöser von Aufmerksamkeit bei der Zielgruppe nicht zweifelhaft, denn das Thema Selbstdefinition stellt im Zusammenhang mit einer Minderheitenposition notwendigerweise einen Angelpunkt dar. Alle bisher zitierten Äußerungen der Diskussionsteilnehmer können deshalb auch als Ausführungen zum Thema Selbstdefinition gelesen werden.

Die zwei folgenden Zitate, die bereits oben verwandt wurden, sind ein Beispiel dafür. Das erste[335] greift das Thema **Selbstdefinition im Zusammenhang mit Sexualität** auf, das zweite[336] **im Zusammenhang mit Rollen**.

J	Na ja, aber ich muss sagen, also eine sexuelle Identifikationsmöglichkeit so in der Werbung finde ich schon ganz angenehm, es muss nur irgendwo zum Thema passen.
I	Ja, was bedeutet das für Euch, schwul zu sein, was assoziiert ihr damit?
Y	Also, ich finde das erst mal, denke ich, schon eher was Positives, und zwar, dass man so die Möglichkeit hat, nicht diesen vorgegebenen Lebenslauf nachzuleben,...

Einige weitere Zitate sollen illustrieren, in welchen Zusammenhängen das Thema Selbstdefinition für die Zielgruppe von Interesse ist. Im folgenden Zitat ist von **Gruppenidentifizierung** und als Folge davon **Solidarität als Konsumentenverhaltensmotivation** die Rede[337]:

P:	Den schwulen Buchladen z.B., da kauf ich ja nicht unbedingt ein schwulenspezifisches Buch da, oder CD, ja. Ich kauf da eine CD, die ich auch bei Saturn kaufen könnte, aber ich kauf die halt da, weil das ein schwuler Laden ist, nicht weil das ein Produkt, oder weil da Werbung dafür betrieben wird [...]
O:	Wie ich auch meine ganze Fachliteratur auch bei Ganymed [schwuler Buchladen in Köln, Anm. d. Verf.] bestelle, weil es davon vielleicht [kurze Textpassage unverständlich], wenn ich

---

[335] Zitat aus Diskussion Nr.11, Seite 5 der Transkription
[336] Zitat aus Diskussion Nr.9, Seite 12 f. der Transkription.
[337] Zitat aus Diskussion Nr.1, Seite 18 der Transkription.

| | es irgendwie aus schwuler Solidarität mir kaufen kann. |

Homosexualität wird zwar häufig zunächst als **Identitätsproblem** gesehen, das das Selbstbewusstsein beeinträchtigt, aber dabei muss es nicht bleiben[338]:

F	Das Problem, ja, und das Problem ist, glaube ich, auch, dass sich dieser Begriff schwul halt stark verändert, also dass es halt eine gewisse, verschiedene Wertigkeiten im Lauf des Lebens bekommt, also kann mich daran erinnern, als ich damals eine Ausbildung gemacht habe, war es ein ganz großes Problem für mich, aber da war ich sechzehn, siebzehn, achtzehn, und das habe ich also, sobald ich da das Fachabitur gemacht habe, vollkommen abgeworfen, also da war es mir vollkommen egal,...
	[...]
F	Ja, nee klar, und, insofern ändert sich das halt. Also ich würde dem Begriff schwul in meinem Leben nicht so sehr viel Stellenwert einräumen, weil ich denke mal, in Klammern, nur schwul möchte ich nicht sein, weil das ist, denke ich mal so insgesamt, weil nur hetero ist genauso wenig, und insofern habe ich halt momentan eine Möglichkeit gefunden, das Leben so zu leben, dass ich da tagsüber und auch nicht in meiner Freizeit irgendwie besondere Verhaltensmaßregeln an den Tag legen muss, insofern beschäftigt es mich nicht, dass ich da irgendwie etwas ändern muss, dass ich den Eindruck habe, ich werde [mit verstellter weinerlicher Stimme] unterdrückt, oder insofern...

Beim Thema Selbstdefinition sieht der Verfasser die **Gemeinsamkeit** in den Aussagen der Diskussionsteilnehmer darin, dass im Hintergrund das **Ziel Selbstwertgefühl und Selbstbewusstsein** als Bezugspunkte erkennbar sind. Das bedeutet angesichts des breiten Spektrums der individuellen Stigmamanagementstrategien durchaus nicht automatisch ein ostentativ schwules Auftreten. Es schließt auch ein, dass sich viele schwule Männer gegen eine Reduzierung ihrer Person auf die Eigenschaft schwul wehren.

Im zuletzt wiedergegebenen Zitat klingen alle drei bereits angesprochenen **Stigmamanagementziele**[339] noch einmal an: Normalität im Sinne einer **Selbstverständlichkeit** der Abweichung, **Souveränität** im Sinne selbstbestimmten Handelns, und das **Selbstbewusstsein**, mit dem diese Position vertreten wird. Bei aller Unterschiedlichkeit der individuellen Stigmamanagementziele und -strategien weckten die verschiedenen Begriffsinhalte von Homosexualität in Verbindung mit diesen drei Zielvorstellungen bei allen Diskussionsteilnehmern Interesse. Der Verfasser zieht daraus den Schluss, dass mit einer Bezugnahme auf sie Aufmerksamkeit bei der Zielgruppe geweckt werden kann. Dass männliche Erotik dabei besonders prädestiniert ist, Aufmerksamkeit auszulösen, steht dazu nicht im Widerspruch[340], sollte aber nicht

---

[338] Zitat aus Diskussion Nr.6, Seite 25 der Transkription.

[339] Hier wieder im Sinne der mit der Selbstpositionierung verfolgten Zwecke

[340] Zu dem grundsätzlich hohen Aufmerksamkeitswert von erotischen Signalen - der auch für nichtschwule Zielgruppen gilt - tritt der stigmamanagementspezifische Aspekt hinzu: die Verwendung männlicher Erotik als eine Art Validierung der sexuellen Präferenz der Zielgruppe. Dass die Verwendung erotischer Signale gerade wegen des hohen Aufmerksamkeitswerts auch kontraproduktiv wirken kann, klang in den Zitaten an, soll aber hier nicht näher diskutiert werden, denn der Verfasser sieht darin keinen stigmamanagementspezifischen Aspekt.

den Blick verstellen auf die anderen Themen, die auch ohne Verwendung von erotischen Signalen Aufmerksamkeit auslösen.

5.2.2. Stigmamanagementassistenz als Teil der wahrgenommenen Anbieterkompetenz

Am Ende des letzten Abschnittes wurden Stigmamanagementziele in allgemeiner Formulierung zusammengefasst. Auf diese Ziele soll noch einmal näher eingegangen werden. Für den im vierten Kapitel bereits angesprochenen Aspekt der Werteverwirklichung im Rahmen des Konsumentenverhaltens haben Ziele eine zentrale Bedeutung. Da Stigma und Stigmamanagement ein soziales Phänomen darstellen, das seinen Niederschlag findet im Umgang der Menschen miteinander, liegt es nahe, in diesem Zusammenhang den **Umgang zwischen den Akteuren** auf der Anbieterseite einerseits und schwulen Konsumenten andererseits näher zu beleuchten. Besonderes Augenmerk gilt dabei der Frage, ob dieser Umgang den Stigmamanagementzielen der Zielgruppe entspricht und auf der Verhaltensebene deren Stigmamanagementstrategien stützt, ob die Anbieterseite in den Augen der Zielgruppe also tatsächlich kompetente Stigmamanagementassistenz leistet. Diese Assistenzfunktion kommt potentiell zum Ausdruck im Verhalten von Verkaufspersonal und Erbringern von Dienstleistungen (von der Putzfrau über den Handwerker bis zum Rechtsanwalt), aber auch im sonstigen - teilweise medialen - Auftreten der Anbieterseite, z.B. in Form von Werbung oder Sponsoringaktivitäten.

Die folgenden Zitate illustrieren, dass Stigmamanagementassistenz von der Zielgruppe als relevant eingeschätzt und bei der Beurteilung der Anbieterkompetenz als Kriterium - wenn auch nicht als einziges - herangezogen wird.

5.2.2.1. Etablierung einer Alltäglichkeit der Homosexualität

Das folgende Zitat behandelt das Thema Arztwahl bei gesundheitlichen Beschwerden, die die Homosexualität des Patienten zumindest nahe legen und somit beim Patienten auch **Unsicherheit** auslösen bezüglich möglicher Diskriminierung, Unverständnis, Befangenheit u.s.w. seitens des Arztes:[341]

N	Na ja gut, aber ich war mal bei einem anderen Arzt wegen einer Geschichte, die ich hatte, da hatte ich also bei dem schwulen Arzt die ehrliche Geschichte erzählt und ihm, er war halt Urologe, dem habe ich nicht die ehrliche Geschichte erzählt. [Ende der ersten Seite der Kassette] Also, wir waren halt da, erst war ich bei meinem schwulen Arzt, der konnte da nichts daran machen, dann bin ich halt zu diesem Heten gegangen, weil der halt der bessere Fachmann ist, und da hatte ich natürlich das Vertrauen erst mal nicht so, ihm die richtige Geschichte zu erzählen, also da habe ich statt Freund Freundin gesagt und, also alles auf heterosexuell umgemünzt[...]Das hört sich fast genauso an, nee aber irgendwie, jedenfalls, um es kurz zu machen, wir sind nachher dann beide da hingegangen, weil er mir was gegeben hatte, was bei mir geholfen hatte, und Uwe hatte dasselbe, [...]dann ist er halt auch hingegangen, und ich denke mir, jetzt wo er als Heteroarzt eben auch weiß, dass ich schwul bin und einen Freund habe, jetzt ist so dieses Eis im Prinzip gebrochen, wenn ich noch mal

---

[341] Zitat aus Diskussion Nr.6, Seite 17 f. der Transkription

	was hätte, dann könnte ich auch [...] ja, dann könnte ich aber genauso auch zu ihm gehen wie ich zu dem Schwulen gehen kann, weil ich weiß, dass er jetzt der bessere Spezialist auf dem Gebiet ist, wenn es einmal gebrochen ist, ist, glaube ich, das Verhältnis dasselbe, weil der eigentlich ganz gut reagiert hat, der hat nicht komisch geguckt, der hat ihn ganz normal behandelt, er ist eben mein Freund und nicht meine Freundin, aber das ist egal.

Den Schlüsselsatz des Zitates sieht der Verfasser in der Schlussbemerkung: „...der hat ihn ganz normal behandelt." Die **Anbieterkompetenz** besteht also auch in der Assistenz bei der **Etablierung von Selbstverständlichkeit**. Die Erreichung dieses Ziels erschien aber gerade nicht von Anfang an selbstverständlich.

Das Ziel Selbstverständlichkeit ist auch nicht nur im Zusammenhang mit Leistungen relevant, bei denen man - wie im eben zitierten Fall - eine zielgruppenspezifische Komponente bereits in der Leistung selbst erblicken kann.[342]

Ma	[...] Also, ich finde eigentlich besser, wenn die Werbung so ist, als ob es ganz normal ist, und gar nicht so in den Vordergrund gestellt wird. Und was wir sonst haben, ist doch die Heterowerbung, wo eben der Mann Zeitung lesend am Frühstückstisch sitzt und Frau Sommer serviert dann die Kaffeesorte, die gerade interessant ist, und das könnte zum Beispiel auch mal ein Schwulenpärchen oder Lesbenpärchen sein.
I	[...] also Du sprachst von schwuler Normalität. Ich denke, Bilder in der Werbung reflektieren ja nicht unbedingt den realen Durchschnitt oder so, sondern haben immer was mit Wunschbildern auch zu tun. Was wäre denn für Dich ein Wunschbild, das für Dich relevant wäre? Also, wäre das dann auch, gerade diese Vielfalt widerzuspiegeln, von der Du ja gesprochen hast?
Mt	Ja, wenn ich davon ausgehe, dass vielleicht hochgerechnet zehn Prozent der Bevölkerung schwul oder lesbisch sind, dann würde ich verlangen, dass das in der Werbung auch so rüberkommt, repräsentativ. Oder dass in Deutschland inzwischen zwei Prozent der Bevölkerung oder drei Prozent türkisch sind, dann würde ich verlangen, dass die auch in der Werbung rüberkommen, kommt auch nicht rüber, nicht, oder wenn Du mal an andere Randgruppen denkst, so...

Die gewünschte bzw. im zweiten Beispiel geforderte **Kompetenz** der Anbieterseite in Sachen Stigmamanagementassistenz bestünde laut der eben zitierten Aussagen in der **Etablierung einer Alltäglichkeit von Homosexualität auch in der Werbung**. Diese Kompetenz wird aber von der Anbieterseite nach Ansicht der Diskussionsteilnehmer nicht oder nicht in genügendem Maß unter Beweis gestellt.

Die Angebote der sog. schwulen Subkultur - also Bars, Cafés, Restaurants, Saunen, schwule Buchläden, schwule Sportvereine u.s.w. - stellten keinen Schwerpunkt der Diskussionen dar. Trotzdem soll hier zumindest erwähnt werden, dass all diese Angebote auch als Stigmamanagementassistenz im Sinne der Etablierung einer Normalität der Homosexualität verstanden werden können, denn sie schaffen einen Raum, in dem der Normanspruch der Heterosexualität zurückgedrängt wird, und in dem deshalb Homosexualität zur Normalität werden kann.

---

[342] Zitate aus Diskussion Nr. 9, Seiten 2 und 3 f. der Transkription

Wie das folgende Zitat eines neunzehnjährigen Diskussionsteilnehmers zeigt, ist gerade bei der jüngeren Generation das **Zurückdrängen des Normanspruchs der Heterosexualität** nicht gleichzusetzen mit dem Ausschluss der nicht-schwulen Welt, auch nicht, wenn von Einrichtungen der schwulen Subkultur die Rede ist:[343]

T	[...] wenn man jetzt direkt angesprochen wird, bist Du schwul, kann man eigentlich, sage ich mittlerweile ja. Warum nicht. Und die meisten Leute gucken mich dann an: „Wieso? Du siehst aber doch ganz normal aus." Weil ich anscheinend nicht das Klischee vertrete, was die meisten Leute im Kopf haben. Und dann, wenn die dann einmal irgendwo mit hinkommen, ins Rosa, ins Luszd [Namen zweier Schwulen- und Lesbenzentren in Düsseldorf, Anm. d. Verf.], dann sind die, dann sehen die auch die anderen Seiten und sind dann eigentlich auch recht überrascht, und gehen auch meistens immer wieder gerne mit.

Wenn denn das obige Zitat einen Trend beschreibt, so könnte man sagen, dass sich die Präferenzen bezüglich der in der schwulen Subkultur[344] gesuchten Stigmamanagementassistenz funktional wandeln: weg vom ausschließlichen Schutz einer abgeschlossenen, der heterosexuellen Norm entgegengesetzten, schwulen Gegennormalität und hin zur Stützung einer offenen **Erweiterung des Normalitätsbegriffs**, die den Alleingültigkeitsanspruch der heterosexuellen Norm auflöst. Es ist davon auszugehen, dass die diesbezüglichen Ansprüche der Zielgruppe an die Anbieterkompetenz auch außerhalb der schwulen Subkultur einem ähnlichen Wandel unterliegen.

5.2.2.2. Stützung der Souveränität über Rollen und Rollenzwänge

Auch die Frage nach Rollen lässt sich als Variation zu dem eben erwähnten Thema der Selbstverständlichkeit von Homosexualität auffassen, denn auch hier geht es um Vorstellungen von Normalität, ihrer Durchbrechung und Erweiterung. Im Zusammenhang mit Rollen gewinnen allerdings die je individuellen Stigmamanagementziele und -strategien eine besondere Relevanz, denn Stigmamanagementassistenz seitens der Anbieterseite besteht hier unter anderem in der **Stützung der je individuellen Selbstpositionierung** des Kunden und darin, ihm die Entscheidung darüber nicht aus der Hand zu nehmen.

Das folgende Zitat ist ein Negativbeispiel, bei dem das Verhalten der Anbieterseite durch mangelnde Diskretion das Stigmamanagement des Kunden durchkreuzt und auf entsprechende Ablehnung stößt:[345]

Re	Ich habe zum Beispiel ein Konto in Leipzig. Ich komme ja aus Leipzig, da habe ich ein Konto da auf einer Bank, wo eine Freundin von mir arbeitet, und die hatte damals da angefangen. Das ist ein neues System gewesen, und die haben die [ein Wort unverständlich], Servicebanken mit den Computern und so was gegründet [kurze Passage unverständlich] und da bin ich damals

---

[343] Zitat aus Diskussion Nr.10, Seite 6 f.

[344] Diese Assistenz geht nicht nur von den Betreibern der Institutionen der schwulen Subkultur als Vertreter der Anbieterseite aus, sondern auch von den als Bezugsgruppen fungierenden Besuchern dieser Institutionen. Hier liegt der Schwerpunkt allerdings auf der Betrachtung der Rolle der Anbieterseite.

[345] Zitat aus Diskussion Nr.11, Seite 14 f. der Transkription

> hingegangen. Und dann sagt sie: „Ja, und wir suchen halt Kunden" und so weiter, da sage ich: „Weißt du was, ich muss jetzt von der Sparkasse sowieso weg, dann komme ich zu Dir." Mit Computer und Telefondingen, also das fand ich ganz lustig. So, und seitdem habe ich mein Konto bei der. Und ich kam hier nach Berlin, gibt es ja auch Niederlassungen. Komme ich in die Warschauer Straße, war unser Büro. Gegenüber war gleich ein [ein Wort unverständlich], da arbeitet ein Schwuler, der [einige Worte unverständlich]. Ich komme da rein, und dann beim zweiten Mal schon: „Ach, Du warst ja gestern wieder in Dresden, ich sehe es an der Banküberweisung." Oder am Abhebedatum, oder was weiß ich. „Na, Du reist ja auch immer viel rum" und so. Und also, da war dann, da bin ich dann deswegen nicht mehr hingegangen, weil der mich immer so irgendwie privat angequasselt hat und dachte, so, weil ich jetzt schwul bin, weil er mich mal hier reingehen sehen hat...

Die Störung der Stigmamanagementstrategie der schwulen Kunden beruht im eben zitierten Beispiel darauf, dass die Anbieterseite in der Gemeinsamkeit Homosexualität die Einladung zu einem Distanzabbau sieht, den der Kunde nicht wünscht.[346] Die Idee, für schwule Kunden schwules Personal einzusetzen, birgt also sowohl Chancen als auch Risiken. Die Chancen liegen in den zweifellos vorhandenen Gemeinsamkeiten, die Risiken in der Tatsache, dass die Ansichten über abzuleitende Konsequenzen und Stellenwert der Gemeinsamkeiten weit auseinandergehen können. Mit anderen Worten, die Assistenzfunktion muss die **Entscheidungssouveränität der Kunden** bezüglich ihrer Stigmamanagementziele respektieren.

Das folgende Zitat illustriert in positiver Weise, worin die Stigmamanagementassistenz schwulen Personals in puncto Rollensouveränität bestehen kann:[347]

J	[...] Ich fände das schön, wenn ich irgendwo in einen Laden komme, und der Verkäufer ist schwul, und innerhalb von Sekunden hat man das auch irgendwo festgestellt, dass beide schwul sind, und dass man dann auf einer gleichen Ebene, auf einer gleichen Wellenlänge sich bedienen lässt, oder auch die Leistung des Verkäufers dann in Anspruch nehmen kann. Und dann findet vielleicht auch ein kleiner Flirt statt oder man macht mal einen Witz, oder man macht mal eine kleine Bemerkung, und das macht ja auch das Einkaufen dann auch lebenswerter oder spaßiger, als wenn ich einen typischen Heteromacker vor mir stehen habe.

Auch das folgende Zitat ist ein Beispiel für stigmamanagementstützendes Verhalten der Anbieterseite. Es illustriert im übrigen, dass eine stigmamanagementstützende Wirkung nicht unbedingt schwules Personal voraussetzt, vor allem, wenn die Stigmamanagementstrategie auf die Etablierung von Normalität abzielt:[348]

Re	Das ist aber, so das soziale Umfeld aussuchen, das ist so eine Frage, zum Beispiel, wo ich gewohnt habe, Prenzlauer Berg, und da war so ein kleines Lebensmittelgeschäft, hier die rothaarige Mutti mit ihrer Mutter oder wer das auch immer war, zwei alte Frauen, die haben da ein Lebensmittelgeschäft, das war, die zwei sind kurios, und die haben das Zeug noch nach Hause getragen und so, die waren zu allen Leuten gleich nett, da bin ich für mein Leben gern einkaufen gegangen. Nach drei oder vier Wochen: „Na, heute der Freund nicht da?", so, und

---

[346] Dass Indiskretionen der im Zitat geschilderten Art auch unabhängig vom Thema Homosexualität ein Kunden-Anbieterverhältnis stören oder zu dessen Auflösung führen können, ist unstrittig. Betont werden soll hier der stigmamanagementspezifische Anlas der Indiskretion im obigen Zitat.
[347] Zitat aus Diskussion Nr.8, Seite 11 der Transkription
[348] Zitat aus Diskussion Nr.11, Seite 24 der Transkription

> das war wirklich, also im Bildungsniveau bestimmt, die hatten bestimmt noch nichts, Theater, Museum von innen gesehen, aber die haben das auch akzeptiert.

Das stigmamanagementstützende Element besteht in diesem Beispiel nicht allein in der „normalen" Behandlung des schwulen Kunden, sondern vor allem darin, dass die Akteurin der Anbieterseite zu erkennen gibt, dass sie den Kunden als schwul erkannt hat und akzeptiert, was für den zitierten Diskussionsteilnehmer offensichtlich nicht selbstverständlich ist, denn sonst bestünde kein Grund, es besonders zu erwähnen.

5.2.2.3. Stützung von Selbstbewusstsein und Individualität auch jenseits des Begriffs schwul

Der eben zitierte Teilnehmer ist derselbe, der von der seines Erachtens mangelnden Diskretion eines Bankangestellten berichtete. Zusammen betrachtet lassen die beiden Zitate bereits einen Aspekt anklingen, der näher beleuchtet werden soll: Die meisten Diskussionsteilnehmer ließen ein Bedürfnis nach Distanz erkennen, wenn in Unkenntnis oder gar Missachtung ihrer sonstigen Persönlichkeit die Eigenschaft Homosexualität zur tragenden Interaktionsbasis gemacht werden sollte. Sie wollen ihre eigene Individualität gewahrt sehen und wehren sich **gegen die Reduzierung der eigenen Person auf Homosexualität**. Dies gilt unabhängig davon, ob das Gegenüber ebenfalls schwul ist oder nicht. Wie die obigen Zitate belegten, folgt daraus aber nicht, dass die Diskussionsteilnehmer von ihrem Gegenüber grundsätzlich nicht als schwul wahrgenommen werden wollen.

Der Punkt des erwünschten **Gleichgewichts zwischen der Möglichkeit der Thematisierung** von Homosexualität ohne Peinlichkeit und Befangenheit einerseits und dem **Vermeiden einer Überbetonung** andererseits lässt sich nicht einheitlich für die gesamte Zielgruppe bestimmen. Das folgende Zitat ist deshalb nur ein Beispiel:[349]

| A: | ... Mir fällt nur gerade ein, ich glaube das einzige Mal, wo es für mich Thema war, und wo es dann eigentlich auch relativ unproblematisch dann auch miteinbezogen wurde, war bei der Deutschen Bank. Da hat, haben die mich irgendwie angeschrieben, obwohl ich Student bin und gesagt habe, ich habe kein Geld. Aber sie wollten dann doch irgendwie so eine, ja Vermögensberatung ist zuviel gesagt, so eine Art Sparplan oder Lebensversicherung oder so was. Und dann kam eben auch so die Lebensversicherung, das kann dann eben an die Frau und so was weitergehen, und dann habe ich ihm gesagt, ja also gut, also mit einem Partner. Ja, gut, das geht auch mit einem Partner. Also, da ist es dann schon mit eingeflossen, und es war dann kein großes Ding, der hat dann [einige Worte unverständlich] alles ein bisschen umändern müssen, weil das rechtlich andere Sachen sind, aber da war es einfach Teil, war eigentlich nicht so, aber auch wenn ich in ein Kleidergeschäft gehe, was weiß ich, ich gehe ja nicht groß hin und sage, he, ich bin auch schwul,... |

Auch bezüglich der werblichen Thematisierung gilt, dass ein Teil der Zielgruppe bereits eine unerwünschte Reduzierung der eigenen Persönlichkeit auf schwule Klischees erblickt, wo andere eine befreiende und erfrischende oder - wie im

---

[349] Zitat aus Diskussion Nr.2, Seite 7 f. der Transkription

folgenden Zitat - zumindest nicht unwillkommene Thematisierung sehen. Die folgenden beiden Zitate zeigen dieses Spektrum auf. Das erste Zitat illustriert den Fall eines relativ starken Bedürfnisses nach Abgrenzung von schwulen Klischees:[350]

H:	Ja, ich meine, also, ich muss ehrlich sagen, wenn ich jetzt im Fernsehen irgendwo so eine Werbung sehen würde, wo jetzt dieses schwule Klischee jetzt wieder dargestellt wird, meinetwegen tuntig oder ledermäßig oder sonst irgend so ein Kram, dann würde mich das mit Sicherheit davon abhalten, das Produkt zu kaufen, weil, das sehe ich nicht als schwul an, oder als sonst irgendwas, wenn da sich diese Vorurteile noch mit in die Reklame reinziehen, würde ich also bestimmt das Produkt, würde ich versuchen, es zu meiden, und ansonsten denke ich mal, wird man also Homosexualität wenn nur verdeckt in die Reklame mit reinbringen können, wenn man nämlich einen hübschen Mann oder sowas hat, der aber genauso gut eine Frau ansprechen kann und nicht nur die Homosexuellen. Und sobald das also klischeehaft ist, ist das halt, spricht mich das dann nicht mehr an.

Das zweite Zitat illustriert das andere Ende des Spektrums:[351]

O:	Bei West fällt mir wirklich ein, das war die erste Werbung, die ich als eindeutige Werbung erkannt habe, die auf schwules Publikum ausgerichtet war, oder zumindest, so dachte ich, das war, ich erinnere mich an diese Werbung, das war die, wo dieses Hochzeitsbild war. Da war, da waren zwei Schwule, die geheiratet haben, der eine, nee, es waren sogar zwei Männer, richtig, und da war auch noch eine Tunte im Hintergrund, ich weiß nicht, und auf jeden Fall, der eine hält eine Zigarette, und ich habe wirklich gedacht, Mensch super, da find ich das wirklich mal, find ich, fand ich auch wirklich gut, dass Werbung wirklich auch mal so als offensiv schwul in die Öffentlichkeit kam, weil, das war wieder ein weiterer Schritt in Öffentlichkeitsarbeit.

Bei aller Unterschiedlichkeit dieser Äußerungen soll nicht vergessen werden, dass es durchaus eine **Gemeinsamkeit** gibt: In beiden Zitaten geht es letzten Endes um das **Ziel Selbstachtung**, das gestützt werden soll. Insofern ist die Zielsetzung - auf einer relativ abstrakten Ebene - jeweils die gleiche, unterschiedlich ist die Einschätzung geeigneter Strategien zur Erreichung dieses Ziels. Bei der Auswahl dieser Strategien sind die in Kapitel vier thematisierten Bezugsgruppen von Bedeutung. Auch der Einfluss von Bezugsgruppen kann auf das Spektrum von Normalität und Andersartigkeit bezogen werden. **Bezugsgruppen** können einerseits als „Anwälte des Rechts auf Abweichung" wirken und so ein spezifisch schwules Selbstbewusstsein stärken, andererseits „Verfechter der Orientierung an der Normalität" sein.

Bei allen Diskussionsteilnehmern kann man davon ausgehen, dass für sie andere schwule Männer als Bezugsgruppe eine bedeutende Rolle spielen, denn sonst hätten sie nicht auf dem Weg über Gruppen oder lose Gruppierungen schwuler Männer als Diskutanten gewonnen werden können. Die Orientierung an anderen schwulen Männern impliziert bereits bis zu einem gewissen Grad das Betonen des Rechts auf Abweichung. Sobald allerdings diese Abweichung selbst zur Norm wird, wie dies in jeder Subkultur - die ja eigene Normen schafft - der Fall ist, stellt sich die Frage nach dem

---

[350] Zitat aus Diskussion Nr.3, Seite 4 der Transkription
[351] Zitat aus Diskussion Nr.1, Seite 3 der Transkription

Recht auf Abweichung neu, nämlich als Frage nach dem Recht auf Abweichung auch von der Norm der Subkultur.

Die folgenden Zitate illustrieren, wo die **Grundorientierung an anderen schwulen Männern** ihre Grenzen findet. Das Abstecken dieser Grenzen sollte aber nicht dahingehend missverstanden werden, dass der Verfasser die Bedeutung anderer schwuler Männer als Bezugsgruppe gering einstuft. Eine Grundorientierung an anderen schwulen Männern war für die Diskussionsteilnehmer durchaus damit vereinbar, sich gegen eine Reduzierung ihrer Person auf eine schwule Gruppenidentität zu wehren, wie das im folgenden Zitat zum Ausdruck kommt:[352]

R:	Ich würde das unterscheiden. Einmal das, was auf mich wirkt, weil es auf mich sozusagen zugeschnitten ist. Und das spricht mich ganz einfach bis zu einem bestimmten Punkt an, eben bei Versace, wenn da der einfach nur liegt und mich anguckt von seinem Bett aus, dann wirkt das auf mich, Punkt. Das ist die eine Sache. Die andere Sache ist, wieweit ich bereit wäre auch durch meinen Konsum Schwulsein zu dokumentieren. Also, dass ich eben, ich sage mal in Anführungszeichen schwule Produkte nutze, das, was man halt gerade als Schwuler hat. Und da würde ich sagen, da hat es schon ziemliche Grenzen, also, wo man dann anfängt zu szenemäßig zu werden, oder wo man dann schon wieder seine Individualität dadurch verliert, dass man halt nur rumrennt wie alle anderen Schwestern [schwule Männer, Anm. d. Verf.] auch, oder auch eben das, dass man sich gegenüber Dritten dann anfängt irgendwann mal zu erklären.

Vor allem für die jüngeren Diskussionsteilnehmer bedeutete eine Grundorientierung an anderen schwulen Männern oder Jugendlichen nicht, dass eine deutliche Abgrenzung von der nicht-schwulen Umwelt angestrebt wurde:[353]

M	Ja, noch zum Thema Zusammenhalt, weil das ja auch früher stärker war, mit der Familie [gemeint ist hier schwule „Familie", also der Gruppenzusammenhalt schwuler Männer; das Stichwort Familie fiel kurz vorher in der Diskussion, Anm. d. Verf.], vielleicht ist das auch, weil man jetzt eben als Schwuler mehr Kontakte auch außerhalb der Szene hat, weil das Klima halt ein bisschen lockerer ist, dass man jetzt auch Leute kennt, die jetzt wissen, dass man schwul ist, die das akzeptieren, früher hat man da gar nicht darüber gesprochen, vor fünfzehn, zwanzig Jahren, und dann war man halt dann sehr verschlossen, abgekapselt, und hatte deshalb jetzt sehr wenig Kontakt jetzt außerhalb, oder die Kontakte eben nur sehr oberflächlich, eben beruflich oder andere Sachen, so kennt man jetzt auch Leute, mit denen man, wie er jetzt sagt, auch weggehen kann, dass man jetzt zum Beispiel einen Heten mal in die Schwulendisco nimmt, dass sich das ein bisschen durchmischt, dass man auch außerhalb eben Kontakte hat und dann nicht nur darauf angewiesen ist, jetzt jeden Abend irgendwie in die Szene zu gehen...

---

[352] Zitat aus Diskussion Nr.1, Seite 15 der Transkription
[353] Zitat aus Diskussion Nr.10, Seite 6 der Transkription; der zitierte Teilnehmer war zum Zeitpunkt des Interviews 23 Jahre alt

5.2.3. Stigmamanagementkomponenten der Leistung als Bedarfskategorien

Im vorangehenden Kapitel wurde erläutert, welche Zielsetzungen die Zielgruppe im Rahmen ihres Stigmamanagements verfolgt, und wo daher eine Stigmamanagementassistenz der Anbieterseite ansetzen könnte. Vor diesem Hintergrund soll im folgenden Schritt behandelt werden, worin die Stigmamanagementassistenz konkret bestehen kann, oder - aus Sicht der Zielgruppe formuliert - was die charakteristischen **Bedarfskategorien der Zielgruppe** sind. Diese Bedarfskategorien stellen ab auf den Nutzen, den die Mitglieder der Zielgruppe im Hinblick auf ihr individuelles Stigmamanagement aus der Wahrnehmung eines Angebots oder seiner späteren Verwendung ziehen.[354]

5.2.3.1. Stigmamanagementrelevante Information und Beratung

Auf die Frage des Verfassers, in welchem Zusammenhang den Diskussionsteilnehmern ein schwulenfreundliches Angebot[355] relevant erscheine - der Begriff schwulenfreundlich wurde dabei bewusst nicht definiert - antwortete ein Teilnehmer:[356]

J	Also, ich fände, es ist dann wichtig, da wo schwule Interessen berührt werden, wie zum Beispiel im Reisebüro. Ich kann also nicht in einem normalen Reisebüro fragen, ob es in dieser Stadt eine Szene gibt, oder ob es einen schwulen Strand gibt.
P	Das kannst Du auch nachlesen, brauchst Du nicht...
J	Das ist sicher einfacher in einem schwulen Reisebüro. ...

Mit dem hier gestreiften Thema Reisen, oder allgemeiner, Freizeit verbindet sich häufig der Wunsch nach Freiheit von Rollenzwängen. Somit ergeben sich im Zusammenhang mit dem **Freizeitbereich** mannigfaltige Bezüge zum Thema Stigmamanagement und gleichzeitig eine besondere Relevanz von zielgruppenspezifischer Information und Beratung.

Auch in den anderen Begriffsinhalten von Homosexualität sahen die Diskussionsteilnehmer Anlässe für Informations- und Beratungsbedarf. Das folgende Zitat thematisiert im weitesten Sinne **erotische Ausstrahlung** auf andere Männer:[357]

D	... was auf Äußerlichkeiten, so einerseits z.B. jetzt so, sei es vielleicht irgendwie, eben wie gesagt, ein Friseur oder irgendwas, oder wenn ich vielleicht irgendwo ein neues Jackett oder irgendwas anderes kaufe oder so was, wo es vielleicht eine Anschaffung ist, und wo ich eben

---

[354] Damit soll auf keinen Fall behauptet werden, dass schwule Männer sich nur für stigmamanagementrelevante Leistungsangebote interessieren. Gemeint ist nur, dass sie, wenn sie denn als schwule Männer angesprochen werden wollen und nicht als Mitglieder irgendwelcher anderer Zielgruppen, einen zielgruppenspezifischen Nutzen von dem Angebot erwarten werden. Letzterer beruht, das versucht diese Arbeit zu verdeutlichen, auf dem Bezug zu Stigmamanagement.
[355] Ob mit dem Begriff Angebot das Produkt, der Service, die Einkaufsstätte, oder ein sonstiger Angebotsaspekt gemeint sein sollte, wurde bewusst der Interpretation der Diskussionsteilnehmer überlassen.
[356] Zitat aus Diskussion Nr.8, Seite 7 der Transkription
[357] Zitat aus Diskussion Nr. 5, Seite 7 f. der Transkription

> vielleicht so selbst auch jemanden auch bräuchte, der, oder sagen wir mal, der als Schwuler mir einerseits sagen kann, was mir als Mann steht, aber andererseits auch als Mann irgendwo auch als Schwuler dann auch sehen kann, was für eine Wirkung das auf einen hat, und nicht irgendwo so eine Frau, die halt dann da irgendwo vielleicht da vielleicht noch andere Anliegen hat, dass man das da schon ein bisschen darauf abstimmen kann, das wäre also dann für mich schon lieber so.

Auch der Komplex **Sexualität** kann Auslöser eines spezifischen Informations- und Beratungsbedarfs sein, wie das folgende Zitat belegt:[358]

N	Also mein Arzt zum Beispiel auch, mein Allgemeinmediziner ist auch schwul, aber man hat mir immer gesagt, wenn Du wirklich zum Arzt willst, dann musst Du zu jemand anders gehen, aber jetzt unter der Voraussetzung, dass die gleich qualifiziert sind, gehe ich natürlich lieber zu dem, weil, wenn ich mal irgendwas habe, was man sich nur an irgendwelchen bestimmten Orten holen kann, dann brauche ich da nicht groß herumerklären, der wird das selber ein paar Mal gehabt haben und verschreibt mir dann Jacutin oder was es auch immer sein muss.
I	Hattest Du das schon öfter? [Lachen in der Runde]
N	Ja, aber der macht das dann eben, ohne zu fragen. Oder der hat mir kürzlich eine Hep-[Hepatitis, Anm. d. Verf.] -Impfung verpasst, wo ein Heteroarzt wieder stundenlang das rechtfertigen muss, ob man da denn in die Tropen fliegt oder so, also das ist da schon.

Unter dem Gesichtspunkt Informations- und Beratungsbedarf ist hier nicht so sehr die Frage interessant, ob es eine eindeutige Präferenz für einen schwulen Arzt oder für einen nicht-schwulen Arzt gibt, sondern die Tatsache dass in den Augen des zitierten Diskussionsteilnehmers ein spezifischer Informations- und Beratungsbedarf besteht, der sich - wiederum aus Sicht des Diskussionsteilnehmers - aus einer spezifischen Weise, Sexualität zu leben, ergibt. Die im Zitat genannten oder ungenannt bleibenden Krankheiten[359] betreffen nicht nur schwule Männer. Das erklärt, warum der diesbezügliche Informations- und Beratungsbedarf nicht von allen schwulen Männern in einem engen Zusammenhang mit dem Thema Homosexualität gesehen wird. Das Zitat illustriert auch, dass überall dort, wo die Abweichung von konventioneller Normalität aus Sicht des schwulen Konsumenten mit Sanktionen bedroht wird, wo also Diskriminierung befürchtet wird, bereits eine Voraussetzung für das Entstehen eines **Bedürfnisses nach Überwindung der Diskriminierung** geschaffen wird. Dies erklärt die Nachfrage nach schwulenfreundlichen Ärzten, Rechtsanwälten, Maklern etc. - oder auch Ärztinnen, Rechtsanwältinnen und Maklerinnen etc., denn es muss sich bei den Anbietern durchaus nicht grundsätzlich um Männer oder gar schwule Männer handeln. Dieses Bedürfnis verliert allerdings dann an Bedeutung, wenn die Befürchtung von Diskriminierung hinfällig wird, sei es, weil sich die Befürchtung aufgrund positiver Erfahrungen als unbegründet herausstellt, sei es auch, weil die Toleranz der Gesellschaft gegenüber Homosexualität zugenommen hat.

---

[358] Zitat aus Diskussion Nr.6 , Seite 17 f. der Transkription
[359] Jacutin ist ein Mittel gegen parasitäre Hauterkrankungen wie Filzlausbefall oder Krätze.

Die folgende Äußerung stammt von einem achtzehnjährigen Diskussionsteilnehmer und lässt vermuten, dass die jüngere Generation nicht mehr grundsätzlich davon ausgeht, mit allgegenwärtiger Diskriminierung rechnen zu müssen:[360]

J	So im allgemeinen gegen das Thema so mit Sexualkrankheiten und blablablub und dem ganzen Schmu gehen Ärzte das aber auch dermaßen trocken an, weil die das schon so oft so gesehen haben, ob das jetzt ein schwuler oder ein Hetenarzt ist oder, da macht das dann keinen großen Unterschied mehr.

Die in den Zitaten angesprochenen Produkt- und Leistungsbereiche lassen den Schluss zu, dass Stigmamanagementkomponenten des Angebots dort relevant sind, wo ein **Bezug** besteht **zum äußeren** persönlichen **Erscheinungsbild**, zu **Geschmack** und Stil, zum **Freizeitbereich**, zur **Intim- oder Vertraulichkeitssphäre** oder zur **Diskriminierungsproblematik**. Die Zitate machen aber auch deutlich, dass es immer vom je individuellen Stigmamanagement abhängt, ob aus dem Relevanzpotential eines Produkt- und Leistungsbereichs auch eine tatsächliche Relevanz wird.

5.2.3.2. Umsetzung der Stigmamanagementstrategie des Kunden

Die Stigmamanagementkomponente des Angebots bezieht sich nicht nur auf Information und Beratung, sondern auch auf die Umsetzung der jeweils verfolgten Stigmamanagementstrategie. Die Umsetzung kann zum einen in der angebotenen Leistung selbst liegen, hier fungiert die **Leistung** also **als Stigmamanagementressource** (z.B. ein Kleidungsstück, das die angestrebte Selbstpositionierung zwischen normal und anders zum Ausdruck bringt), zum anderen aber auch in den atmosphärischen **Begleitumständen des Angebots**. Von den Begleitumständen wurde in den Diskussionen vor allem die Gestaltung der Werbung und das Verhalten der Anbieterseite, speziell des Verkaufspersonals, thematisiert.

Zunächst soll mit einigen Zitaten die **Umsetzung** eines individuellen Stigmamanagements **durch die Leistung selbst** illustriert werden. Dabei kehren dieselben Produkt- und Leistungsbereiche wieder, von denen auch schon im letzten Abschnitt die Rede war. Der Bereich Kleidung scheint aufgrund seiner Außenwirkung besonders stigmamanagementrelevant zu sein. Mit Kleidung kann auf vielfältige Weise eine Selbstpositionierung bezüglich des Spektrums normal-anders vorgenommen werden. Das folgende Zitat greift den Themenkomplex äußeres Erscheinungsbild auf- und dazu gehören neben Kleidung auch Kosmetika, Friseurleistungen und ähnliches - und verweist darüber hinaus auf den Freizeitbereich als eine typische Situation, in der dieses Erscheinungsbild relevant ist.[361]

D	...was ich mal gemacht habe in Berlin, wollte ich also wirklich zu einem bewusst schwulen Friseur gehen, gibt es ja nicht so viele davon, aber irgendwo, um da vielleicht auch noch ein

---

[360] Zitat aus Diskussion Nr. 10, Seite 21 der Transkription
[361] Zitat aus Diskussion Nr.5, Seite 5 der Transkription

> bisschen, ja, weil ich denke schon, das sehe ich ja auch so bei den ganzen Sachen, vom Modebewusstsein, denke ich, sind die Schwulen, sagen wir mal, mit vielem, einen Tick voraus einfach. Wenn ich das mal so sehe, wenn ich da irgendwo in die Szenediscos gehe und dann sehe, was vielleicht gerade mal wieder der neueste Trend ist, das findest Du vielleicht irgendwo im Heterobereich so ein halbes Jahr später, so einerseits vielleicht auch, was so auch von Amerika hier rüberschwappt, das wird dann von den Schwulen, oder von England, eher in die reingebracht, so dass ich manchmal denke, es ist schon ein bisschen trendweisend, so ein bisschen orientiere ich mich daran auch, muss ich auch sagen, ja.

Die Orientierung an denen, die modisch „einen Tick voraus" sind, lässt auf ein Stigmamanagement schließen, das zum Ziel hat, sich von Normalen, vom Durchschnitt abzuheben.[362] Auch die entgegengesetzte Strategie ist natürlich möglich:[363]

H:	Also, ich ziehe mich aber eigentlich nicht besonders jetzt anders an als meine Altersgenossen, oder die Leute, die ich von der Schule kenne.

Aus der Sicht des hier zitierten Diskussionsteilnehmers hat der Produktbereich Kleidung wahrscheinlich keine spezielle Stigmamanagementrelevanz. Es lässt sich zwar argumentieren, dass die gezielte Verwendung von Kleidung zum Ausdruck von Normalität auch eine Stigmamanagementrelevanz von Kleidung beinhaltet, z.B. als bewusste Gegenposition zum Klischee des angeblich grundsätzlich modisch gekleideten schwulen Mannes. Im Einzelfall zu unterscheiden, ob ein Konsument tatsächlich eine bewusste Gegenposition einnimmt, oder ob Kleidung für ihn keine relevante Stigmamanagementressource darstellt, dürfte aber schwierig sein. Das bedeutet zum einen, dass nicht alle schwulen Männer die gleichen Produkt- und Leistungsbereiche nutzen, um ihr persönliches Stigmamanagement umzusetzen, die Eigenschaft der Eignung als **Stigmamanagementressource** ist **keine Eigenschaft des Produkts** selbst, sondern beruht auf der individuell unterschiedlichen Nutzung von Leistungen im Rahmen individuell unterschiedlicher Stigmamanagementstrategien. Selbst dort, wo sich schwule Konsumenten der gleichen Produkt- und Leistungsbereiche zum Zweck des Stigmamanagements bedienen, können die damit umgesetzten Stigmamanagementstrategien ganz unterschiedlich sein. Gängige Klischees, wie das des auf modisch auffällige Kleidung bedachten schwulen Mannes, können, müssen aber nicht zutreffen.

Ein Beispiel bilden Produkte und Leistungen, die als Ausdruck von Geschmack und Kultur gelten, also zum Beispiel der bereits erwähnte Bereich Kleidung, aber auch Möbel, Einrichtungsgegenstände und kulturelle Veranstaltungen im weitesten Sinne. Das folgende Zitat zeigt deutlich, dass es für diese Bereiche ein Relevanzpotential durchaus gibt, dass es aber gleichzeitig schwule Männer gibt, die keine Affinität zwi-

---

[362] Damit sei nicht bestritten, dass eine Orientierung an der modischen Avantgarde kontextabhängig in einem bestimmten sozialen Umfeld und unabhängig von Stigmamanagement auch eine „Normalstrategie" darstellen kann.
[363] Zitat aus Diskussion Nr.3, Seite 9 der Transkription

schen diesen Produkt- und Leistungsbereichen und der Tatsache ihrer Homosexualität sehen.[364]

P:	Also, ich sehe es auch bei Kleidung, also bei der Außenwirkung. Wenn ich mich da vergleiche mit Hetenmännern in meinem Alter, denke ich, gebe ich viel mehr Geld für Kleidung aus und alles, was nach außen wirkt.
O:	Und ich denke auch Einrichtung ist auch so ein Punkt, wo sich Schwule unterscheiden.
	[skeptische Bemerkung aus der Runde]
O:	Oh, doch, also wirklich,[Gelächter in der Runde wegen der entrüsteten Zurückweisung des Zweifels] also Schwule legen wirklich mehr darauf Wert
A1:	Da habe ich mich schon vorhin mit Dir gestritten, Du kannst doch nicht Schwule alle über einen Kamm scheren.
I:	Nun las ihn doch ausreden.
O:	Also, ich denke aber, und das ist wirklich meine persönliche Erfahrung, ich muss nur bei Euch Trinen [scherzhafter Ausdruck für schwulen Mann, Anm. d. Verf.] allen gucken
A1:	Bei Ikea, ich habe alles bei Ikea gekauft.
O:	Ja, nein, aber die Art der Einrichtung, ich denke Schwule, äh Heteros greifen viel mehr auf das zurück, was nützlich, also wenn dann irgendwie, dann tut es auch noch die Truhe von der Oma, und dann tut es auch noch der Babytisch von da. Also, ich denke, Schwule sind einfach mehr darauf bedacht, dass sie einen individuellen Einrichtungsstil haben, und deshalb auch viel gezielter jetzt gucken, wo gibt es was Gutes, also das kann ja ruhig Ikea sein, das hat ja damit nichts zu tun, nur weil es billig ist.

Die im Beispiel zitierten unterschiedlichen Standpunkte der Diskussionsteilnehmer lassen sich auf unterschiedliche Stigmamanagementstrategien zurückführen. O und P betonen die Unterschiede zwischen Schwulen und Heterosexuellen, A1 dagegen liegt offensichtlich nicht daran, sich - zumindest in puncto Einrichtung und Kleidung - von der heterosexuellen Welt zu unterscheiden, er betont die Unterschiedlichkeit schwuler Männer und wehrt sich gegen die schwule Norm.

Auch das folgende Zitat illustriert noch einmal das **Spektrum unterschiedlicher Stigmamanagementstrategien**:[365]

O:	Nee, nee. Ich denke, es kommt auf die Person an. Ich würde sagen, die meisten Schwulen, besonders in meinem Alter bestehen darauf, dass sie Markenartikel anhaben. Oder wenigstens ein paar im Schrank haben für die Sonderanlässe, wenn man bestimmte. Ja, ich meine, viele Schwule machen das, wenn sie jemanden besonders beeindrucken möchten, dann
W:	Ja, wenn es um das Schicksal geht, muss man eben das Lacoste-Hemd anhaben, oder dies oder jenes
O:	Ja, ich habe auch viele hier in Deutschland.
He:	Ich weiß es nicht, das bezweifle ich so, ob das jetzt speziell bei Schwulen so ist.
O:	Nee, nee
He:	Das ist eine Frage der Altersgruppe auch, und wo man jetzt verkehrt, in welcher Szene
O:	Mit auch, nee, nee, ich würde nicht sagen, ist nur bei Schwulen, aber es gibt viele, würde ich sagen, die das machen, und es gibt auch viele schwule Kneipen oder Bars, wo jeder sagt, ja

---

[364] Zitat aus Diskussion Nr.1, Seite 12 der Transkription
[365] Zitat aus Diskussion Nr.2, Seite 10 f. der Transkription

	das ist wirklich schicki-micki und ja nur sehen und gesehen werden, vielleicht.
A:	Also, was ich jetzt gerade überlege, gerade also auch weil ich bei der Frage so ein bisschen rausfalle, weil ich nicht so das Geld habe, um jetzt wirklich, sagen wir mal, großen Markenartikeln nachzujagen, aber ich weiß nicht, ob das Vorurteil ist, oder ob das sich doch bestätigt, dass, wenn Schwule was einkaufen, dass sie lieber auf Qualität achten,
O:	Ja.
A:	Also lieber etwas weniger, aber dafür Qualität, also, ob das bei Essen ist, oder bei Kleidung, oder bei Reisen, dass sie schon so einen Wert darauf legen, zu sagen, also, wir wollen für das Geld, was wir haben, haben natürlich eine gewisse Idee, also ich sag mal, wir wollen das Parfüm haben, dann kaufen wir uns das, also auch was Besonderes, das hält dann auch vor, also, bei Unterhosen sich zu sagen, die Superteure, aber die halten vielleicht auch länger. Oder auch beim Essen, dann eben lieber, also nicht so viel zu essen, aber dann ein gutes Essen zu haben, also Wert auf Qualität zu legen.

In dem Zitat fiel das Stichwort Markenartikel. Aus den Äußerungen geht hervor, dass **Marken** für einen Teil der Zielgruppe, eine bestimmte Szene, durchaus eine hohe Relevanz haben, dass es aber einen anderen Teil gibt, für den dies nicht zutrifft. Da es sich hier um eine qualitative Untersuchung handelt, lassen sich Aussagen über die relative Größe beider Gruppen nicht ableiten. Das ist aber auch nicht Ziel der Arbeit.

Hier soll vielmehr verdeutlicht werden, dass auch die Bedeutung von Marken als Ausfluss eines bestimmten Stigmamanagements betrachtet werden kann. Da Marken grundsätzlich benutzt werden können, um eine Selbstpositionierung vorzunehmen, Zugehörigkeit zu einer Gruppe und Distanzierung von anderen Gruppen auszudrücken, können sie diese Funktion auch im Rahmen eines Stigmamanagements erfüllen. Aber auch hier gilt, dass die **Gemeinsamkeit** der Zielgruppe sich zunächst nur auf die Relevanz der **Frage nach der Selbstpositionierung** erstreckt und **nicht auf die Antworten**. Neben Teilen der Zielgruppe, die sich bewusst von ihrer heterosexuellen Umwelt oder einem bestimmten Bild dieser Umwelt abheben wollen und dafür auch Marken einsetzen, gibt es auch Teile der Zielgruppe, die im Rahmen einer Normalstrategie keinen Wert legen auf markengestützte Selbstpositionierung, oder die ablehnen, was ihnen als ein Markenkult einer bestimmten schwulen Szene erscheint, der sie sich nicht zugehörig fühlen.

Die zwei folgenden Zitate illustrieren die **Umsetzung** einer Stigmamanagementstrategie **durch Verhalten** der Anbieterseite, hier des Verkaufspersonals und Werbung. Die Ausführungen hierzu werden bewusst knapp gehalten, weil sich hier Parallelen ergeben zu bereits an anderer Stelle (Kapitel 5.2.2. Stigmamanagementassistenz als Teil der wahrgenommenen Anbieterkompetenz) gemachten Erläuterungen. Die Zitate dienen also nur dem Zweck, in Erinnerung zu rufen, dass die Entsprechung zur wahrgenommenen Anbieterkompetenz im Bedarf der Zielgruppe liegt. Das erste Zitat belegt noch einmal, dass in Abhängigkeit von der jeweiligen Stigmamanagementstrategie des schwulen Kunden die geeignete Umsetzung durch das Anbieterverhalten ganz unterschiedlich ausfallen muss.[366]

---

[366] Zitat aus Diskussion Nr.3, Seite 27 f. der Transkription

H:	Also, wenn ich da jetzt so darüber nachdenke, Mac in Köln hattest Du eben gesagt, ne, wär schwul, also das ist mir nie aufgefallen. Das ist mir genauso wenig aufgefallen, genauso wie ich in den Kaufhof in Köln gehe, und denke, ach das sind ja alles schwule Verkäufer, die verhalten sich ja alle total tuntig, und dann nehme ich das wahr, und denke darüber nach, und dann ist das aber auch wieder gelaufen, ne. Und dann baue ich aber eher so ein Klischee auf, dass ich jetzt denke, ja, alle Verkäufer haben irgendwie etwas Schwules als dass ich jetzt daraufhin eine besondere Sympathie für den Laden entwickle oder so, das weniger
K:	Aber ich hatte, Du sagtest das mit dem Insiderheft, ich brauche immer irgendwie Deko-Sachen, und dann habe ich da auch nachgeguckt, und dann plötzlich auch, ah ja, das ist also ein schwulenfreundlicher Laden, war mir erst mal klar, wenn der da inseriert, und ich bin da auch hingegangen, und dann wusste ich direkt, aha, das ist eine Schwester, ne, und dann habe ich auch direkt ganz anders meine Forderung gestellt, das war auch, ich glaube schon
Ax:	Du gehst ganz anders um.
K:	Das hätte ich vielleicht in einem anderen Dekoladen nicht gemacht, ne, aber da wusste ich genau, da konnte ich also auch ganz schrill irgendwie beschreiben, was ich wollte, ich weiß nicht, ob ich das in einem anderen Laden, da hätte ich das vielleicht anders umschrieben, aber da habe ich dann direkt so, von der Sprache her, war mir das irgendwie ganz klar.

Das folgende Zitat deutet an, dass ein **Stigmamanagementbedarf** nicht nur **auf der Ebene des Individuums** und seiner individuellen Lebensführung, sondern auch **auf der gesellschaftlichen Ebene** besteht. Diesem Bedarf kann gerade Werbung aufgrund ihres öffentlichen Charakters entgegenkommen.[367]

D	Und irgendwie, oder auch von West gab es ja auch einige Sachen, ja, was mir daran gut gefällt, ist eben, dass es eigentlich nicht nur eine Werbung ist, sondern vom Prinzip aus auch so gesellschaftliche Sachen dadurch aufgegriffen werden und auch auf eine humorvolle Art auch irgendwo den anderen in Anführungszeichen vielleicht nahegebracht werden.

5.2.4. Stigmamanagementüberlegungen als Kaufentscheidungskriterium

5.2.4.1. Schwulenfreundlichkeit und -feindlichkeit als Kriterium der Anbieterwahl

Das obige Zitat verwies bereits auf die gesellschaftliche Ebene des Themas Stigmamanagement. Diese Ebene spielt auch bei der Kaufentscheidung zumindest bei einem Teil der Zielgruppe eine Rolle. Während nur ein Teil der Diskussionsteilnehmer durch ihre Kaufentscheidungen aktive Solidarität mit schwulen Anbietern üben wollte, ließen fast alle die Absicht erkennen, **schwulenfeindliche Anbieter** zu meiden. Die folgenden Zitate illustrieren dies:[368]

Mt	Ich wollte noch, also das, ja, für mich ist die Tatsache, dass wir nicht repräsentiert sind in der Werbung, ist eine Diskriminierung. Ich fühle mich nicht wahrgenommen, genauso wenn ich ins Fernsehprogramm gucke, ja, also kriege ich zuviel, also, gut, und ich glaube, dass wir irgendwie durch Bitten und Betteln und vernünftige Argumente die Firmen, die Werbung machen, nicht dazu kriegen können, dass die uns darstellen, wie wir uns das vorstellen, und da finde ich auch den Ansatz, den es in Amerika zum Beispiel oder in Kanada, also ich meine,

---

[367] Zitat aus Diskussion Nr.5, Seite 2 der Transkription
[368] Zitat aus Diskussion Nr.9, Seite 7 der Transkription

> nur daher weiß ich es, dass unter Schwulen und Lesben verstärkt ein Kauf- oder Konsumentenbewusstsein herangebildet wird, dass man zum Beispiel sagt, wenn man auf irgendeinem Wege feststellt, die Firma ist schwulenfeindlich, sei es, in ihrer Arbeitnehmerpolitik, in ihrem Inneren oder in ihrer Werbekampagne, dass man die dann boykottiert, das ist ein Punkt, den ich für sehr wichtig halte, und das andere, was ich mit Amerika meine, dass du dann als Alternative sagst, so wir machen unsere schwule Firma oder unsere lesbische Firma, oder wir verkaufen ein Produkt, das Pink Orange heißt, oder in Kanada gibt es schon schwules Bier, oder solche Sachen, das finde ich zwar irgendwo beknackt, aber ich denke, es ist nur ein Umweg auf dem Weg dahin, nicht mehr diskriminiert zu werden.

Das nächste Zitat ist ein Beispiel für eine weniger radikale Haltung. Aktive Solidarität mit schwulen Anbietern wird nicht angestrebt, aber schwulenfeindliche Anbieter werden gemieden:[369]

L	Ja gut, mit dem Arzt, ich habe einen Arzt im Bekanntenkreis und da gehe ich dann auch hin, weil der in der Nähe ist, die Nähe ist schon wichtiger als schwul. Das muss auch praktikabel sein, dass man nach der Arbeit da hingehen kann und nicht, dass man durch die halbe Stadt fahren muss, und der muss gut sein, das ist das Wichtigste, und ob der nun schwul ist oder nicht schwul ist, das...
B2	Der muss ja auch Deine schwule Thematik, gesundheitlich gesehen, muss der ja auch verstehen und muss damit umgehen können.
L	Ich würde nicht zu einem Schwulenhasserarzt gehen, da würde ich nicht hingehen.
B2	Ja gut.
L	Aber ansonsten wäre mir das egal.

Auch wenn die Arztwahl keine Kaufentscheidung im herkömmlichen Sinne darstellt, so beinhaltet sie doch die Entscheidung über eine Leistungsinanspruchnahme. Die Parallele ist nach Ansicht des Verfassers stark genug, um auch dieses Beispiel im Hinblick auf Kaufentscheidungsverhalten zu interpretieren.

Die **Schwulenfreundlichkeit** eines Anbieters ist dann besonders wichtig, wenn die Kunden eine Diskriminierung seitens der Anbieter befürchten oder für möglich halten. Das folgende Zitat führt hierfür das Beispiel Maklerdienstleistungen an. Es zeigt auch, dass Schwulenfreundlichkeit in den Augen der Zielgruppe nicht unbedingt voraussetzt, dass der Anbieter schwul ist:[370]

Ro	Es gibt halt Bereiche, wo es sozusagen inhaltlich zum Tragen kommt, zum Beispiel bei einem Makler, denke ich mal. Du bist ein schwules Paar, du willst mit deinem Freund, suchst du eine Wohnung.
Re	Wir haben ja zusammen eine Wohnung gesucht, und da war das erste Mal, wo wir, in der Motzstraße, hier in diesem...
S	Mann-o-Meter [ein Schwulen- und Lesbenzentrum in Berlin, Anm. d. Verf.]
Re	Mann-o-Meter angerufen, also ich meine, wir hatten alles mögliche, wir hatten Zeitungsannoncen alles, und dann habe ich noch gedacht, du rufst mal noch...

---

[369] Zitat aus Diskussion Nr.8, Seite 8 der Transkription
[370] Zitat aus Diskussion Nr.11, Seite 15 f. der Transkription

S	Vielleicht auch aus Zeitgründen.
Re	... und fragst mal, ob sie vielleicht irgendwie einen schwulen Makler, die auch an Schwule, so und dann haben die uns drei Adressen gegeben und gesagt, also die sind, die werben nicht für Schwule, die machen gar nichts, das ist ein ganz normales großes Immobilienbüro und die machen eben auch für schwule Pärchen und selbstverständlich. Und siehe da, in den nächsten Tagen kam die Wohnung, die wir dann endlich genommen haben. Also, das war mir wieder mal ein positives Beispiel. Und der Mann, der uns da betreute, würde ich sagen, dass der schwul ist, aber man weiß es nicht genau, der verhält sich ganz normal, ...
S	Genau.
Re	... wir sind ganz normale Kunden für den, wir sind Sie, per Sie, und das war ein ganz normales gutes Verhältnis, und da würde ich sagen, da war es, aber das hätte eben doch ein ganz anderer Mann oder eine ganz andere Frau sein können, wenn die uns genauso gut betreut hätten.

Die Passage „wir sind ganz normale Kunden" lässt darauf schließen, dass dies im Zusammenhang mit dem Thema Wohnungssuche nicht so selbstverständlich ist, dass es keiner Erwähnung bedürfte.

Bei den meisten Gütern und Dienstleistungen gingen die Diskussionsteilnehmer allerdings davon aus, dass sie nicht mit Diskriminierung rechnen müssen bzw. ohne große Schwierigkeiten den Anbieter wechseln können, sollten sie doch auf Diskriminierung stoßen. Der Grund hierfür wird auch in der wirtschaftlichen Situation der Anbieter gesehen, die es sich in einem Käufermarkt gar nicht leisten können, die schwule Kundschaft zu vergraulen.[371]

Ro	Aber ich denke, der Punkt ist doch jetzt auch, wo unterschwellig das Angebot gemacht wird und akzeptiert wird, und deshalb wohnen wir ja alle gern in Großstädten, also was weiß ich, in München Gärtnerplatzviertel, wo halt die ganzen Schwulen wohnen, gibt es viele Türken und Griechen als Lebensmittelläden, und die meisten Überfälle auf Schwule passieren von Türken, also an und für sich erst mal so. Natürlich muss jeder Lebensmittelladen oder Dönerstand, der dort überleben will, sich irgendwie damit auseinandersetzen, ob es ihm passt oder nicht, und daraus entsteht ein Klima, sagen wir mal der Akzeptanz, also, was heißt, der Türke am Dönerstand oder die Griechin, die Gemüse verkauft, kriegt natürlich mit, wenn du zehnmal kommst und dann kommt dein Freund, dass die schwul sind und akzeptiert es aber, und daraus bildet sich so etwas wie eine Normalität, denke ich, also, das ist ein Prozess, und die können gar nicht anders, ob sie es jetzt freiwillig tun oder nicht, und das ist doch genau der Punkt, inwieweit...

In dem begrenzten Sinne, dass schwule Kunden den Anbieter oder die Einkaufsstätte wechseln, wenn sie sich nicht gut behandelt fühlen, ist Schwulenfreundlichkeit als ein Kriterium der Anbieter- und Einkaufsstättenwahl selbst noch bei solchen Gütern und Dienstleistungen relevant, bei denen schwule Kunden weder in besonderem Maß mit Diskriminierung rechnen, noch einen anderweitigen engen Bezug zum Thema Homosexualität sehen.

---

[371] Zitat aus Diskussion Nr. 11, Seite 25 der Transkription

5.2.4.2. Zusatznutzen als Bedingung der Entscheidung für schwulenfreundliche Anbieter

Die zuletzt wiedergegebenen Zitate lassen sich auch unter dem Aspekt Zusatznutzen betrachten. Wenn ein schwuler Kunde bereits die Erfahrung gemacht hat, dass er - zumindest seiner eigenen subjektiven Einschätzung nach - als Kunde zweiter Klasse behandelt wurde, oder wenn er befürchtet, so behandelt zu werden, dann stellt es einen **Zusatznutzen** dar, „ganz normal" behandelt zu werden. Der Zusatznutzen kann wie im folgenden Zitat aber auch anderweitig begründet liegen. Zu der Frage, ob es eine Art **Sympathiebonus für schwule Anbieter oder schwules Verkaufspersonal** gibt, hatten die Diskussionsteilnehmer, wie das bereits in den weiter oben zitierten Äußerungen anklang, ganz unterschiedliche Auffassungen:[372]

B2	Also, durch die halbe Stadt fahren würde ich auch nicht, aber mir ist es schon lieber, wenn ich ehrlich bin, wenn ich, sage ich mal, von einem Schwulen bedient werde, egal, was das jetzt ist, ob das eine Apotheke ist oder ob es Kleidung ist, also, es ist mir angenehmer, kann ich nicht abstreiten.
B1	Bei mir genau das Gegenteil, also [Lachen in der Runde], besonders puncto Kleidung denke ich mir, dass ich da keinen Wert darauf lege...
J	Du bist ja sensibilisiert, sowieso, weil Du ja schwule Verkäufer hast. [B1 ist Lehrer an einer Berufsschule, Anm. d. Verf.]
B1	Ja, um Gottes willen, also, das ist dann schon, also, ich unterrichte auch in den Klassen nicht gerne, wo ich weiß, also, dass fünfzig Prozent der Jungs dann halt sich abends in der Sub [schwule Lokale, Anm. d. Verf.] treffen, nicht.
I	Warum?
B1	[Zögert] Ja, das ist ein bisschen Vorurteil, weil schwule Herrenausstatter leicht ein bisschen tuntig wirken können, sagen wir es mal so, und auch untereinander dann eher so etwas tuntig miteinander umgehen. [Rest des Satzes unverständlich]

Ohne dass die Diskussionsteilnehmer explizit von Stigmamanagement sprechen, kann man die Äußerungen als Ausdruck eines je unterschiedlichen Stigmamanagements werten. Der Diskussionsteilnehmer J schätzt im Rahmen seines persönlichen Stigmamanagements ein schwules Gegenüber in Kaufsituationen. Der Grund dafür liegt in dem Zusatznutzen, den ihm ein schwuler Verkäufer bietet, in diesem Fall in Form des Gefühls, von gleich zu gleich sprechen zu können. Die Stigmamanagementstrategie von J läuft hier also auf das Herstellen von Gemeinsamkeiten hinaus. Der Diskussionsteilnehmer B1 verfolgt mit seinem Stigmamanagement dagegen das Ziel, sich von Negativklischees über Schwule abzugrenzen. Ein schwules Gegenüber in Kaufsituationen lehnt er ab, weil er mit dieser Situation die Befürchtung verbindet, solche Negativklischees anzutreffen.

Auch der **werbliche Auftritt** kann einen Zusatznutzen beinhalten. Das Aufgreifen des Themas Homosexualität in der Werbung wurde vom weitaus größten Teil der Diskussionsteilnehmer begrüßt. Ein Beispielzitat soll hier genügen. Die Rede ist darin von der

---

[372] Zitat aus Diskussion Nr.8, Seite 6 f. der Transkription

Werbekampagne der Zigarettenmarke West, die in ihrer Plakatwerbung unter anderem ein Motiv einer schwulen Hochzeit verwendete.[373]

O:	Obwohl, ich muss das jetzt wirklich mal ganz kurz vorstellen. Ich hab, damals als West diese Werbung aufgebracht hat, diese schwule Werbung, die dann auch echt ziemlich oft kam, habe ich wirklich meine Marke gewechselt, so, weil ich echt das so toll fand von West, und da habe ich gedacht, da kaufst Du jetzt, wie eine richtige Konsumschwester, und dann echt das gleich gekauft, bin da auch geblieben, jetzt nicht wegen der Werbung, weil es mir dann auch geschmeckt hat [Gelächter in der Runde], echt. Ich meine, mittlerweile kaufe ich die [ein Wort unverständlich] Lights von Aldi [Gelächter in der Runde], aber so vom Automaten mein ich jetzt
R:	Aber hast Du die gewechselt, weil [Rest des Satzes unverständlich]
O:	Ja, so ein bisschen, nee, nicht, weil mich das jetzt so angesprochen hat, sondern einfach weil ich gesagt habe, Mensch das find ich toll, dass die das machen, die unterstützt du jetzt, so, mehr als irgendwie diese ständigen, diese Heterowerbung...

Im vorletzten Zitat („Also durch die halbe Stadt fahren würde ich auch nicht...") klang bereits an, dass der schwulenfreundliche Anbieter nicht nur einen kundenspezifischen Zusatznutzen bieten muss. Denn es wird, wie das obige Zitat belegt, eine **Kosten-Nutzen-Betrachtung** angestellt, in die auch der zeitliche Aufwand eingeht. Auch bei einem schwulenfreundlichen Angebot ist die Bereitschaft, Wegzeiten in Kauf zu nehmen, begrenzt.

Die Diskussionsteilnehmer betonten auch immer wieder, dass ein schwulenfreundliches Angebot nur dann für sie tatsächlich von Interesse ist, wenn die Leistung bezüglich Qualität und Preis mindestens mit der anderer Anbieter vergleichbar ist. Ein wahrgenommenes **Leistungsdefizit** bei Qualität und Preis ist in den Augen der Diskussionsteilnehmer **nicht durch Schwulenfreundlichkeit kompensierbar** oder durch die bloße Tatsache, dass der Anbieter der Gruppe der schwulen Männer zuzurechnen ist.[374]

Y	Ja, ja klar, man muss erst mal davon ausgehen, man will ja auch einen bestimmten Service, und ich würde nicht sagen, jetzt nur weil die schwul sind, können die halt, diese Reisebüros oder andere Läden halt dann noch einen zwanzigprozentigen Aufschlag draufmachen, und der Service kann ganz miserabel sein, nicht, also das muss schon vergleichbar sein von Service und Preis, also dieses Qualität-Preis-Verhältnis muss stimmen, und dann, klar, das ist ein schwuler Laden [einige Worte unverständlich]

Im folgenden Zitat machen die Äußerungen des Diskussionsteilnehmers B1 deutlich, dass ein Herausstellen des Faktors schwul oder schwulenfreundlich seitens des Anbieters bei Teilen der Zielgruppe die Frage aufwirft, ob damit nicht doch anderweitige Leistungsdefizite kaschiert werden sollen.[375]

---

[373] Zitat aus Diskussion Nr.1, Seite 15 f. der Transkription
[374] Zitat aus Diskussion Nr.9, Seite 10 der Transkription
[375] Zitat aus Diskussion Nr.8, Seite 9 f. der Transkription

J	Ja, aber wenn das alles sowieso vorausgesetzt werden muss bei einem Handwerker oder bei einem Verkäufer, nicht, also davon muss man doch ausgehen, dass die qualitativ gut sind und also freundlich sind und zuverlässig, dann wäre es doch als besonderes Bonbon noch schön, wenn sie dann noch schwul wären.
B1	Das ist ja was anderes.
P	Na gut, das ist ja was anderes.
I	Ja doch, das müsste eigentlich der Ausgangspunkt sein, würde ich auch sagen. Ich meine schlechte Qualität würde ich auch nicht annehmen wollen.
B1	Aber die gehen ja ran und sagen nicht, hier, wir machen tolle Qualität, wir machen einen fairen Preis, sondern wir sind schwul, wir sind wie Ihr, deswegen müsst Ihr uns bestellen.

5.2.4.3. Glaubwürdigkeit als Bedingung der Entscheidung für schwule(nfreundliche) Anbieter

Die Frage des **Preis-Leistungsverhältnisses** ist in den Augen der Diskussionsteilnehmer auch ein Indikator für die Glaubwürdigkeit des Anbieters im Hinblick auf seine Schwulenfreundlichkeit.[376]

D	Nee, also, ja teilweise natürlich, sagen wir mal, was mich so zwischendurch geärgert hatte, gerade als diese Phase auch kam, wo eigentlich jedes, jede Disco oder so, was sich einen schwulen Abend erlaubte, sich dann immer groß aufs Schild, auf die Fahnen schrieb, so ungefähr, wir tun jetzt was für Schwule und so, und wo, wenn man dann da hinging, und man sah genau, das war also dann der, war um vier Mark oder um fünf Mark teurer als der sonstige Samstag oder, wo man auch so alles war, Zielpunkt offene Abzockerei, gut, aber ich denke mal, da muss man ja, wenn man das ein-, zweimal gesehen hat, und dann muss man ja da nicht mehr hingehen, da gibt es ja so viele Angebote, dass man darauf dann nicht angewiesen ist, aber da kam es mir, wo Du das sagtest, also da ist es mir schon aufgefallen, dass es eine Abzockerei ist.

Subjektiv überhöht empfundene Preise verkehren die Rolle des **Anbieters als** potentieller Stigmamanagementassistent in die eines **Stigmatisierers** und zerstören somit seine Glaubwürdigkeit. Was subjektiv als Aufrechterhaltung der Stigmatisierung wahrgenommen wird, sind dabei nicht hohe Preise per se, sondern der Eindruck, dass gerade von der schwulen Zielgruppe höhere Preise verlangt werden. Der Verdacht auf versuchte Ausbeutung im obigen Beispiel verweist auf die Frage nach der Lauterkeit der Motive als glaubwürdigkeitsgefährdende Faktoren. Aber auch andere Faktoren können die Glaubwürdigkeit in Frage stellen, z.B. Werbeaussagen, die in den Augen der Zielgruppe realitätsfern sind:[377]

F	Ja, eine negative Werbung, die mir gerade noch einfiel, auch von West, habe ich jetzt gerade in Köln auf dem CSD[378] mitbekommen, und zwar hat West wohl diesen Schwulenverband gesponsert, und die haben gemeinsam eine Broschüre, also so ein Faltblatt da entwickelt, mit so einer Story, wo jemand irgendwie in der Kneipe jemanden kennen lernt, und dann rauchen

---

[376] Zitat aus Diskussion Nr.5, Seite 2 der Transkription
[377] Zitat aus Diskussion Nr.2, Seite 6 der Transkription
[378] Vgl. die Erläuterungen im Abschnitt 2.3.2.

> sie noch eine West zusammen und treten parallel dazu dem SvD [Schwulenverband Deutschland, Anm. d. Verf.] bei, so ungefähr [Gelächter in der Runde] und anschließend, und zum Schluss, nachdem sie also dann die Nacht miteinander verbracht haben, auch der eine dann sagt, so jetzt noch eine schöne West hinterher, und das fand ich so schrecklich, also das war übers Ziel hinausgeschossen. Und hintendrauf war dann das Beitrittsformular für den SvD, ja, und da war wirklich, da fühlte man sich nur noch vergackeiert.

Unglaubwürdige Werbung kann insofern als stigmatisierend empfunden werden, als gerade im Falle zielgruppenspezifischer Werbung unter Umständen der Verdacht entsteht, die Anbieterseite halte die angesprochene Zielgruppe für unfähig zu unterscheiden, wann **Schwulenfreundlichkeit als bloßes Etikett** einzustufen ist, das sich ein Anbieter in der Hoffnung auf zusätzlichen Umsatz aufklebt, und wann diesem Etikett auch eine Haltung oder ein Programm entspricht.[379]

L	Ja, das hat es ja auch in Hannover gegeben, beim Volleyballturnier, da wurde auch so ein Prospekt rausgegeben, wo überall schwulenfreundlich ist, und so viele rote Punkte mit schwul hatte ich in Hannover noch nie gesehen. [Lachen in der Runde]
?	Tja, siehst Du.
L	Ich würde trotzdem nicht zu irgendeinem dieser Geschäfte hingehen, die da irgendwo einen roten Punkt haben, auf die Idee bin ich nie gekommen, würde ich auch nie kommen.
P	[Lachend] Die meidest Du jetzt, oder?
I	Ja, also das wäre jetzt auch meine Frage, ich meine, was..., hast Du das Gefühl, die wollen Dich für dumm verkaufen dadurch, oder?
L	Ich denke mal, jedes Geschäft will verkaufen, und wenn die das schwule Publikum ansprechen wollen, dann sind sie auf einmal auch schwulenfreundlich, das ist denen egal, die wollen nur Geld sehen.
I	Na ja gut, wenn sie dadurch schwulenfreundlich sind, und einen nun endlich mal genauso...
L	Wer sagt denn, dass die schwulenfreundlich sind? Da waren ja alle möglichen Geschäfte mit einem rotem Punkt versehen.
I	Also unglaubwürdig...
L	Ja.

Manche Diskussionsteilnehmer hatten relativ konkrete Vorstellungen von dem, was sie unter Schwulenfreundlichkeit verstehen. Das folgende Beispiel spiegelt dabei nicht einen Durchschnitt wider, sondern ist eher ein Beispiel für relativ hohe Erwartungen an einen schwulenfreundlichen Anbieter.[380]

B1	Aber Deine Frage war ja in die Richtung, ob wir bei einem schwulenfreundlichen Unternehmen lieber was kaufen würden. Und schwulenfreundlich sehe ich eben anders, schwulenfreundlich ist für mich nicht jemand, der halt in einer schwulen Zeitung und im schwulen Fernsehen eine Werbung schaltet, sondern schwulenfreundlich ist für mich jemand, der sich dann auch für die Schwulen auf irgendeine Art und Weise irgendwie aktiv einsetzt, sei es dann durch Spenden an irgendwelche örtlichen Organisationen oder sei es Spenden an die Aids-Hilfe, nicht, das ist für mich schwulenfreundlich, nicht einer der hergeht, und sagt, hier ich habe ein Produkt für Euch, kauft bitte.

---

[379] Zitat aus Diskussion Nr.8, Seite 10 der Transkription
[380] Zitat aus Diskussion Nr. 8, Seite 7 der Transkription

Im folgenden Zitat liegt die mangelnde Glaubwürdigkeit der Schwulenfreundlichkeit darin begründet, dass in den Augen des Diskussionsteilnehmers die Schwulenfreundlichkeit seitens des Anbieters selektiv gehandhabt wird und nur kaufkräftigen schwulen Männern gilt oder, genauer gesagt, schwulen Männern, die durch ein bestimmtes äußeres Auftreten Kaufkraft demonstrieren.[381]

| E | Ja, finde ich schon sehr, also, das ist einfach, weil sie wissen, es ist ja eine kaufkräftige Klientel, das weiß jeder, weil, man ist ja alleinstehend, hat sein Haus und seine Katze und seine Wohnung oder was weiß ich und den Rest Kohle gibt man dann aus um zu leben, nicht, und weil man ja auch nichts vererben will, letztendlich oder so wie andere Leute ja auf ihre Kinder bauen, baut man darauf, es auszugeben [lacht], und das ist natürlich eine ganz schöne Kauf..., in Amerika machen sie es ja richtig also bewusst, und nun haben sie es hier auch mitgekriegt, man kriegt es ja mit in den Schwulenheften, in den einschlägigen oder Siegessäule [schwule Programmzeitschrift in Berlin, Anm. d. Verf.] strotzt ja vor lauter Werbung, ja, mit allem Möglichen, Kusian wirbt nun auch für Möbel da, also und so dieser, also bei dem bin ich mal im Laden gewesen gleich nach der Maueröffnung, die haben mich so verschreckt, dass ich wieder raus bin, ja. Nach dem Motto, ich kam da an, die guckten, ach, der ist bestimmt aus dem Osten, der kauft ja sowieso nichts, so haben die mich da abgefertigt, und jetzt machen sie Werbung in einer Schwulenzeitschrift, den Laden betrete ich nie wieder. [Lacht] Das ist, das ist wirklich Anbiederung. Kann ich nichts mit anfangen. |

5.2.5. Stigmamanagementziele der Zielgruppe als Anknüpfungspunkt für Marketing

5.2.5.1. Gemeinsames Stigmamanagementziel: Wegfall von Erklärungs- und Rechtfertigungsdruck

Das zuletzt wiedergegebene Zitat lässt sich im Hinblick auf zwei Arten von Stigmamanagement interpretieren, zum einen kommt der Aspekt Homosexualität zur Sprache, zum anderen die Herkunft aus den Neuen Bundesländern, die hier subjektiv offensichtlich auch als Stigma wahrgenommen wird. Die Parallele bestätigt auf einem zusätzlichen Gebiet das Ergebnis der Gruppendiskussionen, dass nämlich davon ausgegangen werden kann, dass jemand der sich einer stigmatisierten Gruppe zugehörig fühlt, den **Wunsch** haben wird, **sich im Hinblick auf das Stigma weder rechtfertigen noch erklären zu müssen**. Darin sieht der Verfasser bei aller Unterschiedlichkeit der Stigmamanagementstrategien schwuler Männer den gemeinsamen Nenner, auf den explizit oder implizit in den Zitaten immer wieder Bezug genommen wurde. Im Rahmen seiner Konsumentenrolle wird im Normalfall weder ein schwuler Mann expressis verbis zu seiner Homosexualität Stellung beziehen noch ein ostdeutscher zu seiner Herkunft aus der Ex-DDR. Trotzdem sind beide Themen offenbar auch in einer Konsumentensituation nicht unbedeutend. Im zuletzt wiedergegebenen Zitat war es die - subjektiv empfundene - Stigmatisierung als Ostdeutscher, die einen Konsumenten bewegte, einen bestimmten Anbieter künftig zu meiden, weiter oben wurde eine Vielzahl von Beispielen angeführt, wie die Stigmatisierung schwuler Männer in deren Konsumentenverhalten einfließt.

---

[381] Zitat aus Diskussion Nr. 11, Seite 2 der Transkription

Einige, nach Ansicht des Verfassers exemplarische Zitate sollen noch einmal die Kernpunkte illustrieren, die vor allem die Ebene der Stigmamanagementziele betreffen. Dabei kommt zum Ausdruck, dass Stigmamanagement sich nicht ausschließlich auf den Bereich des Konsumentenverhaltens bezieht. Die Relevanz der Zitate ohne direkten Bezug zum Konsumentenverhalten der Zielgruppe liegt darin begründet, dass die Zielgruppe die Anbieterseite unter anderem anhand des Kriteriums Stigmamanagementassistenz beurteilt. Stigmamanagementassistenz bezieht sich aber notwendigerweise auf die gesamte Stigmamanagementstrategie auch und gerade jenseits des Konsumentenverhaltens:[382]

F:	Ja, als erstes mal ist es natürlich das, allein die Tatsache des anderen Sexualverhaltens, dass man eben von Männern sexuell angezogen wird, und in der gegenwärtigen gesellschaftlichen Situation ist das eben immer noch verbunden mit einem Fremdheitsgefühl gegenüber der aktuellen, also gegenüber der gegenwärtigen Gesellschaft, dass man sich irgendwie nicht dazugehörig fühlt, das ist aber nur sekundär, würde ich mal sagen, das kann sich, das wird sich hoffentlich auch ändern mit zunehmender gesellschaftlicher Fortentwicklung.
I:	Wenn Du sagst, das ist sekundär, was ist dann primär?
F:	Ja, also das Eigentliche, was ich mit Schwulsein verbinde, ist eben, dass man eben von Männern angezogen wird.
I:	Ach so. Und ja, das ist dann auch im Alltag, also würdest Du sagen, das bedingt, dass für Dich die Alltagserfahrung ja eben auch dadurch geprägt ist, oder ist das nur ein ganz geringer Teil, der auch nur einen ganz geringen Teil Deines Lebens betrifft oder?
F:	Na, das ist schon ein größerer Teil, ich meine, also unabhängig von der gesellschaftlichen Entwicklung ist es natürlich, wird es natürlich immer ein Fakt sein, dass es für viele überraschend ist, wenn man sagt, dass man fremd ist, und deswegen das erst mal erklären muss oder so, und insofern ist das natürlich immer schon, prägt einen das natürlich schon sehr, dass man da eben immer denkt, ach, sollst du ihm das jetzt erzählen oder willst Du ihn einfach in dem Glauben lassen, ja Grundvoraussetzung, der ist wohl heterosexuell, also das muss man erst mal zerstören, diese Grundvoraussetzung in den Köpfen von anderen Leuten, und insofern ist es schon eben mehr als nur das Sexualverhalten.

Das Exemplarische des Zitats sieht der Verfasser in der Bezugnahme auf den Erklärungsdruck. Die Formulierung „...ach, sollst du ihm das jetzt..." deutet darauf hin, dass dieser Druck zumindest als lästig empfunden wird.

Das nächste Zitat stellt einen direkten Bezug von Stigmamanagement zu Konsumentenverhalten her. Das Exemplarische des Zitats liegt nach Ansicht des Verfassers nicht darin, dass der Diskussionsteilnehmer - der trotz des gemeinsamen Namenskürzels nicht mit dem eben zitierten identisch ist - eine Präferenz für einen schwulen Anbieter äußert, sondern im Motiv für diese Präferenz, nämlich dem Wegfall von Erklärungszwang.[383]

F	Noch ein Beispiel, wo es mir positiv auffiel, also, was ich sehr nett finde, ich bin ja beim Friedhelm, der ist ja Steuerberater, und da muss ich sagen, finde ich sehr angenehm, dass er

---

[382] Zitat aus Diskussion Nr.2, Seite 11 f. der Transkription
[383] Zitat aus Diskussion Nr. 6, Seite 17 der Transkription

> schwul ist, weil das eine bestimmte, gerade so Steuerberater finde ich ganz nett, das ist eine sehr intime Geschichte eigentlich, und da muss man nun nicht groß erzählen, was da nun Sache ist, warum alleine, warum keine Familie und solche Geschichten, das ist alles kein Thema, das finde ich sehr angenehm zum Beispiel, also das würde ich ungerne...

5.2.5.2. Generationenunterschiede: Stärke des Erklärungs- und Rechtfertigungsdrucks

Der Erklärungs- und Rechtfertigungsdruck wird auch von sehr jungen schwulen Männern noch empfunden und ist durch die gestiegene gesellschaftliche Toleranz offensichtlich nicht hinfällig geworden. Das folgende Zitat gibt Äußerungen von Diskussionsteilnehmern im Alter zwischen neunzehn und einundzwanzig Jahren wieder.[384]

I	...Also, das interessiert mich dabei, also, was ist für Euch dann noch so ein Wunsch, der noch offen ist.
R	Also, ich fände es wichtig, dass man einfach Hand in Hand durch die Stadt gehen kann und gar nicht groß darüber reden müsste, sondern, okay, der ist schwul, das kann vielleicht für ein heterosexuelles Mädchen oder so interessant sein, aber eben nicht von dem Aspekt her, das ist was Schlechteres, nicht dass man darüber reden müsste, sondern das ist einfach halt ein Zustand, aber jedenfalls so, dass man auch rumgehen könnte, nicht irgendwie mit den Eltern großartig reden muss.
T	Dass es ganz normal ist.
R	Dass es ganz normal ist.
T	Dass man nicht irgendwie Panik haben muss, wenn man sich jetzt von einem Freund verabschiedet, wenn der Bus kommt, dass man dann direkt im Bus von irgendwelchen Leuten angepöbelt wird.
C	Und dass es auch nicht als so eine völlig andere Sache angesehen wird, als eine völlig andere Art Menschen, sondern das ist ja wirklich nur die sexuelle Ausrichtung und ansonsten haben die ja die gleichen Berufe und gehen in die gleichen Filme, na ja, das vielleicht wieder nicht [Lachen in der Runde] mehr, aber machen im Prinzip, führen ein ganz normales Leben wie alle anderen auch, und es gibt auch den schwulen Kanalarbeiter und nicht nur Friseure, und dass diese ganzen Bilder, die man hat, abgebaut werden.

Die Erfahrung der **jüngeren Generation** lässt sich vielleicht beschreiben durch die Gleichzeitigkeit der inzwischen etablierten **Selbstverständlichkeit des Phänomens Homosexualität** und ihrer nach wie vor **umstrittenen Bewertung** durch Gesellschaft und unmittelbare Umwelt (z.B. die Eltern). Das macht auch das Fortbestehen des Erklärungs- und Rechtfertigungsdrucks plausibel. Eine genaue Abgrenzung zwischen jüngerer und älterer Generation für die vorliegende Fragestellung ist schwierig, aber bei genauer Betrachtung nicht nötig. Nach Ansicht des Verfassers ist es sinnvoller, von der Vorstellung eines Kontinuums auszugehen, wobei das zuletzt wiedergegebene Zitat am jüngeren Ende des Spektrums anzusiedeln ist und das nun folgende am älteren. Die folgenden Äußerungen stammen von einem fünfundsiebzigjährigen (H) und einem fünfundsechzigjährigen (D) Diskussionsteilnehmer.[385]

---

[384] Zitat aus Diskussion Nr.10, Seite 10 f. der Transkription
[385] Zitat aus Diskussion Nr.4, Seite 23 der Transkription

H	... weil es unter Strafe stand, du standest ja, die Jungen können sich das ja gar nicht vorstellen, so lange der Paragraph bestand, nicht, da wärest Du auch rausgeflogen, das wäre ein Kündigungsgrund gewesen, ...
Ma	Na ja, klar.
H	... weil du ja eine strafbare Handlung begehst, insofern.
D	So war das auch damals.
H	Ich meine, ich habe da, so war es jedenfalls bei mir, hat man versucht, sich keine Blößen zu geben, im Hinblick auf Leistung, nicht wahr, oder Schwächen, sondern eher etwas darüber, damit keiner dir an den Karren fahren konnte und sagen, ach ja, natürlich, der ist ja schwul, deshalb, ist ein Versager, weil da das Schwulsein ja auch sehr negativ besetzt...

Vor der Reform des Paragraphen 175 des Strafgesetzbuchs Ende der sechziger Jahre dürfte eine prägende Erfahrung schwuler Männer die von **Homosexualität als Tabu** gewesen sein. Es bestand kaum eine Möglichkeit, dem Erklärungs- und Rechtfertigungsdruck unter direkter Bezugnahme auf das Thema Homosexualität erfolgreich zu begegnen. Der Druck konnte nur auf einer anderen Ebene ausgeglichen werden. Bei dem zitierten Diskussionsteilnehmer war dies die Ebene beruflicher Leistung, es sind aber auch andere Ebenen denkbar.

5.2.5.3. Ost-West-Unterschiede: zu erklärende und zu rechtfertigende Aspekte von Homosexualität

Angesichts von insgesamt nur zwei Gruppendiskussionen mit vorwiegend ostdeutschen Teilnehmern, ist es angebracht, mit Verallgemeinerungen vorsichtig umzugehen. Allerdings drängte sich dem Verfasser bereits bei der ersten Gruppendiskussion der Eindruck auf, dass das Selbstverständnis ostdeutscher schwuler Männer sich von dem westdeutschen unterscheidet. Da sich dieser Eindruck in der zweiten Gruppendiskussion bestätigte, geht der Verfasser davon aus, dass dies kein Zufallseffekt war. Deshalb soll mit einigen Zitaten versucht werden, dieses abweichende Selbstverständnis zu skizzieren. Während bei den meisten westdeutschen (und West-Berliner) Diskussionsteilnehmern der Gedanke an Homosexualität wie selbstverständlich die Assoziationen gesellschaftliche Minderheit und Forderung nach Gleichberechtigung einschloss, schien für die ostdeutschen Diskussionsteilnehmer der Begriffsinhalt von Homosexualität nur in sehr viel schwächerem Maße über den Bereich der Sexualität hinauszugehen:[386]

E	Ja, weil das ist mir immer so was, warum muss ich denn gleich einen Verein gründen, weil ich schwul bin, also gut, in diesem Land müssen nun mal Interessengruppen irgendwo vertreten sein, sonst kriegen sie gar nichts ab, aber was will ich denn extra haben, weil ich schwul bin, ich weiß es nicht.
	[einige kurze Beiträge unverständlich]
Ro	Ich glaube, das ist eine andere Diskussion, also das ist im Grunde eine politische Diskussion.
B	Die finde ich aber, der Ausgangspunkt führt zu, also das, was wir hier vorführen, also jetzt im Moment, führt dann dorthin...

---

[386] Zitat aus Diskussion Nr. 11, Seite 28 der Transkription

I	Ja genau, also genau, was Du gesagt hast, ja.
B	...zur Werbung, und das finde ich eben hängt mit der Gesellschaft...
Ro	Aber das ist dann die Frage, inwieweit muss ich in bestimmten Bereichen auf die Wabe [zuvor war von der Aufspaltung der Gesellschaft „in zig kleine wabenförmig verteilte Interessengruppen" die Rede, Anm. d. Verf.] zurückgehen, um überhaupt meine Interessen durchzusetzen, die ich habe, oder nicht.
B	Das ist für mich eine Frage, ich habe als Schwuler keine speziellen Interessen, letztendlich ficke ich nur anders, also manch Hetero macht es genauso, aber...

Ein weiteres Zitat legt die Vermutung nahe, dass das Selbstverständnis von Schwulen als abweichende, vielleicht sogar bewusst provozierende gesellschaftliche Minderheit in der DDR wohl deutlich weniger verbreitet war, als im Westen.[387]

J	Ja, da habe ich aber zum Beispiel bei mir noch andere Sachen erlebt, ich war ja da als Regimentsarzt, da kam mein Chef [einige Wort unverständlich] im Dienstzimmer an und sagte, er weiß nicht, was er machen soll, da gibt es in ihrer Kompanie zwei Schwule, die immer miteinander schlafen, ja und was er denn nun am besten macht, soll er die auseinander sperren oder
B	Ganz im Gegenteil, Jürgen, haben sie bei uns gemacht..
J	Na, Moment mal, bitte, ja, las mich doch mal ausreden, sondern es ging, ihm ging es einfach um den Umgang, was macht er mit den Schwulen, ohne dass er nun großen Konflikt produziert, also nicht um die Tatsache der Homosexualität an sich, so dann haben wir uns darüber unterhalten, dann habe ich gesagt, gibt doch einzelne Zimmer, dann pack die doch auf ein Zimmer, dann kann sich keiner darüber stören, und das war es. Und wie die sich innerhalb ihrer eigenen Gruppe durchsetzen, das ist so lange sekundär, bis es nicht, es sei denn es kommen Konflikte, dann muss man sich damit beschäftigen.
B	Bei uns war es genau...
J	Aber ich denke, das ist relativ DDR-typisch gewesen, da ging es nämlich eigentlich vordergründig nicht um diese Durchsetzung schwuler Rechte sondern um diesen sozialen, gleichberechtigten Einbau, zumindestens was ich im Laufe...
B	Den störungsfreien Einbau.

Die Schlüsselpassage sieht der Verfasser in der Gegenüberstellung von „Durchsetzung schwuler Rechte" (im Westen) und „sozialem, gleichberechtigten Einbau" (im Osten).

Wenn Schwule in der DDR in viel stärkerem Maße als in der Bundesrepublik Homosexualität der Privatsphäre zuordneten und keine Notwendigkeit sahen, ihre Rechte „gegen" den Rest der Gesellschaft durchzusetzen, dann wird verständlich, dass diejenigen, die aus ihrer Homosexualität heraus eine bewusste gesellschaftliche Gegenposition aufbauten, auf wenig Sympathie stießen.[388]

B	Ich denke übrigens, die ganze Fragestellung, mal abgesehen davon, dass die Werbung das jetzt für sich in Anspruch nimmt, hat aber was auch mit der Gesellschaft, in der wir jetzt leben, im Gegensatz zu der, woraus wir kommen, zu tun, die sich ja ganz bewusst in zig kleine wabenförmig verteilte Interessengruppen zergliedert...

---

[387] Zitat aus Diskussion Nr. 11, Seite 30 der Transkription
[388] Zitat aus Diskussion Nr. 11, Seite 27 f. der Transkription

Re	Das berühmte Mosaik.
B	Ja, und jede Interessengruppe will zur Kenntnis genommen werden, möchte, und zu der Gruppe, ich gehöre zu einer dieser Waben, auch zu mehreren wahrscheinlich, aber in einer, wo man also ganz speziell ansprechbar sein könnte, und das möchte ich für mich so nicht akzeptieren, also ich möchte zu mehreren Waben, also bin einsachtzig groß und ich bin Lehrer und ich bin das, also in dem Bereich zur Kenntnis genommen werden, und diese Wabe, von der wir hier reden, das ist also nur die letzte, die für mich eigentlich im Alltag und im Zur-Kenntnis-Nehmen die geringwertigste ist, die nehme ich frühmorgens zur Kenntnis und abends...
E	Hat ja auch mit Schwulenbewegung zu tun, die ja also bei uns im Osten eigentlich nie so war, da gab es mal so Gruppen, und die waren mir immer suspekt, da bin ich nie hin...
B	Oh ja,
E	... weil, die habe ich gehasst, weil...
B	Das waren immer lächerliche Vögel.
E	Lächerlich, weil es einfach
Re	Evangelische Kirchengemeinden, das war das aller-, aller-, allerletzte.
E	ja, so diese Kirchengemeinden, diese Schwulengruppen die es hier gab, hier die Kaffee...
B	Du hattest immer den Eindruck, die tun sich deshalb zusammen, weil sie sonst keinen kriegen...
E	Ja genau.
B	..und zu der Gruppe gehörten wir nämlich auch nicht gerade.
E	Und deswegen bin ich auch sehr suspekt gegenüber dieser Schwulenbewegung auch aus dem Westen, die dann rüber jetzt geschwappt ist und da so also man mit...
Ro	Du wirst missioniert.

Aus den obigen Zitaten schließt der Verfasser, dass der subjektiv empfundene **Erklärungs- und Rechtfertigungsdruck in der DDR** anders gelagert war als in der alten Bundesrepublik. Das heißt nicht, dass es in der DDR keine Stigmatisierung gab, sondern nur, dass Stigmatisierung weniger mit der gesellschaftlichen Ebene in Verbindung gebracht wurde und mehr mit der privaten, wie das folgende Zitat illustriert, in dem die Geschichte eines Umzugs erzählt wird:[389]

E	[...], und möchte also wenigstens eine Dreiraumwohnung wieder haben, wir sind zu zweit und so, Roman wohnte bei mir dabei, und stand da auch eingetragen, na ja und zu zweit, und dann hat die immer Romana Bringer gelesen, statt Roman, weißt du, und irgendwie kam das dann mal und fragte mich, und ich sage, nicht Romana, sondern Roman [Lachen in der Runde]. Und, ach so, sie sind zwei Männer, dann hat die mir eine Wohnung angeboten, da war dann die Badewanne unten in dem Spülbecken, konnte man so rauszichen, na ich sage, wo ist denn hier das Bad, na das ist es doch, ja, sie haben, sie kriegen doch wohl keine Kinder, da brauchen sie doch wohl nicht so ein großes Bad, sagt die zu mir. Ich sage, was soll denn das nun, in die Schmuddelecke oder so? Na wer weiß, ob das überhaupt stimmt, dass sie zusammen leben oder so was alles, kam dann gleich, weißt du, so völlig aggressiv. Da habe ich mich dann richtig beschwert bei der SED-Bezirksleitung, und dann kam der Brief zurück von Herrn Schabrowski und dann ging das einmal, dann hat sie gesagt, na, Sie müssen ja Bekannte haben, Sie haben sich ja beschwert über uns, ich sage genau, jetzt habe ich eine Wohnung, die ist direkt über einer Kneipe, die nehmen sie bestimmt auch nicht, die hat natürlich nicht gewusst, dass das eine Schwulenkneipe ist [Lachen in der Runde], und dann Wichertstraße

---

[389] Zitat aus Diskussion Nr. 11, Seite 16 f. der Transkription

	und dann war das genau hier darüber, ich habe mit Werner ganz unten angefangen an der Prenzlauer, ich sage, wo ist denn das, welche Nummer, über einer Kneipe? Bin nie auf die Idee gekommen, dass das hier drüber, dann habe ich mir acht Tage Bedenkzeit ausgebeten, weil ich sehen wollte, wie laut das ist, und es ging. Ja die ist mit Gashahn, aber die ist über einer Kneipe, aber das ist Ihnen ja bestimmt auch nicht fein genug. Und dann war es mir aber fein genug, und dann habe ich sie dann genommen, dann war die Olle aber völlig sauer, in der Schmuddelecke, ja, also es ist, das ist schon, wenn da jemand sitzt und dich versteht und dann nicht blöde anguckt, dich also wirklich da fertig, nach dem Motto zwei Männer zusammen, ja ich kam dann immer, und dann tuschelten die Weiber, das war also sonnenklar, ich stand immer da wie so ein Dummlack, weißt du, als erwachsener Mensch.
I	Ja, ja.
J	Ja, also bei diesen Geschichten, das ist eine rein individualisierte Geschichte, die sich wirklich über die reine Werbung kaum vermitteln lässt.

Die gesellschaftliche Instanz, hier die SED-Bezirksleitung, ist in diesem Beispiel nicht Stigmatisierer, sondern hilft bei der Überwindung der Stigmatisierung. Die Quelle der Diskriminierung wird in bestimmten individuellen Personen, den Angestellten der Wohnungsvermittlungsstelle, gesehen. Der Kommentar „das ist eine rein individualisierte Geschichte" unterstreicht noch einmal diese Sicht der Dinge.

5.2.5.4. Gemeinsame Lösung: Aufhebung von Stigma im Bild von Homosexualität als Teil eines Spektrums von Lebensmöglichkeiten

Trotz aller Unterschiede zwischen den Generationen, zwischen Ost und West und nicht zuletzt zwischen den je individuellen Stigmamanagementstrategien gibt es eine Gemeinsamkeit, die über die bereits oben erläuterten gemeinsamen Stigmamanagementziele noch hinausgeht. Im Rahmen des Meinungsaustausches über verschiedene Werbekampagnen, von denen sich die Diskussionsteilnehmer in ihrer Eigenschaft als schwule Männer angesprochen fühlten, und in der Diskussion zum Thema Selbstverständnis wurde deutlich, dass es eine Art der Thematisierung von Homosexualität gibt, die nahezu bei allen Diskussionsteilnehmern auf Sympathie stieß: **Homosexualität als Teil eines Spektrums von Lebensmöglichkeiten**.

Bei einem Verständnis von Homosexualität als Teil eines Spektrums wird in den Augen der Diskussionsteilnehmer Stigmatisierung dadurch aufgehoben, dass **Homosexualität** einerseits zwar wahrgenommen, andererseits aber **nicht** zu einem **Unterscheidungskriterium** wird, auf dessen Basis eine Gruppe ausgegrenzt wird. Es erfolgt dabei weder eine abwertende Ausgrenzung im Sinne von Diskriminierung, noch eine aufwertende im Sinne z.B. einer separaten Ansprache als attraktive Zielgruppe, die beide nach Ansicht der Diskussionsteilnehmer implizieren, dass die Persönlichkeit schwuler Männer tendenziell auf die Eigenschaft schwul reduziert wird.

Die folgenden Zitate soll diese gemeinsame Sympathie für das eben skizzierte Verständnis von Homosexualität illustrieren. Das erste Zitat stammt von einem fünfundzwanzigjährigen Diskussionsteilnehmer.[390]

| D | Ja, also ich denke mal, einfach ein, ich fände es natürlich schon schön, wenn es irgendwo bei diesen Sachen auch so ein bisschen eine Berücksichtigung findet, also auch jetzt gar nicht mal absichtlich, sondern einfach nur so in der Form, ja das gibt es halt auch, das ist halt eine andere Lebensform, und nicht irgendwo, bei den ganzen Werbungen war es ja irgendwo ein bisschen teilweise auch durch die Provokation, dadurch auch das noch mit reinzubringen, wenn es aber irgendwo einfach neben den Sachen so gesehen wird, ohne da eine unterschiedliche Wertung reinzubringen, fände ich das natürlich umso besser. Jetzt fällt mir da konkret kein Beispiel [lacht] ein. |

Die folgenden Äußerungen fielen in der Diskussion mit vorwiegend älteren, schwulen Männern.[391]

I	...Was verbindet sich für Euch überhaupt mit der Vorstellung schwul oder homosexuell, oder welches Wort man nun immer dafür nehmen will? Schwul oder homosexuell zu sein, jetzt was gerade schon so anklang, war so ein bisschen Stolz, und das wieder zurückgeben und ja, wir sind so, und wir stehen auch zu uns und sind stolz. Ist das das, was für Euch im Vordergrund dann steht?
H	Nein, ich würde nicht sagen stolz, kann ich das nicht nennen.
D	Nein würde ich auch nicht.
H	Ich bin also, na, ich habe diese sexuelle Tendenz, wie ein anderer ...
Ma	mit Kindern [sarkastische Anspielung auf die zur Zeit der Diskussion durch die Presse gehenden „Kinderschänder"-Skandale?]
H	... bisexuell ist, oder ich weiß ich hetero ist, ich würde sagen, das ist eine Neigung, die ich nicht für schlechter oder für besser oder für edler oder was weiß ich empfinde. das ist eben meine andere Triebrichtung für mich.
U	Ja, würde ich auch sagen.
H	Und ich halte mich deshalb nicht für schlechter oder minderwertiger oder auch nicht für besser oder für was weiß ich, nur weil ich homosexuell bin, nicht, sondern ich glaube, man muss zu der Sicht kommen, dass es diese Möglichkeiten gibt, es gibt beim Menschen drei Triebrichtungen, der eine ist rein hetero, der andere ist homo, und dann gibt es den Bisexuellen, nicht

Auch bei den ostdeutschen Diskussionsteilnehmern stieß die Vorstellung eines Spektrums auf Zustimmung.[392]

| I | Also, ich denke auch, ich sehe das einfach als Reflexion unserer gesellschaftlichen Realität oder wie man das immer nennen will, und wenn du jetzt gesagt hast, alles verschiedene Waben und diese Auf-, diese Fragmentierung der Gesellschaft, wieder ein Beispiel aus der Werbung, neulich im Kino gesehen, ich weiß gar nicht mehr, wie die Marke hieß, im Kinovorspann, in den Werbungen, da ging es um irgendwelche Pfefferminzbonbons glaube ich, die |

---

[390] Zitat aus Diskussion Nr. 5, Seite 2 der Transkription
[391] Zitat aus Diskussion Nr. 4, Seite 22 f. der Transkription
[392] Zitat aus Diskussion Nr. 11, Seite 28f. der Transkription

	nun frischen Atem machen, und das war in schneller ...
S	Ach so ja.
I	... Folge Paare, die sich küssten...
E	Und da waren auch Schwule dabei.
I	Und da waren Schwule, Lesben, Heteros, alles dabei, und also das hat mich beeindruckt, weil da wieder, also für mich persönlich, das muss nicht für Euch auch so angekommen sein, aber für mich persönlich hat das genau diese schwule Normalität geschaffen, die ich mir eigentlich wünschen würde, nämlich das Ganze als ein...
E	Ein Teppich.
I	Genau, ein Mosaikstein.
E	Das habe ich auch gesehen, das fand ich okay, ja
S	Das war ja auch okay.
J	Insofern ist es ja doch eine gleichberechtigte soziale Akzeptanz.
B	Ja, es geht doch nicht um die Überbetonung des Schwulen.

Das folgende Zitat macht deutlich, dass das **Leitbild von Homosexualität als Teil eines Spektrums** nicht gleichzusetzen ist mit der Einebnung aller Unterschiede:[393]

S	Ja, da [in der Werbekampagne der Zigarettenmarke West, Anm. d. Verf.] wurden eben alle als Klischees eben dargestellt, alle Exzentriker, da war eben eine ganze Reihe von Klischees. Ich meine, da wurden die Schwulen jetzt nicht herausgegriffen, sondern die standen da irgendwo in der Reihe, und die, ich sag mal, die normalen Heteros sich das angucken, haben sie die, ich weiß nicht, die Außerirdischen, dann waren eben die schrillen Schwulen, die Alten oder so.
N	Obwohl, wenn man ehrlich ist, wenn ich überlege, manchmal gefällt es mir dann auch in dieser Rolle des Exzentrikers, kommt immer darauf an, in welcher Stimmung ich gerade bin, wenn ich so darüber nachdenke..., bitte?
S	Der kleine Paradiesvogel.
N	Ja, manchmal, kommt immer darauf an, mit wem man es gerade zu tun hat, irgendwie. Wenn man so generell überlegt, wenn man immer in diese Ecke gestellt wird, dann nervt es, aber bei manchen Leuten finde ich es durchaus ganz nett, weil die nur normal sind [lacht], wenn die einen für einen Exzentriker halten, dann kann man vielleicht nicht ganz so normal sein.

Die Vorstellung eines Spektrums von Lebensmöglichkeiten markiert den Punkt, an dem nach Ansicht des Verfassers die **Übertragbarkeit** des hier entwickelten Konzepts von Stigmamanagement **auf andere gesellschaftliche Gruppen** - und somit auch auf das Marketing für andere gesellschaftliche Gruppen - anknüpfen kann. Die Vorstellung eines Spektrums erlaubt es Angehörigen einer Minderheit, sich ohne Verzicht auf eine von der Mehrheit abweichende Identität als Teil eines Ganzen wahrzunehmen. Damit ist nach Ansicht des Verfassers eine zentrale Fragestellung jeglicher Minderheitendiskussion angesprochen: das Problem der **Balance zwischen Integration** einerseits **und Wahrung der eigenen Identität** andererseits.

Die Verbindungslinie zwischen dieser gesellschaftlichen Problematik und Marketing liegt auf der Hand, wenn Marketing wie in der vorliegenden Arbeit als Identifikations-

---

[393] Zitat aus Diskussion Nr. 6, Seite 4 der Transkription

angebot verstanden wird. Ansatzpunkte für ein Marketing, auf Basis des hier entwickelten Konzepts von Stigmamanagement soll das folgende Kapitel aufzeigen. Das Identifikationsangebot wird aber sinnvollerweise nicht die Form der Präsentation allgemeingültiger Antworten annehmen, die es so nicht geben wird. Im Licht der hier präsentierten Ergebnisse der Gruppendiskussionen empfiehlt es sich vielmehr, das Marketing nicht auf gemeinsame Antworten abzustellen, sondern stattdessen auf die Gemeinsamkeit der Fragestellung. Das nächste Kapitel wird hierauf näher eingehen.

5.3. Zusammenfassung

Die empirische Untersuchung hat gezeigt, dass ein besonderer **Aufmerksamkeitswert** von Werbung für die schwule Zielgruppe dann besteht, wenn eine **schwule Affinität** gegeben ist, d.h. wenn schwulen Männern nahegelegt wird, sich als schwule Männer angesprochen zu fühlen. Das ist dann der Fall, wenn auf die verschiedenen Aspekte von Homosexualität angespielt wird, die Gegenstand des Stigmamanagements sind: Sexualität und Erotik, Geschlechterrollenverhalten und Selbstdefinition. Neben **Erotik** maßen die Teilnehmer auch dem Thema **Geschlechterrollen** einen erheblichen Stellenwert zu. Das Thema **Identifikation** stand für die Teilnehmer auf einer anderen Ebene. Identifikation wird unter anderem über die Themen Sexualität, Erotik und Geschlechterrollen hergestellt. Affinität bestimmt den Aufmerksamkeitswert, damit ist noch nicht gesagt, ob es zu einer zustimmenden oder ablehnenden Reaktion kommt. Für eine zustimmende Reaktion ist entscheidend, dass nicht nur eine thematische Affinität hergestellt wird, sondern auch **Authentizität,** mit anderen Worten, dass die Art der Thematisierung erfolgreich eine Lebensrealität vermittelt.[394]

Die von einem Anbieter erwartete stigmamanagementrelevante **Kompetenz** bestand aus Sicht der Teilnehmer vor allem in der **Stützung des** individuellen **Stigmamanagements** des Kunden und in der **Etablierung einer Selbstverständlichkeit** für die jeweils vom Kunden angestrebte Selbstpositionierung. Wichtig war den Teilnehmern dabei die Wahrung ihrer Entscheidungssouveränität als Kunden. Diese Schwerpunktsetzung zeigt, dass die stigmamanagementrelevante Kompetenz der Anbieterseite vor allem eine **soziale Kompetenz** ist.

An **Bedarfskategorien** lässt sich aus den Diskussionen zum einen stigmamanagementrelevante **Beratung und Information** ableiten. Diesen Bedarf äußerten die Teilnehmer bezüglich solcher Leistungen, bei deren Beschaffung oder Inanspruchnahme sie entweder Diskriminierung befürchteten oder aber bei denen sie sich keine Einschränkungen aus Rücksichtnahme auf die nicht-schwule Umwelt auferlegen wollten. Neben Beratung und Information stellte für die Teilnehmer auch die **Umsetzung** ihrer Stigmamanagementstrategien eine Bedarfskategorie dar. Dafür benötigen sie **Stigmamanagementressourcen**, nicht nur, aber auch in Form von wirtschaftlichen Leistungen. Die Relevanz verschiedener Leistungsbereiche bestimmt sich hierbei nach ihrer Eignung, eine bestimmte Selbstpositionierung zum Ausdruck zu bringen. Das dürfte immer dann

---

[394] Vgl. die Erläuterungen zum Begriff Authentizität in Kapitel 4.2.1.2.

der Fall sein, wenn es aus Sicht der schwulen Konsumenten Bezüge gibt zwischen den Leistungen und der Thematik Selbstbild/Fremdbild. Solche Bezüge bestehen vor allem, wenn die Leistungen das äußere Erscheinungsbild des Konsumenten mitbestimmen, die Intim- oder Vertraulichkeitssphäre berühren oder die Diskriminierungsproblematik ins Spiel kommt.

Als **Kaufentscheidungskriterium** kommen für die Teilnehmer Stigmamanagementüberlegungen dann in Betracht, wenn aus ihrer Sicht ein **Zusatznutzen** auf dem Gebiet der oben benannten Bedarfskategorien besteht. Das heißt, dass Mängel bei den nicht stigmarelevanten Merkmalen der Leistung im Normalfall nicht durch das Vorhandensein eines stigmamanagementrelevanten Nutzens wettgemacht werden können. Der stigmamanagementrelevante Nutzen muss in den Augen der Teilnehmer einen echten Zusatznutzen darstellen.

Genau wie ein wahrgenommener Zusatznutzen hat auch die Wahrnehmung eines Mindernutzens oder Schadens einen Einfluss auf die Kaufentscheidung. Schwulenfeindlichkeit eines Anbieters war für nahezu alle Teilnehmer ein Ausschlusskriterium. Als Indikatoren für Schwulenfeindlichkeit kamen für die Teilnehmer nicht nur direkt konsumentenverhaltensrelevante Aspekte - wie z.B. Behandlung schwuler Kunden - in Betracht, sondern auch Faktoren wie die Unterstützung schwuler und schwulenpolitischer Belange, die Behandlung schwuler Mitarbeiter u.s.w. In diesem Zusammenhang wurde von den Teilnehmern auch die **Glaubwürdigkeit** von Anbietern und Angeboten thematisiert. Eine starke Betonung von Schwulenfreundlichkeit seitens der Anbieter weckte bei den Teilnehmern den Verdacht, dass das Etikett Schwulenfreundlichkeit als Feigenblatt für die Ausbeutung von Minderheiten benutzt werden soll.

Trotz des breiten Spektrums angewandter Stigmamanagementstrategien förderte die empirische Untersuchung auch die **Gemeinsamkeiten** zutage. Sie liegen primär auf der Ebene der **Ziele**, die mit dem Stigmamanagement angestrebt werden. Generalnenner dieser Ziele ist der **Wegfall von Erklärungs- und Rechtfertigungsdruck**. Unterschiede gibt es zwischen den Generationen, was die Stärke des Drucks anbelangt. Die Jüngeren empfinden ihn weniger stark. Strategien, die von der Normalitätsstrategie abweichen, werden dadurch zum Teil erst möglich, denn bei starkem Konformitätsdruck bleibt kaum Raum für die Strategien der Betonung von Andersartigkeit oder die Kompatibilisierungsstrategie. Der Vergleich von Aussagen ostdeutscher und westdeutscher Teilnehmer ergab auch Hinweise auf mögliche Unterschiede zwischen Ost und West. Aus Sicht der ostdeutschen Teilnehmer lag die Quelle für den genannten Erklärungs- und Rechtfertigungsdruck eher in der privaten Sphäre, während für die westdeutschen Teilnehmer die Gesamtgesellschaft stärker relevant war. Aufheben lassen sich die Unterschiede in Strategien und Sichtweisen in der Idee von **Homosexualität als Teil eines Spektrums von Lebensmöglichkeiten**. Diese Idee traf bei allen Teilnehmern auf Sympathie. Im Einklang mit den Eindrücken und Interessen, wie sie von den Teilnehmern in den Diskussionen geschildert wurden, bieten sich als Anknüpfungspunkte für Marketing vor allem drei Bereiche an: direkte Kommunikation und andere **Interaktion mit dem Kunden im Handel und bei persönlichen Dienstleistungen, **werbliche Inszenierung** und zusätzlich - allerdings mit geringerem Gewicht - **Gestaltung der** anzubietenden **Leistungspalette**. Diese Punkte werden im folgenden Kapitel erneut aufgegriffen.

Abbildung 3: Stigmamanagement als Ansatzpunkt für Marketing

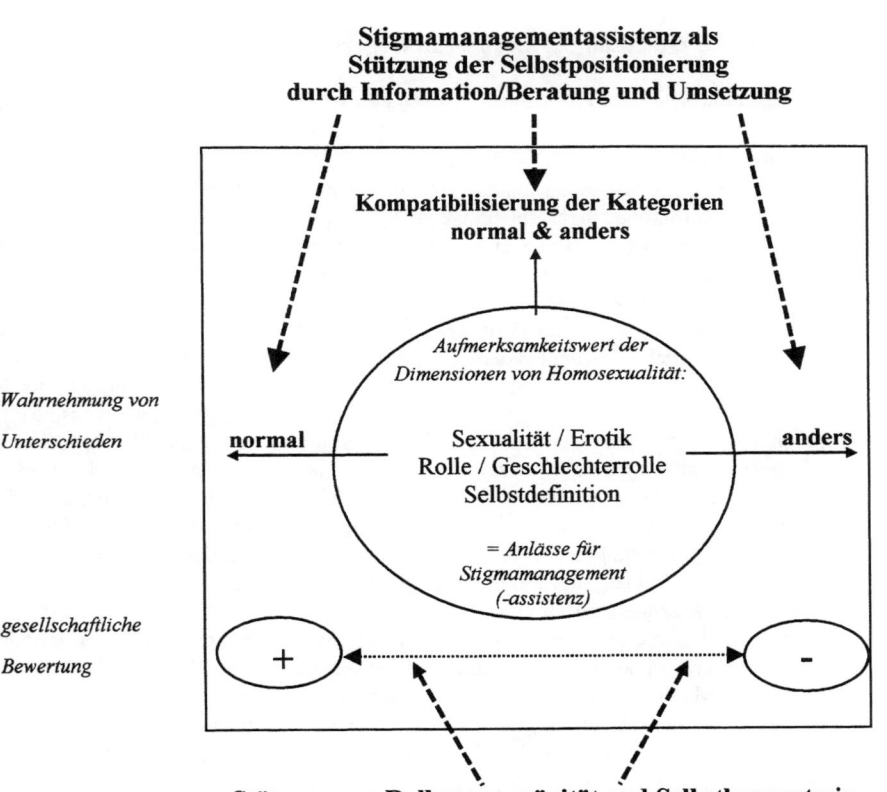

**Stigmamanagementassistenz als
Stützung der Selbstpositionierung
durch Information/Beratung und Umsetzung**

**Kompatibilisierung der Kategorien
normal & anders**

*Aufmerksamkeitswert der
Dimensionen von Homosexualität:*

Wahrnehmung von

Unterschieden

normal ← Sexualität / Erotik
Rolle / Geschlechterrolle
Selbstdefinition → **anders**

= *Anlässe für
Stigmamanagement
(-assistenz)*

gesellschaftliche

Bewertung   + ← ········ → −

**Stützung von Rollensouveränität und Selbstbewusstsein
Etablierung von Selbstverständlichkeit
für das ganze Spektrum möglicher Selbstpositionierungen**

6. Transformation von Stigma in einen Gestaltungsspielraum als Chance für das Marketing

In den vorangegangenen Kapiteln wurde die Rolle der Anbieterseite schon mehrmals als Stigmamanagementassistenz bezeichnet. An diesen Gedanken soll bei dem Versuch, Ansatzpunkte für ein zielgruppengerechtes Marketing zu definieren, angeknüpft werden. Neben Hinweisen, wie die verschiedenen Stigmamanagementstrategien in entsprechende Marketingstrategien überführt werden können, wird vor allem erläutert, an welche Gemeinsamkeiten der Zielgruppe ein Marketing anknüpfen kann, das die gesamte Zielgruppe erreichen will. Die von den Teilnehmern der Gruppendiskussionen geschilderten Erfahrungen mit Marketing stammten meist aus dem Umfeld.

6.1. Die Idee des Gestaltungsspielraums als Gegensatz zu Stigma

6.1.1. Gestaltungsspielraum als zentrale Dimension von Stigma

6.1.1.1. Stigmaüberwindung als Referenzpunkt von Stigmamanagement

Viele der oben zitierten Äußerungen der Diskussionsteilnehmer thematisieren den Wunsch nach Normalität, nicht unbedingt im Sinne von Durchschnittlichkeit und Unauffälligkeit, wohl aber im Sinne einer **Selbstverständlichkeit von Homosexualität** und homosexuellem Leben. Selbstverständlichkeit impliziert zumindest eine partielle Überwindung des Stigmas, das Homosexualität anhaftet. Es erscheint zwar unwahrscheinlich, dass die **Überwindung von Stigma** im Sinne eines gesamtgesellschaftlichen Wandels das operative Ziel jeglichen Stigmamanagements darstellt; der von den Diskussionsteilnehmern geäußerte Wunsch nach Selbstverständlichkeit und Wegfall von Erklärungs- und Rechtfertigungszwang impliziert jedoch, dass das Ziel der Überwindung von Stigma für die Zielgruppe eine erhebliche Bedeutung hat, und zwar einerseits im Sinne einer Idealvorstellung oder eines utopischen Referenzpunkts und andererseits im Sinne einer partiellen, auf die jeweilige Situation beschränkten Überwindung oder Außerkraftsetzung von Stigma. Der Begriff Stigmamanagement veranschaulicht dabei das **Dilemma**. Solange nur Stigma oder der Umgang mit Stigma ins Blickfeld rückt, bleiben die handelnden Personen dem Phänomen verhaftet, das sie gerne überwunden oder aufgehoben sähen. Ohne die Perspektive auf Besserung würde Stigmamanagement dann im bloßen Umgang mit einem unbefriedigenden Zustand verfangen bleiben. Demnach besteht ein Potential für Marketing darin, in dieser Situation eine motivierende Perspektive anzubieten. Vor diesem Hintergrund begann der Verfasser die Suche nach einer handlungsorientierten Definition von Stigmamanagement, die eine solche **Perspektive** bietet.

Die Arbeit ging aus von der Stigmadefinition Goffmans, die zur Erinnerung hier noch einmal wiederholt werden soll: Ein Stigma ist eine Eigenschaft, „die zutiefst diskreditierend ist"[395] und die den Effekt hat, dass jemand „von einer ganzen und gewöhnlichen Person zu einer befleckten, beeinträchtigten herabgemindert"[396] wird. Im Vordergrund steht bei dieser Definition also die Minderung der Wertschätzung, die eine stigmatisierte Person erfährt. Im Sinne dieser Definition bestünde eine Aufhebung von Stigma darin, dass die Minderung der Wertschätzung ein Ende findet. Daraus kann jedoch nur schwer ein Handlungsprogramm für Stigmamanagement abgeleitet werden, da die Definition primär auf die Reaktionen der Umwelt abstellt, die sich dem direkten Einfluss der stigmatisierten Person weitgehend entziehen. Deshalb soll nach einer anderen Definition gesucht werden.

6.1.1.2. Stigmamanagement als Wahrnehmung von Gestaltungsspielraum

Die Suche nach dieser Definition setzt an bei den **Auswirkungen** der geringen Wertschätzung, die stigmatisierte Personen erfahren. Sie bestehen unter anderem darin, dass stigmatisierten Personen bestimmte Eigenschaften und Fähigkeiten nicht zugetraut werden, ihnen das Recht abgesprochen wird, bestimmte Dinge zu tun, oder einfach nur, wie in der Zusammenfassung des letzten Kapitels erläutert, dass ihrer Art zu leben die Selbstverständlichkeit abgesprochen wird. Beispiele hierfür sind Vorurteile, die etwa Blinden die Befähigung zum Hochschulstudium absprechen, oder schwulen Männern die Eignung für Führungspositionen oder pädagogische Tätigkeiten. Rechtliche Beschränkungen bestehen zum Beispiel bei der Adoption von Kindern durch schwule oder lesbische Paare. Von Rechtfertigungs- und Erklärungsdruck war im letzten Kapitel bereits die Rede.

Die Auswirkungen der geringen Wertschätzung der stigmatisierten Personen schlagen sich also im weitesten Sinne in **Einschränkungen der Lebensgestaltungsmöglichkeiten** der stigmatisierten Personen nieder. Die Einschränkung muss nicht unbedingt so weit gehen wie in den eben genannten Beispielen. Sie muss, um wirksam zu sein, auch nicht objektiv bestehen, denn bereits die Erwartung oder Befürchtung negativer Reaktionen seitens der Umwelt kann dazu führen, dass die stigmatisierte Person selbst das Spektrum ihrer Handlungsoptionen enger absteckt, als sie es ohne die Erfahrung der Stigmatisierung tun würde. In den Gruppendiskussionen war oft von Normalität und Anpassung an die Norm die Rede. Anpassung an die Norm muss nicht, aber kann Folge eines eingeschränkten Handlungsspielraums[397] sein, oder zumindest eines Handlungsspielraums, der sich aus Sicht der stigmatisierten Person als eingeschränkt darstellt.

---

[395] Goffman (1975), S.11
[396] Goffman (1975), S.10f.
[397] Die Begriffe Handlungsspielraum und Gestaltungsspielraum werden hier synonym verwendet. Für die Kapitel- und Abschnittsüberschriften gab der Verfasser dem Begriff Gestaltungsspielraum den Vorzug. Der Begriff Gestaltungsspielraum impliziert ein Objekt, das gestaltet werden soll. Somit ist er konkreter als der Begriff Handlungsspielraum und deshalb nach Ansicht des Verfassers in einem Marketingzusammenhang eher angebracht als der offenere Begriff Handlungsspielraum.

Wenn Stigma einen Aspekt der Einschränkung des Handlungs- oder Gestaltungsspielraums aufweist, dann beinhaltet Stigmamanagement unter anderem den **Umgang mit Gestaltungsspielraum**. In der empirischen Untersuchung wurde unter anderem festgestellt, dass die Vorstellung eines Spektrums von Lebensentwürfen oder Lebensmöglichkeiten auf viel Sympathie bei der Zielgruppe stößt. Ein Marketing, das Gestaltungsspielraum erschließen hilft, dürfte aus demselben Grund auf Sympathie stoßen, denn ein Spektrum von Lebensmöglichkeiten impliziert immer auch Gestaltungsspielraum. Auf einer praktischen Ebene verweist der Gedanke des Gestaltungsspielraums auch auf eine wohlverstandene Kundenorientierung, denn gerade bei Zielgruppen, die sich nicht oder nicht hauptsächlich über einen zielgruppenspezifischen Leistungs- oder Produktbedarf definieren, ist es sinnvoll, einen Freiraum zu bieten, in dem sie selbst entscheiden, handeln und gestalten können und nicht von pauschalen Annahmen darüber auszugehen, was „die Schwulen" wollen oder brauchen.

Die Definition von Stigmamanagement kann also entsprechend erweitert werden: Stigmamanagement ist die **Selbstpositionierung** bezüglich der Kategorien normal und anders **angesichts eines** aufgrund von Stigma **eingeschränkten Gestaltungsspielraums**. Dabei soll offen bleiben, ob der Gestaltungsspielraum eingeschränkt bleibt oder ob es im Rahmen von Stigmamanagement auch wieder zu einer Erweiterung des Gestaltungsspielraums kommt.

6.1.2. Anwendung auf das Marketing

6.1.2.1. Stigmamanagementassistenz zur Wahrnehmung von Gestaltungsspielraum

Zunächst soll die Ausweitung des Gestaltungsspielraums außer Acht bleiben. Stigmamanagementassistenz ist in diesem Fall die Assistenz bei der Selbstpositionierung der Zielgruppe bezüglich der Kategorien normal und anders, ohne dass der durch Stigma eingeschränkte Gestaltungsspielraum verändert wird. In diesem Sinne wird also Stigma nicht überwunden, aber im Einklang mit der Kapitelüberschrift kann auch hier das Marketing mit der Transformation von Stigma in einen Gestaltungsspielraum zumindest den **Perspektivenwechsel** signalisieren: Betont werden nicht mehr stigmabedingte Einschränkungen, sondern trotz Stigma verbleibende Gestaltungsspielräume.

Der Verfasser geht aufgrund der Ergebnisse der Gruppendiskussionen davon aus, dass bereits dieser Perspektivenwechsel auf Sympathie bei der schwulen Zielgruppe stößt. Für das Marketing bietet sich also an, nicht Diskriminierung und ihre negativen Auswirkungen in den Mittelpunkt zu stellen, sondern Gestaltungsspielraum aufzuzeigen und dazu zu ermuntern, ihn - in **Co-Produktion mit den Akteuren der Anbieterseite** - wahrzunehmen. Dies beinhaltet jedoch nicht die Forderung nach Ausblendung von Diskriminierung und Stigmatisierung im Marketing. Die Gruppendiskussionen bezeugten, dass einerseits die bloße Instrumentalisierung von männlicher Erotik - hier als Indikator für Ausblendung von Stigma und Diskriminierung - nicht notwendigerweise auf mehr Sympathie stoßen als ein allgemeiner Stigmamanagementbezug. Eine potentielle Motivationskraft von Marketing liegt also nicht notwendigerweise im Ausblenden von Stigma, sondern darin, **Handlungsoptionen** für den Umgang mit Stigma aufzuzeigen.

6.1.2.2. Stigmamanagementassistenz als Erweiterung von Gestaltungsspielraum

Darüber hinaus kann sich Marketing auch die Aufgabe stellen, nicht nur bei der Wahrnehmung vorhandenen Gestaltungsspielraums Assistenz zu bieten, sondern auch bei der Erschließung neuen Gestaltungsspielraums. Das Leitbild der Transformation von Stigma in einen Gestaltungsspielraum, das in der Kapitelüberschrift zum Ausdruck kommt, lässt Raum für beide Interpretationen.

Wenn oben gesagt wurde, dass die Aufhebung oder Überwindung von Stigma sowohl **utopischer Referenzpunkt** als auch - situativ eingeschränktes - **operatives Ziel** von Stigmamanagement sein kann, so gilt das gleiche für die hier vorgestellte Idee der Erweiterung von Gestaltungsspielraum als Ziel des Marketing. Marketing für die schwule Zielgruppe kann sowohl die Vision des Wegfalls von Stigma und der damit einhergehenden Einschränkungen von Gestaltungsspielräumen anklingen lassen, als auch konkrete Optionen aufzeigen, wie Gestaltungsspielraum im Rahmen der alltagsweltlichen Erlebnis- und Erfahrungswelt der Zielgruppe erweitert werden kann. Ein Beispiel wäre das Aufheben von Diskretionszwängen bei einem Urlaub in einem Hotel, das sich nicht primär an die schwule Zielgruppe wendet.

Dass die Erweiterung des Gestaltungsspielraums auch den Co-Produktionsbeitrag der Anbieterseite erfordert, ist offensichtlich. Im obigen Beispiel muss das Hotelmanagement entscheiden, ob und in welcher Zahl Buchungen gleichgeschlechtlicher Paare für Doppelzimmer angenommen werden, ob es diskriminierendes Verhalten des Servicepersonals oder anderer Gäste kommentarlos hinnimmt, sich dafür entschuldigt oder gar aktiv dagegen einschreitet u.s.w.

6.2. Marketingaufgaben zum Zweck der Erschließung eines zielgruppengerechten Gestaltungsspielraums

Als möglicher und angesichts der empirischen Untersuchung auch sinnvoll erscheinender gemeinsamer Nenner für ein Marketing für die schwule Zielgruppe wurde im letzten Abschnitt die Idee der Transformation von Stigma in einen Gestaltungsspielraum entwickelt.

Im folgenden soll erörtert werden, welche Impulse die Anbieterseite im Rahmen einer so verstandenen Stigmamanagementassistenz geben kann. Gestaltungsspielraum wird für die vorliegende Arbeit als Gestaltungsspielraum für die Selbstpositionierung vor dem Hintergrund von Stigma gesehen. Zunächst soll erörtert werden, im Zusammenhang mit welchen **Produkt- und Leistungsbereichen** Stigmamanagement eine besondere Relevanz hat. Stigmamanagement, wie es hier verstanden wird, ist ein primär soziales Phänomen, das seinen Niederschlag nicht zuletzt in sozialer Interaktion und

Kommunikation - oder dem Ausbleiben derselben - findet. Deshalb soll im Anschluss von **Interaktion** und **Kommunikation** die Rede sein, und zwar zum einen **zwischen Anbieter und Zielgruppe** und zum anderen zwischen den Zielgruppenmitgliedern untereinander. Die zuletzt genannte Fragestellung geht in der vorliegenden Arbeit auf in der weiter gefassten Frage nach der Gestaltung eines **kompatiblen Zielgruppenmix**. Um im Bild des Gestaltungsspielraums zu bleiben, könnte man statt von einem kompatiblen Zielgruppenmix auch von einer kompatiblen Nutzerstruktur des Gestaltungsspielraums sprechen. Das macht noch einmal deutlich, dass der Begriff Gestaltungsspielraum mehr impliziert als bloße Kommunikation.

Bei all diesen Aufgaben steht die Anbieterseite vor dem Problem, dass schwule Männer ein breites Spektrum unterschiedlicher Stigmamanagementstrategien verfolgen und dass sie deshalb keine homogene Zielgruppe darstellen. Dieser Schwierigkeit kann aus Sicht des Verfassers auf zwei Wegen begegnet werden. Zum einen kann trotzdem versucht werden, die **Zielgruppe in ihrer ganzen Breite** anzusprechen. Dies kann geschehen durch eine **Individualisierung** der Kundenansprache im Rahmen direkter Interaktion, gekoppelt mit der Betonung von **Offenheit** für ein breites Spektrum von Lebensentwürfen dort, wo ein individuelles Eingehen auf den Kunden und seine Stigmamanagementstrategie nicht möglich oder sinnvoll erscheint wie etwa in der werblichen Kommunikation. Die andere Möglichkeit besteht in der Beschränkung des Marketing, indem auf **Teilgruppen mit gleicher** oder ähnlicher **Stigmamanagementstrategie** abgestellt wird.

Unabhängig von dieser Fragestellung steht die Anbieterseite jedoch zunächst vor der Frage, ob im Umfeld der von ihr angebotenen Leistungskategorien überhaupt ein Bedarf für Stigmamanagementassistenz besteht und ob und wie sie diesen Bedarf decken kann.

6.2.1. Eingrenzung stigmamanagementrelevanter Leistungsbereiche

Die potentielle Bedeutung verschiedener Güter und Dienstleistungen für Stigmamanagement soll deshalb an zwei Aspekten festgemacht werden. Zum einen entsteht **Stigmamanagementbedarf** im Zusammenhang mit bestimmten Leistungsbereichen aufgrund symbolischer Bedeutungen und geweckter Assoziationen oder auch erlebter Diskriminierung. Die Güter oder Gütergruppen sind Auslöser von Stigmamanagementbedarf. Zum anderen sind konkrete Leistungen als **Stigmamanagementressourcen** zur Deckung des entstandenen Bedarfs, als Problemlösungen relevant. Als Stigmamanagementassistent kann sich die Anbieterseite hier also eine doppelte Aufgabe stellen: die relevanten Leistungsbereiche zu identifizieren und gegebenenfalls das Tätigkeitsfeld des Unternehmens entsprechend (neu) zu gestalten und zum anderen Stigmamanagementressourcen in Form konkreter Güter und Dienstleistungen bereitzustellen, d.h. die im einzelnen anzubietenden Leistungen festzulegen. Darüber hinaus sei hier an die Ergebnisse der empirischen Untersuchung erinnert, die den Gedanken nahe legen, dass bereits die Güter und Leistungen selbst bei entsprechender Affinität zum Thema Homosexualität einen Aufmerksamkeitswert für die schwule Zielgruppe haben können.

173

In den vorangegangenen Abschnitten war bereits häufig von Gestaltungsspielraum die Rede. Die Attraktivität des Gestaltungsspielraums wird nicht zuletzt durch die angebotenen Leistungen bestimmt. Das Leistungsangebot beinhaltet Gestaltungspotential. Objekt der Gestaltung ist die Selbstpositionierung der Zielgruppenmitglieder. Aufgabe des Marketings ist es also, darauf zu achten, dass das angebotene Sortiment von Leistungen einen zielgruppengerechten Gestaltungsspielraum[398] bietet. Dabei kann das Leistungsangebot **Gestaltungsinstrument** sein oder **zu gestaltender Freiraum**. Gemeint ist hiermit, dass den Zielgruppen ermöglicht wird, durch Kauf, Gebrauch, Verbrauch oder Inanspruchnahme der Leistung eine Selbstpositionierung vorzunehmen[399] oder aber den Gestaltungsspielraum für Selbstpositionierungen erst zu schaffen. Letzteres ist vor allem dann relevant, wenn der Hauptzweck der Leistung darin besteht, Aktivitäten des Konsumenten erst zu ermöglichen, wie dies z.B. bei Angeboten von Reiseveranstaltern oder bei Sportstudios der Fall ist.

Die folgende Ableitung relevanter Angebotsbereiche knüpft einerseits an die bereits in Kapitel drei herausgearbeiteten Unterschiede zwischen schwulen Männern und ihrer Umwelt an, denn diese Unterschiede bedingen den Stigmamanagementbedarf. Zum anderen wird auch auf die in Kapitel vier erläuterten Ansätze von Konsum als Klassifikation, Integration, Erlebnis und Spiel zurückgegriffen, weil diese Aspekte bestimmen, inwieweit Leistungen als Stigmamanagementressource geeignet sind und zur Realisierung einer bestimmten im Rahmen des Stigmamanagements angestrebte Selbstpositionierung beitragen. Und schließlich stützt sich die Ableitung natürlich auch auf die Ergebnisse der empirischen Untersuchung, die grundsätzlich die Relevanz der in Kapitel drei herausgearbeiteten Anknüpfungspunkte bestätigt hat. Dabei schließen sich die Anknüpfungspunke Selbstdefinition, Sexualität/Erotik und Geschlechterrolle, die im folgenden behandelt werden, nicht gegenseitig aus, denn die Selbstdefinition schwuler Männer beruht unter anderem auch auf den Themenbereichen Erotik, Sexualität und Geschlechterrolle. Für die Analyse ist die Unterscheidung trotzdem relevant, weil sie Aspekte benennt, die jeweils in unterschiedlichem Maß im Vordergrund stehen können. Diese Aspekte sind darüber hinaus nicht als feststehende Eigenschaften bestimmter Leistungskategorien zu sehen, sondern sie beruhen auf der subjektiven Bedeutungszuschreibung der Zielgruppe und ihrer relevanten Umwelt.

6.2.1.1. Angebotsbereiche mit Bezug zur Selbstdefinition

Die Frage, die von der Anbieterseite im Rahmen ihrer Funktion als Stigmamanagementassistent beantwortet werden muss, lautet aus der Sicht des schwulen Konsumen-

---

[398] Die Idee vom Leistungsangebot als Gestaltungsspielraum weist Berührungspunkte zum Konzept der Integration des Konsumenten als externem Produktionsfaktor auf. Allerdings ist bei der „Co-Produktion der Stigmamanagementleistung" eher dem Konsumenten als dem Anbieter die führende Rolle zuzuschreiben.
[399] Damit soll nicht behauptet werden, dass die Selbstpositionierung im Zusammenhang mit Stigmamanagement für die Zielgruppe den einzigen oder auch nur den wichtigsten Nutzenaspekt des Angebots darstellt.

ten: Welche Produkte und Leistungen können eine persönliche Selbstdefinition bezüglich der Kategorie normal und anders, schwul und hetero etc. zum Ausdruck bringen? Die folgenden Beispiele nennen Produkte und Leistungen, mit denen eine solche Definition unterstrichen werden kann.

Für eine Strategie der Betonung von Andersartigkeit eignen sich zunächst alle **Leistungen von Anbietern innerhalb der Schwulenszene**, z.B. von schwulen Bars, Restaurants, Discotheken, Saunen, Buchläden. Wenn die Anbieter dieser Leistungen oder die Einkaufsstätten im Bewusstsein des schwulen Konsumenten zur schwulen Szene gehören, oder wenn der Konsument davon ausgeht, dass andere sie so einordnen, so kann dadurch die entsprechende Leistung bzw. ihre Inanspruchnahme - der Konsum eines Getränks in einer schwulen Bar, der Kauf eines Buchs in einer schwulen Buchhandlung etc. - zum Ausdruck einer schwulen Selbstdefinition werden.[400] Das klassifikatorische Element haftet hier allerdings weniger am Produkt oder der Leistung selbst, sondern an der Einkaufsstätte bzw. der Stätte der Leistungserbringung.[401]

Unabhängig von der jeweils verfolgten Stigmamanagementstrategie und auch unabhängig davon, ob die Leistung innerhalb oder außerhalb der schwulen Subkultur angeboten wird, eignen sich darüber hinaus alle Leistungen, die der Selbstdarstellung im Hinblick auf die Gegensätze normal oder anders, schwul oder nicht-schwul dienen. Auf Basis dieser Interpretation lässt sich der Kreis relevanter Produkte und Leistungen ohne Mühe ausweiten. Es sei hier an die Diskussion von Konsum als Integration im Abschnitt 4.1.2.2. erinnert, wo davon ausgegangen wird, dass der Konsument sich die symbolischen Bedeutungen eines Produkts oder einer Leistung zu eigen macht und in seine Identität integriert. Produkt- und Leistungsbereiche mit starken Bezügen zur Selbstdarstellung sind z.B. Kleidung, Accessoires und Kosmetik, oder allgemeiner formuliert, alle Leistungen zur **Gestaltung des äußeren Erscheinungsbilds des Konsumenten**, aber auch Möbel, Tapeten oder allgemeiner, alle Leistungen zur Gestaltung des **persönlichen Umfelds des Konsumenten**. Erinnert sei hier auch an das Konzept von „possessions as extended self" bei Belk[402]. Dabei können Produkte und Leistungen sowohl dazu benutzt werden, schwule Identität zu dokumentieren (Strategie der Beto-

---

[400] Vgl. auch Holt (1998), speziell das vierte Kapitel „Consumer Behavior and the Construction of Gay Identities" (S.81-120)

[401] Die Leistungen können natürlich auch in Anspruch genommen werden, ohne dass eine schwule Identifikation mit ihnen verknüpft wird, etwa von einem nicht-schwulen Mann, der sich schlicht über das Angebot in einem schwulen Buchladen informieren will, oder der aus Neugier eine schwule Bar besucht. Damit ist aber das oben Gesagte nicht in Frage gestellt, denn die Selbstdefinitionsfunktion existiert nicht unabhängig von der Wahrnehmung ihrer Konsumenten und der als relevant erachteten Umwelt. Die Stigmamanagementrelevanz hängt auch nicht davon ab, dass die genannten Leistungen, bzw. die genannten Einkaufsstätten oder Stätten der Dienstleistungserbringung bereits hinreichen, ihre Konsumenten als schwul zu identifizieren. Es genügt, dass sie von den Konsumenten als ein Mosaikstein gewertet werden, der zusammen mit weiteren das Bild eines schwulen Mannes ergibt, vgl. hierzu auch das Konzept der „product constellations" bei Solomon/Assael (1987)

[402] Vgl. Belk (1988)

nung von Andersartigkeit), als auch dazu, sie zu kaschieren (Strategie der Betonung von Normalität). Man denke etwa an betont „normale" und unauffällige Kleidung. Dagegen ist es eher unwahrscheinlich, dass ein einzelnes Produkt oder eine einzelne Dienstleistung für sich genommen bereits die Kompatibilisierung des Gegensatzes zwischen normal und anders ausdrücken kann. Es ist anzunehmen, dass Kompatibilisierung in der Praxis vor allem auf der Kombination mehrerer Elemente bzw. Produkte beruht, die zusammen betrachtet Kompatibilisierung ausdrücken, weil ein Teil von ihnen für Normalität steht, ein anderer Teil dagegen für Andersartigkeit.

Die Einsetzbarkeit von Leistungen für Zwecke der Selbstdefinition umfasst dabei zwei Aspekte. Die Leistung oder der Ort der Leistungserbringung können kraft ihrer symbolischen Bedeutung zum Indikator für **Eigenschaften des Nutzers oder Käufers** werden, z.B. Geschmacksbewusstsein oder Reichtum, und sie können darüber hinaus eine **Gruppenzugehörigkeit** zum Ausdruck bringen - und damit implizit gleichzeitig die Distanzierung von anderen Gruppen. So kann sich z.B. jemand der Gruppe der selbstbewusst auftretenden, modebewussten Schwulen zurechnen und das dadurch bekunden, dass er nur in bestimmten Geschäften kauft. Durch den Kauf kann der Konsument gleichzeitig ausdrücken, dass er sich von betont unauffälligen schwulen Männern unterscheiden will, deren Unauffälligkeit in seinen Augen vielleicht ein Zeichen von mangelndem Selbstbewusstsein ist. Er kann sich damit auch abheben von Schwulen, deren provokante Kleidung ihre Träger in seinen Augen der Lächerlichkeit preisgibt, und darüber hinaus nicht zuletzt von „normalen", d.h. heterosexuellen Männern, die in seinen Augen vielleicht zu konventionell und „spießig" sind, um ausgefallene modische Kleidung zu tragen.

Gerade bei dem Beispiel Kleidung liegt es nahe, das im Leistungsangebot enthaltene Gestaltungsinstrument nicht ausschließlich im **Kaufakt** selbst zu sehen. Die Selbstpositionierung wird hier auch durch die **Verwendung** der gekauften Leistung erfolgen und auch der **Verbrauch** von Leistungen kann einen Selbstpositionierungsaspekt enthalten. Ein Beispiel ist der Konsum von Bier oder hochprozentigen Alkoholika. Er gehört in manchen Kreisen zu einem bestimmten Bild von Männlichkeit. Beim Konsum von Bier kann also das Einverständnis mit einem bestimmten Männlichkeitsbild mitschwingen. Dieses Bild würde dagegen durch den Konsum von Sekt nicht gestützt oder vielleicht sogar untergraben.

6.2.1.2. Angebotsbereiche mit Bezug zu Erotik und Sexualität

Da Erotik für die meisten Menschen etwas mit Körperlichkeit zu tun hat, liegt es nahe, bei der Suche nach erotisch relevanten Bedeutungen von Gütern und Leistungen danach zu fragen, ob sie einen **Verweis auf Körperlichkeit** beinhalten. Mit Verweis auf Körperlichkeit ist hier zunächst nur der Verweis durch die übliche Art der Nutzung gemeint, und nicht die werbliche Inszenierung, die sich häufig völlig unabhängig von einem solchen Nutzungszusammenhang den Aufmerksamkeitswert von Erotik und Sexualität zunutze macht. Hier könnten wieder Kosmetik und Kleidung genannt werden, aber auch die Welt des Sports lässt sich hier zuordnen und daher z.B. Sportartikel oder Leistungen von Sportstudios.

Noch eindeutiger ist der Bezug, wenn nicht nur auf Körperlichkeit verwiesen wird, sondern ein **Verweis auf männliche Erotik** erfolgt. In der Werbung für Herrenunterwäsche oder Herrenduftwässer ist dies bereits üblich. Der Verweis auf männliche Erotik muss aber nicht unbedingt am Produkt selbst haften. Es genügt, dass die werbliche Inszenierung in den Augen des Konsumenten eine feste Verknüpfung zwischen dem Produkt oder der Leistung und männlicher Erotik herstellt. Diese Art von Verknüpfung macht hier potentiell jedes Produkt und jede Leistung relevant. Begrenzt ist dieses Potential allerdings dadurch, dass der Konsument die Verknüpfung auch nachvollziehen muss. Wenn sie ihm künstlich, aufgesetzt, irrelevant oder gar lächerlich erscheint, mit anderen Worten, wenn es an **Authentizität** mangelt, wird er sie ablehnen.

Ein weiteres hier relevantes Bedarfsfeld ist die **Unterstützung** oder zumindest das Unterlassen der Störung **von Kontakten** zwischen schwulen Männern. Unterstützung leisten die Einrichtungen der schwulen Subkultur, aber auch Kommunikationsdienste auf Internet-, Telefon- oder sonstiger medialer Basis oder die Publikationen der schwulen Presse. Der Bedarf für diese Art von Unterstützung innerhalb der Schwulenszene entsteht aber erst dadurch, dass Kontakte oder Kontaktaufnahme außerhalb dieser Szene auf Missbilligung oder sogar Sanktionen stoßen. Insofern ist also bereits das Unterlassen von Störung potentiell marketingrelevant. Beispiele wären das Unterlassen von Missbilligung (in Taten, Worten oder Gesten), wenn schwule Männer sich in einem Restaurant mit einem Kuss begrüßen, das Abdrucken von Kontaktanzeigen schwuler Männer in nicht schwulenspezifischen Medien etc. Die Beispiele gehen bereits über den engen Bereich von Sexualität hinaus und betreffen allgemein soziale Interaktion zwischen Männern, die auch das Thema Geschlechterrollen betrifft.

6.2.1.3. Angebotsbereiche mit Bezug zu (Geschlechter-)Rollen

Relevant erscheinen hier zunächst alle Produkte und Leistungen, die in der subjektiven Sicht der schwulen Konsumenten einen **Beitrag zur Geschlechterrollendefinition**[403] leisten. Ein offensichtliches Beispiel ist wieder Kleidung.[404] Eine neuere Analyse von Thompson/Haytko verdeutlicht, dass nicht nur die herkömmlichen Geschlechterrollen selbst in Fragegestellt werden, sondern auch die herkömmlich als gültig angenommenen Bedeutungen von Mode für diese Rollen.[405] Der Verfasser interpretiert dies als einen Hinweis mehr darauf, dass Bedeutungen von Kleidung, aber auch von anderen Produkten und Dienstleistungen, einer Co-Produktion durch die Beteiligten bedürfen

---

[403] Vgl. die Thematisierung von Geschlechterrollentypisierungen in der Werbung bei Goffman (1979)

[404] Vgl. Thompson/Haytko (1997), S.29f. Der Abschnitt, auf den hier verwiesen wird, trägt die Überschrift „Who says Blue Is for Boys and Pink Is for Girls? Fashion Discourse and the Naturalizing and Problematizing of Gender"

[405] Vgl Thompson/Haytko (1997)

und im Rahmen dieser Co-Produktion auch Bedeutungsverschiebungen produziert werden können. Es lassen sich allerdings noch sehr viel mehr Produkt- und Leistungsbereiche nennen, die vage mit der Vorstellung von Männlichkeit assoziiert werden. Wie oben unter 4.2.1.2. bereits erläutert, ist es bereits hinreichend, wenn das Produkt oder die Leistung als geeigneter Mosaikstein - hier des Männlichkeitsbildes - gesehen wird. Es ist nicht notwendig, dass das Produkt oder die Leistung schon für sich allein genommen den Konsumenten als bestimmten Typ Mann identifiziert. Daher sind auch Produkte und Leistungen relevant, die auf - angeblich - **typisch männliche oder typisch weibliche Tätigkeitsbereiche oder Hobbys** verweisen.[406]

Zu denken wäre etwa an Heimwerkerbedarf, oder auch an Autos und Motorräder[407] oder andere männliche Indikatorprodukte, mit denen der schwule Konsument **Normalität** bekunden könnte. Daneben sind auch angeblich typisch weiblich Produkte und Leistungen relevant, z.B. rund um Hausarbeit oder Handarbeit. Es mag zunächst verwundern, dass hier auch Produkte und Leistungen angesprochen werden, die auf Weiblichkeit verweisen. Da es aber beim Geschlechterrollenmanagement schwuler Männer auch um den Vorwurf geht, ein schwuler Mann sei kein richtiger Mann, und er habe deshalb etwas Weibliches oder gar Weibisches an sich, haben auch solche Produkte und Leistungen eine Relevanz, weniger als Stigmamanagementressource, sondern eher als Anlas für Stigmamanagement. Denn der Kauf oder die Nutzung von solchen weiblichen Indikatorprodukten oder -leistungen könnte bei dem Konsumenten z.B. das Gefühl erzeugen, er gebe sich eine Blöße.[408] Andererseits kann der Konsument mit diesen Produkten und Leistungen im Sinne einer Strategie der **Betonung von Andersartigkeit** auch seinen Protest gegen die herkömmliche männliche Rolle ausdrücken. Sowohl Schamgefühl als auch Ausdruck von Protest verweisen hier wieder auf die Relevanz der Umwelt und ihrer Bedeutungs-Co-Produktion. Von Scham und Protest zu sprechen ist nur sinnvoll, wenn ein (tatsächlich vorhandenes oder auch nur in der Vorstellung des Konsumenten als eine Art moralische Instanz anwesendes) Publikum existiert, von dem der Konsument annimmt, dass es sein Verhalten missbilligt. Eine weitere denkbare Verwendung von Produkten und Leistungen im Zusammenhang mit dem Geschlechterrollenmanagement ist die der Befreiung von Rollenzwängen im Sinne der **Kompatibilisierungsstrategie**. In Freizeit und Urlaub akzeptieren wahrscheinlich die meisten Menschen nur ein geringeres Maß an Beschränkungen durch Rollenerwartungen als im Alltag. Deshalb sind hier auch Produkte und Leistungen rund um Freizeit und Urlaub relevant. Typisch ist hier allerdings, dass die angebotene Leistung für sich genommen noch nicht für Kompatibilisierung steht, sondern dass sie den Raum schafft für kompatibilisierende Interaktion.

---

[406] Zur Thematik geschlechtsspezifischer Marketingansätze vgl. darüber hinaus Assig (1993) und Frink (1993)
[407] Vgl. Schouten/McAlexander (1995) und ihre Analyse von Harley-Davidson-Fans
[408] Das gilt übrigens nicht nur für schwule Männer, sondern für Männer überhaupt. Man denke zum Beispiel an die Schwierigkeiten der Kosmetikindustrie, Männerkosmetik als ein selbstverständliches Produkt zu etablieren.

Oben wurde bereits erwähnt, dass Güter und Dienstleistungen nicht nur eine Stigmamanagementressource darstellen können, sondern auch einen **Anlas zu Stigmamanagement** beinhalten können. Dieser Gedanke soll vertieft werden. Die Frage nach der Geschlechterrolle wird immer dann besonders relevant, wenn bei Nutzung, Kauf oder Inanspruchnahme von Leistungen in der subjektiven Sicht des Konsumenten die **Grenzen der Privatsphäre** überschritten werden.[409] Dies ist tendenziell dann der Fall, wenn es zu einer **Einbeziehung des Konsumenten in den Leistungserstellungsprozess** kommt, wo seine Co-Produzentenrolle über die des Stigmamanagers im Sinne des Entscheidungsträgers weit hinausgeht, und er in die operative Erstellung der Leistung einbezogen wird.[410] Zu denken wäre hier etwa an Dienstleistungen von Friseuren oder Masseuren, wo der Konsument zum externen Faktor wird und die Grenzen der Privatsphäre durch körperlichen Kontakt überschritten werden, aber auch an andere persönliche Dienstleistungen, z.B. im Finanz- und Versicherungsbereich. Dort werden ebenfalls Grenzen der Privatsphäre überschritten, wenn z.B. bei einem Beratungsgespräch zum Thema Alterssicherung die familiäre Situation als Kriterium der angemessene Höhe einer Lebensversicherung zu diskutieren ist, wenn beim Abschluss einer Lebensversicherung der schwule Partner als Begünstigter im Todesfall eingetragen werden soll oder schwule Partner eine gemeinsame Hausratversicherung abschließen wollen. Auch die Leistungen von Handwerkern oder Putzfrauen sind hier relevant, wenn sie in der Wohnung des Konsumenten erbracht werden. Dabei wird zwar nicht der Konsument selbst in den Leistungserstellungsprozess einbezogen, wohl aber seine Privatsphäre, die er möglicherweise als Teil seiner Person betrachtet.[411] Die **Rollenrelevanz** solcher Leistungen ist dabei **subjektiv** bedingt. Das heißt, dass es dem einen schwulen Konsumenten möglicherweise vollkommen gleichgültig ist, was der Handwerker oder die Putzfrau über ihn denken, wenn sie einen Bildband mit Männerakten im Bücherregal bemerken, während ein anderer sich aufgrund vermeintlicher oder tatsächlicher abschätziger Blicke und Bemerkungen stigmatisiert fühlt. Daraus lässt sich folgern, dass die Leistungsbereiche, bei denen die Grenze zur Privatsphäre überschritten wird, vor allem eine im Rahmen einer **Strategie der Betonung von Normalität oder der Kompatibilisierung** Anlas für Stigmamanagement geben, denn diese Strategien zielen immer auf eine - wenn auch bei der Kompatibilisierung nur partielle - Einlösung von Erwartungen der Umwelt. Innerhalb einer Strategie der Betonung von Andersartigkeit sind sie dagegen weniger relevant, denn einem Konsumenten, der vor allem seine An-

---

[409] Die Grenzen zur Privatsphäre werden tendenziell auch bei jeder Stammkundenbeziehung durchlässig. Unabhängig von der Funktion des verkauften Produkts oder der verkauften Leistung und auch unabhängig von der Einbeziehung des Konsumenten in den Leistungserstellungsprozess wird die soziale Rolle bei der Stammkundenbeziehung durch die Häufigkeit der Interaktion zwischen Anbieter und Konsument relevant, vgl. darüber hinaus auch Price/Arnould/Tiernay (1995), auf die in Fußnote 414 verwiesen wird.

[410] Vgl. die Diskussion zur Integration des Konsumenten als externer Faktor speziell im Zusammenhang mit Dienstleistungen, z.B. bei Meyer/Mattmüller (1987) oder Meyer/Westerbarkey (1991)

[411] Vgl. wieder Belk (1988) und sein Konzept des „extended self"

dersartigkeit betonen will, wird es nichts ausmachen, Rollenerwartungen seiner Umwelt zu durchbrechen.

Im Zusammenhang mit Rollenerwartungen lassen sich darüber hinaus weitere relevante Leistungsbereiche ableiten. Das Durchbrechen von Rollenerwartungen zieht - wie in Kapitel drei erläutert - unter Umständen negative Sanktionen bis zu körperlicher Gewalt nach sich. So werden all die Produkte und Leistungen relevant, von denen sich der Konsument, unabhängig von der jeweils verfolgten Stigmamanagementstrategie, **Schutz vor** solchen **Sanktionen** verspricht, also z.b. Rechtsschutzleistungen, Selbstverteidigungskurse, aber auch Alarm- und Sicherungsanlagen für Wohnungen und Gebäude.

6.2.2. Interaktion mit der Zielgruppe: Einladung zur Nutzung des Gestaltungsspielraums

Mit der Eingrenzung stigmamanagementrelevanter Leistungsbereiche wurde zunächst abgeprüft, ob aus Anbietersicht überhaupt Anknüpfungspunkte für die Rolle der Stigmamanagementassistenz bestehen, oder ob diese Anknüpfungspunkte gegebenenfalls durch eine Anpassung des angebotenen Leistungsspektrums erst noch zu schaffen wären. Im zweiten Schritt soll die Frage behandelt werden, worin bei vorhandenen Anknüpfungspunkten Stigmamanagementassistenz sinnvollerweise bestehen kann. Da Stigma ein sozialer Prozess ist, ist auch Stigmamanagementassistenz primär als sozialer Prozess zu sehen. Daraus folgt die Relevanz von Verhalten, speziell Verhalten der Anbieterseite gegenüber der Zielgruppe. Dieses Verhalten kann Gestaltungsspielräume erschließen aber auch verschließen. Im Einklang mit den Ergebnissen der empirischen Untersuchung muss die grundsätzliche Maxime hier lauten, dass die Gestaltung der Interaktion seitens der Anbieter zum Zielhaben sollte, den Erklärungs- und Rechtfertigungsdruck, dem sich schwule Männer häufig ausgesetzt fühlen, zu mildern bzw. gar nicht erst aufkommen zu lassen und so Selbstbewusstsein und Souveränität der schwulen Zielgruppe und ihrer Mitglieder zu stützen.

6.2.2.1. Verhalten der Anbieterseite im direkten Zielgruppenkontakt

Bei Abzielen des Marketing auf das gesamte Spektrum der schwulen Zielgruppe besteht eine Möglichkeit für die Anbieterseite in der **Individualisierung** der Stigmamanagementassistenz **im direkten Kundenkontakt** - Verkaufsgespräch, Erbringung einer personenbezogenen Dienstleistung wie z.B. beim Friseur etc. Das bedeutet, dass die Anbieterseite in Verhalten und Äußerungen den schwulen Kunden Gelegenheit gibt, die eigene Position auf dem Spektrum zwischen Normalität und Andersartigkeit selbst zu bestimmen. Gestaltungsspielraum für die kommunikative Selbstpositionierung bedeutet zunächst, dass die Homosexualität gerade nicht zum Generalindikator für die Persönlichkeit der Zielgruppenmitglieder stilisiert wird, sie aber so viel gestaltbaren Raum erhält, wie das dem Selbstverständnis des jeweiligen schwulen Kunden entspricht. Wie die Zitate des letzten Kapitels belegen, kann das in einem Extremfall bedeuten, dass der Kunde die Homosexualität in Situationen seines Konsumentenverhaltens vollständig ausgeblendet sehen möchte, im anderen Extremfall, dass er sie zu einem zentralen Thema machen möchte. Die Herausforderung liegt darin, im direkten Kontakt mit dem Kunden einen Eindruck davon zu gewinnen, welchen Sinngehalt der jeweilige Kunde seiner Homosexualität zuschreibt, und dieser Sinngebung mit Hilfe der entsprechenden sozialen Kompetenz Raum zu verleihen.

Die relevante Stigmamanagementkompetenz der Anbieterseite umschließt hier zwei Komponenten: **Interpretationskompetenz** und **Umsetzungskompetenz**. Der Anbieterseite fällt die Aufgabe zu, im Rahmen der Interaktion mit dem Kunden äußere Zeichen, wie Kleidung, Sprache, Gestik u.s.w. im Hinblick auf eine wahrscheinlich angestrebte Selbstpositionierung zu interpretieren. Da die Zeichen auf die sich diese Interpretation stützen muss, nicht unbedingt eindeutig sind, ist die Bereitschaft erforderlich, angesichts von (verbalen und nicht verbalen) Reaktionen des Kunden Interpretationen gegebenenfalls im Dialog mit dem Kunden rasch zu revidieren.[412] Die Assistenz bei der Umsetzung in Form von Beratung, begleitender Konversation, Verkauf etc. setzt vor allem voraus, dass der Anbieter richtig einschätzt, welchen Selbstpositionierungseffekt sein eigenes Verhalten und die von ihm angebotenen Produkte und Dienstleistungen beim schwulen Kunden hervorrufen. Was hier im Hinblick auf Verkaufspersonal illustriert wurde und deshalb vor allem für den Einzelhandel Relevanz besitzt, gilt gleichermaßen für Dienstleister oder, allgemeiner ausgedrückt, für alle **Angebotsfunktionsträger mit Kundenkontakt**. Sie alle können - in Analogie zum schwulen Konsumenten als Stigmamanager und ungeachtet weiterer Funktionen, die sie im Kundenkontakt erfüllen - deshalb als Stigmamanagementassistenten[413] bezeichnet werden.

Oben klang bereits an, dass die Funktionsträger der Anbieterseite nicht nur Objekt der Einstellungen schwuler Konsumenten sind. Sie haben oder entwickeln auch selbst Einstellungen zu schwulen Konsumenten. Diese Einstellungen werden das Spektrum der im letzten Kapitel erläuterten Reaktionen der Umwelt auf schwule Männer widerspiegeln und die Interaktion zwischen Anbieterseite und schwulem Konsumenten mitprägen. Je mehr der Konsument in die Leistungserstellung einbezogen ist, d.h. je mehr zu der Co-Produktion auf der Bedeutungsebene eine Co-Produktion bei der eigentlichen

---

[412] Vgl. auch Hansen et al. (1995), S.111 und die dort erläuterten Ebenen des Dialogs im Marketing: „1. Dialog als *Thematisierung gesellschaftlicher Erwartungen* in der Unternehmenskommunikation, 2. Dialog als *Interaktion mit dem einzelnen Konsumenten* und Kunden, 3. Dialog als *besonderes Verfahren*, um mit gesellschaftlichen Organisationen und Interessenvertretern Verständigungen herbeizuführen." Die oben angesprochene Interpretation ist ein Aspekt des Dialogs als Interaktion mit dem einzelnen Kunden.

[413] In Verallgemeinerung dieses Gedankens könnte man auch sagen, die Anbieter sind potentiell Assistenten der Verwirklichung von Wertvorstellungen der Konsumenten, vgl. hierzu Wiswede (1972), S.20: „Werte sind verstanden als Vorstellungen von wünschenswerten Verhältnissen, zu deren Verwirklichung sich Personen, vor allem aber Gruppen von Personen verpflichtet fühlen [...] Das Streben nach Wertverwirklichung ist damit eine Art Generalnenner sozialen Verhaltens, und dieses ist deshalb einigermaßen vorhersagbar, weil über die Geltung und Verfolgung von Werten innerhalb bestimmter Gruppen ein mehr oder weniger ausgeprägter Consensus besteht."

Leistungserstellung hinzukommt, desto höher wird der **Stellenwert** der Interaktion für das Stigmamanagement und desto relevanter wird die soziale Kompetenz der Anbieterseite. Denn je mehr der schwule Konsument den Eindruck hat, seine ganze Person sei involviert[414], desto mehr stellen sich für ihn die nunmehr bereits bekannten Fragen des Stigmamanagements: welches Bild er nach außen abgibt, ob er sich als schwul zu erkennen gibt oder nicht, ob er versucht, normal zu wirken, oder ob er seine Andersartigkeit betont u.s.w. Von Bedeutung ist dann Umsetzungskompetenz im Sinne von Interaktionskompetenz sowohl des Konsumenten als auch des Anbieters.

In einer Situation, bei der sowohl auf Anbieter- als auch auf Kundenseite nur wenige agierende Personen - oder im Extremfall nur jeweils eine - beteiligt sind, erscheint es als durchaus realistisch, den unterschiedlichen Stigmamanagementstrategien auf Basis individuell abgestimmter Interaktion Rechnung zu tragen. Allerdings dürfte es für einen einzelnen Anbieter kaum möglich sein, das gesamte Spektrum möglicher Selbstpositionierungen auf der Kundenseite durch entsprechendes eigenes Verhalten glaubhaft und kompetent aufzugreifen und zu stützen. Wenn also die Kompetenz der Anbieterseite, vielleicht auch ihr Wille, auf das gesamte Spektrum einzugehen, nicht ausreichend vorhanden sind, ist eine **Ausrichtung auf homogene Teilzielgruppen** sinnvoll. Dies liegt auch nahe, wenn bereits andere Faktoren, wie z.B. die Gestaltung und Lage der Einkaufsstätte oder Stätte der Erbringung der Dienstleistung[415] und die persönliche Ausstrahlung des Verkaufs- oder Dienstleistungspersonals, zu einer homogenitätssteigernden Vorauswahl der Klientel führen.

Scheinbar unproblematisch ist dabei ein Abzielen auf die **Normalitätsstrategie**. Auch ein solcher Marketingansatz kann sich aber nicht auf bloße Nicht-Diskriminierung stützen und schwule Konsumenten behandeln wie alle anderen Konsumenten auch, denn Normalität wird hier vom schwulen Konsumenten angestrebt, weil sie im Zusammenhang mit Homosexualität umstritten ist. Das Marketing hat hier also die Auf-

---

[414] Vgl. Price/Arnould/Tiernay (1995), S.85 und das dort behandelte Konzept der „boundary-open situations" im Zusammenhang mit der Erbringung von Dienstleistungen, d.h. Situationen bei denen die Grenzen einer lediglich kommerziellen Interaktion überschritten werden, sei es durch die Dauer der Leistungserbringung, ihre affektiven und emotionalen Aspekte oder auch die räumliche Nähe zwischen Kunde und Dienstleister bei der Erstellung der Leistung.

[415] Über die Marketingaufgabe Verortung des Angebots - sei es geographisch im Sinne eines Ladenlokals, sei es auch medial, etwa als on-line Dienstleistung, werden hier keine näheren Ausführungen gemacht. Das Thema wurde bereits in Kapitel 2.3. gestreift. Dass die Marketingaufgabe Verortung des Angebots hier nicht noch einmal separat zum Thema gemacht wird, heißt nicht, dass sie zu vernachlässigen sei, denn erst durch die Verortung des Angebots wird ein Zugang geschaffen zu dem Gestaltungsspielraum, von dem hier die Rede ist. Der Verfasser sieht hier aber keine neuen zielgruppenspezifischen Aspekte des Themas. Es ist wieder die individuell und situationsabhängig verschiedene Selbstpositionierung der Zielgruppenmitglieder, der das Marketing auch in diesem Zusammenhang gerecht werden muss. Angewandt auf die Verortung des Angebots betrifft das z.B. die Normalität und Selbstverständlichkeit, die in der leichten Zugänglichkeit und offenen Einsehbarkeit eines Ladenlokals zum Ausdruck kommt oder als Gegenpol in der Unauffälligkeit des Zugangs zu einer schwulen Sauna, der nur durch ein Klingelschild ausgewiesen ist.

gabe der **Co-Produktion von Normalität**. Wenn zum Beispiel[416] Verkaufs- oder Servicepersonal gar nicht wahrnimmt, dass es einen schwulen Konsumenten als Kunden vor sich hat, wird ein auf Normalität bedachter Kunde das wahrscheinlich als angenehm empfinden. Wenn er in einem konservativen Herrenbekleidungshaus einkauft, und das Verkaufspersonal in der Konversation Bezug nimmt auf die Freundin oder Ehefrau, der ein bestimmtes Kleidungsstück bestimmt gefallen wird, dann ist ihm das möglicherweise bereits unangenehm. Darüber hinaus hat es vielleicht sogar die Wirkung, dass er das betreffende Geschäft künftig meidet. Die Vermutung der Heterosexualität des Kunden ist nicht unbedingt als diskriminierend zu bezeichnen, aber sie verfehlt die Aufgabe, der Selbstpositionierung des Kunden Raum zu geben. Und wenn das Personal - aufgrund welcher Anhaltspunkte auch immer - vermutet, einen schwulen Kunden vor sich zu haben und daraufhin Befangenheit aufkommen lässt, so wird das immer unangenehm wirken. Auch das Stützen der Normalitätsstrategie verlangt also soziale Kompetenz des Anbieters, die sich nicht auf das bewusste Vermeiden von Diskriminierung beschränken kann. Für die **Kompatibilisierungsstrategie** gilt dies umso mehr, weil hier der Faktor Homosexualität per definitionem nicht aus der Interaktion ausgeblendet werden soll.

Die Stützung einer Strategie der **Betonung von Andersartigkeit** fordert vom Anbieter dagegen vor allem, dass er die in Kapitel drei erläuterten Spezifika der Zielgruppe in seinen Umgang mit der Zielgruppe einfließen lässt und in seinem Auftreten und seiner Kommunikation souverän mit **zielgruppenspezifischen symbolischen Bedeutungen** von Vokabular, Kleidungsstilen, Accessoires, Gestik und Habitus etc. umgeht. Soll damit nicht nur die Andersartigkeit der schwulen Zielgruppe insgesamt gestützt werden, sondern die spezifische Interpretation einer Teilszene, so ist darüber hinaus nötig, dass die Symbolsprache dieser Teilszene genau getroffen wird. Die Erfüllung dieser Aufgabe setzt allerdings ein hohes Maß an Vertrautheit mit der Schwulenszene und ihrem Wandel voraus.

6.2.2.2. Werbebotschaften der Anbieterseite

Die werbliche Inszenierung einer Leistung ist für Stigmamanagement deshalb relevant, weil davon ausgegangen werden kann, dass sie nie eine bloße Darstellung der angebotenen Leistung beinhaltet, sondern, immer auch ein **rhetorisches Element** enthält, und zwar nicht nur in der Botschaft sondern auch in den verwendeten Bildern.[417] Vor allem das rhetorische Element in der Darstellung von Personen kann die angestrebte Selbstpositionierung eines schwulen Konsumenten stützen oder auch untergraben, z.B. wenn mit karikierenden Darstellungen schwuler Männer gearbeitet wird, die den schwulen

---

[416] Das Beispiel ist fiktiv, aber nicht unrealistisch. Ähnliche Situationen wurden in den Gruppendiskussionen durchaus von den Diskussionsteilnehmern ins Gespräch gebracht.
[417] Vgl. das Konzept von „visual rhetoric" bei Scott (1994) und die dort gegebene Definition von Rhetorik (S.252): „Rhetoric is an interpretive theory that frames a message as an interested party's attempt to influence an audience.", vgl. auch das Konzept von Marketing als „systematische Verhaltensbeeinflussung der Nachfrager" bei Meffert (1980), S.34

Konsumenten in dessen Augen der Lächerlichkeit preisgeben. Die hier relevante Kompetenz der Anbieterseite, besteht also darin, die Wahrnehmung der werblichen Inszenierung durch die anzusprechenden Zielgruppen richtig einzuschätzen und auf diese Weise einen Beitrag zur **Authentizität des Marketing** im oben bereits erläuterten Sinne zu leisten. In die werbliche Inszenierung sind neben den Betreibern von Einkaufsstätten weitere Akteure auf der Anbieterseite involviert, vor allem Hersteller und Werbeagenturen. In einem weiteren Sinne können deshalb auch sie als potentielle Stigmamanagementassistenten bezeichnet werden.

Oben wurde festgestellt, dass im direkten, persönlichen Umgang und Dialog mit dem Kunden Gelegenheit besteht, individuell auf die angestrebte Selbstpositionierung des Kunden einzugehen. Bei Werbebotschaften sind der Individualisierung engere Grenzen gesetzt. Dies liegt zum einen daran, dass im Normalfall keine Dialogsituation vorliegt und die Anbieterseite deshalb gar keine Möglichkeit hat, die je individuelle Selbstpositionierung des Kunden kennen zu lernen. Zum anderen sind die meisten Werbebotschaften auf eine Zielgruppe und nicht eine einzelne Zielperson gerichtet und deshalb notwendigerweise weniger individuell. Es stellt sich deshalb die Frage, wie Werbebotschaften trotzdem dem Spektrum der individuellen Selbstpositionierungen der Zielgruppen Raum geben können. Nach Ansicht des Verfassers könnte die Lösung darin liegen, nicht zu versuchen, alle Zielgruppenmitglieder mit einem einzigen für alle passenden Leitbild zu erreichen, sondern **Offenheit für ein Spektrum** von Lebensentwürfen zu betonen und dabei nicht den einen Entwurf als höherwertig und den anderen als minderwertig einzustufen. Diese Lösung dürfte nach den Erfahrungen der Gruppendiskussionen bei einer breiten Mehrheit schwuler Männer auf Sympathie stoßen. Der Grund für das Abstellen auf ein Spektrum liegt dabei weniger in der Notwendigkeit eines Kompromisses angesichts unvermeidlicher Streuverluste beim Ansprechen der Zielgruppe oder einer zu großen Heterogenität der Zielgruppe, er liegt vielmehr in der Sympathie der Zielgruppe für die **Idee von Einheit in der Vielfalt und Vielfalt in der Einheit**. Vor diesem Hintergrund empfiehlt sich die Idee des Spektrums, selbst wenn ein Werbemedium eine punktgenaue Ansprache der Zielgruppe ermöglicht und die anvisierte (Teil-)Zielgruppe relativ homogen erscheint. Dabei bedeutet das Abstellen auf ein Spektrum nicht Beliebigkeit. Es besteht im Gegenteil gerade eine Herausforderung darin, Entwürfe dafür zu skizzieren, wie unterschiedliche oder gar gegensätzliche Lebensentwürfe nebeneinander oder im besten Falle sogar im fruchtbaren Miteinander koexistieren können. Wunschvorstellungen der Zielgruppe hierzu und auch Beispiele von Werbung, die diesen Vorstellungen nahe kommt, wurden im fünften Kapitel präsentiert.

Die bisher gemachten Ausführungen zu werblicher Inszenierung entsprechen mit der Betonung der Offenheit für ein ganzes Spektrum am ehesten der **Kompatibilisierungsstrategie**. Der werbliche Auftritt kann natürlich auch die **Andersartigkeit** der schwulen Zielgruppe betonen und z.B. in zielgruppenspezifischen Medien die schwulen Spezifika herausstellen, wie sie in Kapitel drei beschrieben wurden. Die Herausforderung besteht hierbei darin, Spezifika zu betonen ohne in Klischees zu verfallen und darüber hinaus Spezifika zu finden, die für eine hinreichend große Teilgruppe schwuler Männer einen positiven Wert darstellen. Auch die Stützung der **Normalitätsstrategie** mit werblichen Mitteln birgt Schwierigkeiten in sich, denn die Ausblendung schwuler Spezifika macht es gleichzeitig unwahrscheinlich, dass die Botschaft als Botschaft für die schwule Zielgruppe erkennbar bleibt. Denkbar wären zum Beispiel ein Werbeauftritt in zielgruppenspezifischen Medien, der sich der gleichen Motive bedient wie beim Auftritt in anderen Medien, oder das Anreichern von Werbebotschaften, die auch auf nicht-schwule Zielgruppen abzielen, mit symbolischen Bedeutungen, die nur von schwulen Männern - oder anderen Eingeweihten - entschlüsselbar sind.[418] Allerdings ist hier jeweils das Thema Homosexualität schon nicht mehr vollständig ausgeblendet und insofern sind bereits Elemente einer Kompatibilisierungsstrategie vorhanden.

6.2.3. Festlegung des Zielgruppenmix: Kompatibilisierung der Nutzerstruktur des Gestaltungsspielraums

6.2.3.1. Erweiterung des Zielgruppenmix um Zielgruppen mit kompatiblen Nutzungsinteressen

Die Sympathie der Zielgruppe für die Idee des Spektrums erschließt Lösungsmöglichkeiten sowohl für die Frage nach dem geeigneten Zielgruppenmix als auch für die Frage, ob die **Gesamtheit schwuler Männer** als eine Zielgruppe betrachtet werden kann, oder ob eine Aufspaltung in mehrere **Unterzielgruppen** sinnvoll ist. Angesichts der insgesamt beschränkten Größe der Zielgruppe, wäre zu befürchten, dass Untergruppen in vielen Fällen eine wirtschaftlich interessante Mindestgröße nicht mehr erreichen.[419] Deshalb hält der Verfasser diesen Weg nur im Rahmen von Nischenstrategien für sinnvoll. Die Frage nach Zielgruppenmix und Zielgruppenabgrenzung stellt sich aber sowohl bei einer Nischenstrategie als auch bei Strategien, die auf ein breiteres Zielgruppenmix abstellen.

Wenn Marketing sich die Transformation von Stigma in einen Gestaltungsspielraum zur Aufgabe macht, dann liegt die Frage nach der **Attraktivität des Gestaltungsspielraums** nahe. Die Präsenz anderer Nutzer kann von der anvisierten Zielgruppe oder den anvisierten Zielgruppen als neutral, störend oder angenehm empfunden werden, und so den Gestaltungsspielraum mehr oder weniger attraktiv erscheinen lassen. Vor diesem Hintergrund soll die Frage nach der Kompatibilität verschiedener Zielgruppen und Teilzielgruppen gestellt werden, und zwar unabhängig davon, ob das Zielgruppenmix nur aus schwulen Männern besteht, oder ob daneben auch andere Zielgruppen in Betracht gezogen werden,[420] und auch unabhängig davon, ob im konkreten Fall die relativ

---

[418] Vgl. die Ausführungen in Kapitel 2.2.3.

[419] Dass es Angebote gibt, die sich nur an eine spezielle Untergruppe schwuler Männer richten, z.B. schwule Kneipen mit spezialisierter Klientel, sei damit nicht abgestritten.

[420] In diesem Sinne - und nur in diesem Sinne - bilden in den folgenden Ausführungen schwule Männer die primäre Zielgruppe. Ob schwule Männer in einem zielgruppengerechten Marketingkonzept grundsätzlich die primäre im Sinne von zahlenmäßig stärkste Zielgruppe bilden sollen, ist damit nicht beantwortet. Diese Frage kann nur für den konkreten Einzelfall sinnvoll beantwortet werden.

heterogene Gesamtheit schwuler Männer als primäre Zielgruppe angesehen wird oder nur eine - weniger heterogene - Teilgruppe. Immer dann, wenn die Selbstpositionierung, die von der primär angesprochenen schwulen Zielgruppe angestrebt wird, auch bei weiteren, nicht-schwulen Zielgruppen auf Sympathie oder zumindest auf eine neutrale Reaktion stößt, so erscheint es möglich, das Zielgruppenmix um diese „Sympathisanten" und „Gleichgültigen" zu erweitern.[421] Zusätzlich muss die Bedingung erfüllt sein, dass sich auch die primäre Zielgruppe durch die Anwesenheit dieser weiteren nicht gestört fühlt. Wann dies mit einiger Wahrscheinlichkeit der Fall sein dürfte, soll im Zusammenhang mit konfligierenden Nutzungsinteressen im nächsten Abschnitt erörtert werden. Hier soll zunächst thematisiert werden, wann Komplementarität oder Neutralität der Nutzungsinteressen wahrscheinlich ist.

Erinnert sei hier wiederum an das Ergebnis der empirischen Untersuchung bezüglich des gemeinsamen Stigmamanagementziels: Wegfall von Rechtfertigungs- und Erklärungsdruck bzw. Etablierung von Selbstverständlichkeit. Das Zielgruppenmix ist aus Sicht der schwulen Zielgruppe dann kompatibel, wenn die Anwesenheit weiterer Zielgruppen den Erklärungs- und Rechtfertigungsdruck nicht ansteigen lässt und die Selbstverständlichkeit von Homosexualität nicht zusätzlich in Frage stellt. Vor diesem Hintergrund dürfte **Komplementarität** dann gegeben sein, wenn die zusätzliche Zielgruppe den gebotenen Gestaltungsspielraum für gleiche oder ähnliche Selbstpositionierungen nutzen will wie die Ausgangszielgruppe, oder mit anderen Worten, wenn schwule Männer bzw. die ursprünglich anvisierte Teilgruppe schwuler Männer für die zusätzlich anvisierten Zielgruppen eine gewisse **Leitbild-** oder zumindest **Sympathieträgerfunktion**[422] erfüllen. Die - tatsächlichen oder vermeintlichen - Eigenschaften schwuler Männer, die Sympathie auslösen, können dabei je nach Zielgruppe verschieden sein. Möglich sind zum Beispiel Kompetenz in Sachen Geschmack, Unabhängigkeit und Andersartigkeit der Lebensführung, Genussfähigkeit und Sinnlichkeit, um nur einige zu nennen. Im Abschnitt 3.3.1.3. wurden bereits mögliche Sympathieträgereigenschaften schwuler Männer benannt. Nähere Ausführungen können deshalb hier unterbleiben. Die Relevanz der genannten Leitbild- oder Sympathieträgerfunktion ergibt sich aus Anbietersicht daraus, dass die schwule Zielgruppe in diesen Fällen als **Multiplikator** und „lead user" fungieren kann, also eine Hilfe darstellt bei der Einführung eines neuen Produkts oder der Verbreiterung seiner Marktdurchdringung. Es stellt sich deshalb die Frage, welche Zielgruppen mit Aussicht auf Erfolg mit der schwulen

---

[421] Dass dies nur sinnvoll ist, wenn die angebotene Leistung für diese zusätzlichen Zielgruppen interessant ist, versteht sich von selbst und soll hier nicht weiter thematisiert werden.
[422] Der Verfasser verwendet die Begriffe Leitbild- und Sympathieträgerfunktion hier als graduelle Begriffe. Sowohl Leitbild- als auch Sympathieträgerfunktion beinhalten eine positive Wertung einer Person oder einer Eigenschaft. Den Unterschied zwischen Leitbild- und Sympathieträgerfunktion sieht der Verfasser in der Intensität, mit der die wertende Person der gewerteten Person oder Eigenschaft nachstrebt, im Falle des Leitbilds stark, im Falle des Sympathieträgers schwächer. Dieser Unterschied liegt also nicht in der Eigenschaft selbst begründet, sondern im Stellenwert, den die wertende Person dieser Eigenschaft zubilligt. Die - vermeintlichen oder tatsächlichen - Eigenschaften, die schwule Männer in einem Fall zum Sympathieträger machen, sind also die gleichen, die sie in einem anderen Fall zum Leitbild werden lassen.

Zielgruppe kombiniert werden können, und zwar unabhängig davon, ob schwule Männer die Ausgangszielgruppe darstellen oder als mögliche zusätzliche Bezugsgruppe in Betracht kommen. Eine gültige Aussage darüber, welche konkreten Zielgruppen erfolgversprechend kombinierbar erscheinen, kann hier aber nicht getroffen werden und bleibt Aufgabe des Marketing im Einzelfall.

Neutralität der Nutzungsinteressen ist wahrscheinlich, wenn der gebotene Gestaltungsspielraum aus Sicht der Kunden ohnedies kaum als ein mit weiteren Kunden gemeinsam zu gestaltender Raum empfunden wird. Ein einfaches Beispiel hierfür wäre die Einkaufssituation in einem Kaufhaus. Im Normalfall wird es der angestrebten Selbstpositionierung eines schwulen Kunden keinen Abbruch tun, wenn ein weiterer nicht-schwuler Kunde wenige Schritte entfernt Kleidungsstücke kauft, die der erste Kunde für geschmacklos und spießig hält. Das ist mit **fehlender Gemeinsamkeit des Gestaltungsspielraums** gemeint, von dem oben die Rede war. Ein Gegenbeispiel wäre der Aufenthalt in einem Urlaubshotel. Wenn schwule Gäste davon ausgehen, dass es sich um ein schwulenfreundliches Hotel handelt, könnten sie sich durchaus durch die bloße zahlenmäßige Übermacht anderer nicht-schwuler Gäste in ihrem Gestaltungsspielraum eingeengt fühlen, weil der Gestaltungsspielraum in diesem Fall von den Beteiligten durchaus als gemeinsamer gesehen wird. Entsprechendes gilt umgekehrt. Dass sich nicht-schwule Kunden von der Anwesenheit schwuler Kunden gestört fühlen, ist in einem Hotel, wo sie möglicherweise ungewollt zu Tischnachbarn werden, nicht unwahrscheinlich, in einem Kaufhaus dagegen wenig realistisch. Dies lässt vermuten, dass die Gemeinsamkeit des Gestaltungsspielraums immer dann ausgeschlossen werden kann, wenn es zu einer **zeitlichen, räumlichen oder sonstigen Trennung der verschiedenen Zielgruppen** kommt. Auf diese Weise lassen sich sogar potentiell konfligierende Nutzungsinteressen durch Segregation kompatibilisieren. Ein - in der Praxis nicht seltenes - Beispiel hierfür wären Diskotheken, die sich an bestimmten Abenden in der Woche ausschließlich an schwules oder schwules und lesbisches Publikum wenden. Die Segregation kann auch auf der Diskretion und dem Geschick des (Verkaufs- oder Dienstleistungs-)Personals beruhen, so dass selbst ohne räumliche oder zeitliche Trennung unterschiedlichste Kunden gleichzeitig zu deren Zufriedenheit bedient werden können.

Die Frage, wann in den Augen der Beteiligten ein gemeinsam wahrzunehmender Gestaltungsspielraum fehlt und die von den Beteiligten verfolgten Nutzungsinteressen deshalb neutral sind, ist wiederum nicht allgemeingültig zu beantworten, weil die Antwort notwendigerweise vom **subjektiven Empfinden der Beteiligten** abhängt. Einige Tendenzaussagen lassen sich jedoch treffen. Je kürzer der gemeinsame Aufenthalt verschiedener Zielgruppen am gleichen Ort (des Kaufs oder der Erbringung der Leistung oder auch am medialen Ort der Erbringung einer on-line Dienstleistung) währt und je weniger der Aspekt der Gemeinsamkeit des Aufenthalts im Vordergrund steht, desto unwahrscheinlicher ist es, dass mit diesem Aufenthalt ein Selbstpositionierungsaspekt verbunden ist, und der Aufenthalt somit zur Gestaltungsaufgabe wird. Mit anderen Worten heißt das, je niedriger der **Stellenwert der Interaktion** (verbaler oder auch nicht verbaler Art) **zwischen den Zielgruppen** ist, desto wahrscheinlicher ist es, dass verschiedene Nutzungsinteressen unabhängig voneinander und ohne gegenseitige Störung verfolgt werden können. Ein niedriger Stellenwert ist zum Beispiel beim gewohnheitsmäßigen Einkauf von Gütern des täglichen Bedarfs im Supermarkt gegeben. Selbst wenn der Einkauf eine halbe Stunde dauert, stehen etwaige Gemeinsamkeiten mit weiteren anwesenden Kunden nicht zur Debatte. Anders beim Kleidungskauf bei einem exklusiven Herrenausstatter, wo vielleicht nur zwei oder drei weitere Kunden anwesend sind. Dieser Einkauf ist wahrscheinlich mit Selbstpositionierungsaspekten verbunden. Die Anwesenheit anderer Kunden, die dem schwulen Konsumenten unsympathisch sind, kann dann durchaus Störgefühle - etwa im Sinne der Untergrabung der Selbstverständlichkeit von Homosexualität - hervorrufen.

6.2.3.2. Bereinigung des Zielgruppenmix um Zielgruppen mit konfligierenden Nutzungsinteressen

Sind solche Störgefühle aufgrund unterschiedlicher Selbstpositionierungen nicht durch Diskretion oder Segregation vermeidbar, so handelt es sich um konfligierende Nutzungsinteressen. Auch hier ist es nicht möglich, eine allgemeingültige Aussage darüber zu treffen, wann Interessen konfligierend sind. Aufgrund des Gesamttenors der Gruppendiskussionen würde der Verfasser aber vermuten, dass die Gefahr subjektiver Störgefühle besonders dann gegeben ist, wenn die Erwartungshaltung der schwulen Zielgruppe bei der Nutzung des gebotenen Gestaltungsspielraums darauf abzielt, sich auf ein schwules **Wir-Gefühl** oder einen schwulen Gruppenrückhalt zu stützen und/oder vor der Missbilligung der nicht-schwulen Umwelt geschützt zu sein. Man kann auch von dem Fall ausgehen, in dem nur eine Teilgruppe der schwulen Männer die primäre Zielgruppe bildet. Die Teilgruppe kann im Einklang mit ihrer eigenen Selbstpositionierung sogar nicht-schwule Personen als zu ihrer Teilgruppe gehörig betrachten. Das entsprechende Wir-Gefühl bezieht sich dann auf eine nicht über die sexuelle Präferenz definierte Gruppe, der Schutz vor Missbilligung auf die außerhalb dieser Gruppe stehende Umwelt. Die Gefahr konfligierender Nutzungsinteressen dürfte vor allem dann gegeben sein, wenn der **Aspekt der Interaktion**, von dem bereits die Rede war, im Vordergrund steht. Das trifft vor allem zu für Leistungsangebote des Freizeitbereichs, z.B. Kneipen oder Fitness-Studios, und zwar unabhängig davon, ob diese Angebote der schwulen Subkultur zuzurechnen sind oder nicht.

Die Anwesenheit einiger weniger nicht zur eigenen Gruppe gehörenden Personen wird im Normalfall noch nicht zu einem Konflikt der Nutzungsinteressen führen. Inkompatibel werden die Interessenslagen erst dann, wenn sich die primäre Zielgruppe in ihren eigenen Nutzungsinteressen eingeschränkt sieht, sei es durch eine massive zahlenmäßige Anwesenheit dritter Personen, sei es dadurch, dass diese dritten Personen trotz geringer Zahl ihre abweichenden Nutzungsinteressen ostentativ verfolgen. Ein Beispiel wäre ein ausschließlich oder überwiegend von schwulen Männern besuchtes Café, das im Lauf der Zeit von immer mehr nicht-schwulen Personen frequentiert wird, die sich gerne in schwuler oder „gemischter" Umgebung aufhalten, so dass allmählich die schwulen Gäste ausbleiben, weil die Atmosphäre nicht mehr ihren Vorstellungen von einem schwulen oder überwiegend schwulen Café entspricht. Um diese Atmosphäre zu stören, bedarf es nicht notwendigerweise einer großen Zahl von nicht zur primären Zielgruppe gehörigen Gästen. Es reicht unter Umständen ein einziges heterosexuelles Paar, das in auffälliger Weise Zärtlichkeiten austauscht.

Auch der umgekehrte Fall soll betrachtet werden, in dem schwule Kunden nicht die primäre Zielgruppe stellen, sondern eine mögliche zusätzliche Zielgruppe darstellen. Aufgrund immer noch vorhandener Vorurteile und Diskriminierungen könnte man vermuten, dass die Wahrscheinlichkeit, dass sich nicht-schwule Zielgruppen durch die Anwesenheit schwuler Kunden gestört fühlen, höher ist als im umgekehrten Fall. Es ist z.B. denkbar, dass ein Fitness-Studio, ein Restaurant, ein Hotel, ein ganzer Urlaubsort sich bei schwulen Männern zunehmender Beliebtheit erfreuen, und deshalb im Lauf der Zeit die „normalen" Gäste ausbleiben. Auch hier stellt sich die Frage, unter welchen Umständen es wahrscheinlich ist, dass die Nutzungsinteressen konfligieren. Konfliktpotential dürfte vor allem dann bestehen, wenn auf Seiten der nicht-schwulen Zielgruppe ein Wir-Gefühl mitschwingt oder erzeugt werden soll, das eine Abweichung in Form von Homosexualität ausschließt. Das muss nicht, aber kann der Fall sein bei der Klientel eines Restaurants, das sich über Familienfreundlichkeit definiert, oder auch bei der Klientel eines konservativen Herrenausstatters, um nur zwei Beispiele zu nennen.

Das Marketing hat die Aufgabe, Situationen konfligierender Nutzungsinteressen zu vermeiden, weil dadurch die Attraktivität des gebotenen Gestaltungsspielraums für alle Zielgruppen sinkt. Das Marketing muss sich dann eine Bereinigung der Zielgruppenstruktur um die unerwünschten Zielgruppen zur Aufgabe machen, sei es durch bloßes Unterlassen von Marketingmaßnahmen für diese Zielgruppe oder sei es im Extremfall auch durch aktive Verdrängung der unerwünschten Zielgruppen. Dabei soll allerdings betont werden, dass eine große Bedeutung von Nutzungsinteressen auf dem Gebiet der Interaktion nicht notwendigerweise Konflikte impliziert, denn der Wunsch nach Interaktion kann sich auch auf Interaktion mit Personen beziehen, die als nicht zur eigenen Gruppe gehörig angesehen werden.

6.3. Zusammenfassung

Stigmamanagement wird im Rahmen des Konsumentenverhaltens immer dann relevant, wenn die in Kapitel drei beschriebenen tatsächlichen oder vermeintlichen **Unterschiede** zwischen schwulen Männern und ihrer Umwelt in das Konsumentenverhalten einfließen. Im Rahmen einer Interpretation von Konsum als Klassifikation, Integration, Erlebnis und Spiel (Kapitel vier) kann der Konsument versuchen, die Unterschiede zu betonen, sie zu kaschieren oder sie zu überwinden, entsprechend den Stigmamanagementstrategien der **Betonung von Andersartigkeit**, **Betonung von Normalität** oder der **Kompatibilisierung**. Dadurch ergeben sich Ansatzpunkte für Marketing. Marketing kann es sich zur Aufgabe machen, diese Strategien zu unterstützen und auf diese Weise **Stigmamanagementassistenz** zu leisten. Stigma schlägt sich unter anderem in der Einschränkung von Handlungs- und Gestaltungsspielraum nieder. Dies gilt auch im Zusammenhang mit dem Konsumentenverhalten der Zielgruppe. Daraus lässt sich für das Marketing die Chance ableiten, der Einschränkung von Gestaltungsspielraum eine Perspektive der Nutzung von **Gestaltungsspielraum** entgegenzusetzen. Eine spezifische Relevanz hat diese Perspektive überall dort, wo die angebotenen Leistungen einen Bezug zu den verschiedenen Dimensionen von Homosexualität haben. Der Bezug kann entweder darin bestehen, dass die Leistungen eine Stigmamanagementressource darstellen und insofern Gestaltungsinstrument sind, oder darin, dass sie Anlas geben zu Stigmamanagement und insofern Gestaltungsbedarf hervorrufen.

Relevant sind Leistungen bei Bezügen zu den folgenden Thematiken, die sich ihrerseits wiederum ableiten lassen aus ihrer **Relevanz für die verschiedenen Dimensionen von Homosexualität** (Selbstdefinition, Erotik und Sexualität und Rolle bzw. Geschlechterrolle):

- Gestaltung des äußeren Erscheinungsbilds des Konsumenten und seines unmittelbaren Umfelds (z.B. Kleidung, Wohnungseinrichtung)
- Körper und Körperlichkeit (z.B. Wäsche, Kosmetik, Sport)
- soziale, erotische und sexuelle Kontakte (z.B. Kneipen, Freizeiteinrichtungen)
- „typisch männliche" und „typisch weibliche" Produkte oder Tätigkeitsfelder (z.B. Heimwerkerbedarf, Handarbeitsbedarf)
- Schutz vor bzw. Entfallen von Diskriminierung und ihren Folgen (z.B. Wohnungsvermittlung, Selbstverteidigungskurse)
- Leistungen, die die Privatsphäre betreffen (z.B. persönliche Dienstleistungen besonders bei Einbeziehung des Konsumenten als externer Faktor)

Die Umsetzung von Stigmamanagementassistenz betrifft wie das Phänomen Stigma selbst vor allem den Bereich der **sozialen Interaktion**, im Zusammenhang mit Marketing erscheint deshalb vor allem das Verhalten der Anbieterseite im direkten Kundenkontakt und die werbliche Inszenierung relevant. Aus dem gleichen Grund hat die vorliegende Arbeit insgesamt vor allem für Endverbrauchermarketing Relevanz, sei es im Rahmen des Marketings persönlicher Dienstleistungen, sei es im Rahmen von Handelsmarketing, sei es - soweit werbliche Inszenierung betroffen ist - auch im Rahmen von Herstellermarketing. Im direkten Kundenkontakt können verschiedene Stigmamanagementstrategien der schwulen Zielgruppe durch eine individuelle Abstimmung des Verhaltens auf den einzelnen Kunden gestützt werden. Voraussetzung hierfür auf der Anbieterseite ist die **soziale Kompetenz**, aus Gestik, Äußerungen, Habitus etc. des Kunden richtig auf die jeweils verfolgte Strategie zu schließen und den Kunden sodann bei der Umsetzung der Strategie durch strategiekonforme Leistungs- und Produktwahl und -nutzung zu unterstützen ohne seine Entscheidungssouveränität zu untergraben. Auch hierfür ist wieder vor allem soziale Kompetenz ausschlaggebend, hier mit dem Schwerpunkt der richtigen Einschätzung von stigmamanagementrelevanten Positionierungswirkungen von Verhalten und Leistungen. Erforderlich sind diese Kompetenzen vor allem für Verkaufs- und Servicepersonal und Erbringer von Dienstleistungen, bzw. alle Personen mit direktem Kundenkontakt. Im Rahmen der werblichen Inszenierung ist ein individuelles Eingehen auf die **Stigmamanagementstrategien einzelner Kunden** nicht möglich. Es bietet sich deshalb an, entweder **Offenheit für ein ganzes Spektrum von Strategien** und Lebensmöglichkeiten zu betonen. Das hat den Vorteil, dass die empirische Untersuchung hier eine hohe Zustimmung seitens der Zielgruppe erwarten lässt, und dass die Betonung von Offenheit zudem eine **breite Zielgruppenansprache einschließlich nicht-schwuler Zielgruppen** erlaubt. Letzteres ist vor allem dann relevant, wenn mit der schwulen Zielgruppe alleine die wirtschaftliche Mindestgröße nicht erreicht werden kann. Für eine **Nischenstrategie** kann es aber auch sinnvoll sein, im Rahmen der werblichen Inszenierung auf die Strategie einer homogenen Teilgruppe schwuler Männer abzustellen. Dies setzt allerdings einen besondern Grad an Vertrautheit mit dieser Teilgruppe voraus, wenn die Inszenierung authentisch wirken soll.

Der Vorteil des Abstellens auf eine homogene Teilgruppe besteht darin, dass keine Gefahr besteht, dass die Interessen der verschiedenen zu bedienenden Zielgruppen konfligieren. Soll jedoch nicht zuletzt unter Wirtschaftlichkeitsgesichtspunkten ein ganzes Spektrum von Zielgruppen angesprochen werden, so muss die **Komplementarität oder zumindest Neutralität der Zielgruppeninteressen** abgeprüft werden. Wenn Interessenkonflikte bestehen, können Konfliktpotentiale u.U. durch räumliche, zeitliche oder sonstige Segregation (Diskretion des Personals im direkten Kundenkontakt, Verwendung von nur innerhalb der Zielgruppe verstandener Symbolik in der werblichen Inszenierung) entschärft und die Erfolgsaussichten eines Marketing für die schwule Zielgruppe so erhöht werden.

7. Ausblick

Die vorliegende Arbeit hat zunächst bestätigt, dass schwule Männer eine **attraktive Zielgruppe** darstellen können. Auf Basis einer detaillierten Beschreibung der Erlebnis- und Erfahrungswelt schwuler Männer wurden Gemeinsamkeiten herausgearbeitet, die sich auch im Konsumentenverhalten dieser Gruppe niederschlagen, und die somit einen Ansatzpunkt für Marketing liefern können, der über das bloße Zurückspielen von Attraktivität - etwa im Sinne von Kaufkraft, Bildungsstand, Jugendlichkeit - hinausgeht. Für diesen Zweck hat sich das Konzept von Stigmamanagement im Sinne einer Selbstpositionierung bezüglich der Kategorien normal und anders als fruchtbar herausgestellt. Es kann nach Ansicht des Verfassers als eine Art Grundstruktur des Handelns und damit auch des Konsumentenverhaltens der schwulen Zielgruppe betrachtet werden. Bei aller Unterschiedlichkeit der Strategien, die einzelne schwule Konsumenten mit ihrem Stigmamanagement verfolgen, hat sich in der empirischen Untersuchung dennoch eine **Gemeinsamkeit der Ziele** herausgeschält. Bei nahezu allen Interviewpartnern waren **Eindämmung von Erklärungs- und Rechtfertigungszwang, Etablierung von Selbstverständlichkeit und Stützung von Souveränität** als übergeordnete, wenn auch nicht immer explizit benannte Ziele, erkennbar. Der naheliegende Anknüpfungspunkt für Marketing besteht deshalb darin, schwule Konsumenten bei der Erreichung dieser Ziele zu unterstützen, der stigmabedingten Einschränkung von Handlungsspielraum eine Perspektive von Gestaltungsspielraum entgegenzusetzen und in diesem Sinne **Stigmamanagementassistenz** zu leisten. Stigmamanagementassistenz zielt dabei auf die Verwirklichung subjektiver Werte des Kunden. Der Anbieter wird dabei zum **Co-Produzenten der subjektiven Wertverwirklichung**. Relevant erscheint eine solche Stigmamanagementassistenz vor allem dann, wenn die Produkt- und Leistungsbereiche bereits eine gewisse Affinität zum Thema Homosexualität besitzen, d.h. wenn sie als Stigmamanagementressource und/oder als Auslöser von Stigmamanagementbedarf betrachtet werden können. Stigmamanagementassistenz erfordert auf Seiten der Anbieter vor allem **soziale Kompetenz**. Die Anbieterseite muss zum einen die Stigmamanagementstrategien und Selbstpositionierungswünsche ihrer Kunden erkennen und zum anderen Selbstpositionierungseffekte einschätzen und umsetzen können. Diese Selbstpositionierungseffekte entstehen zum einen durch die symbolische Bedeutung der Leistung oder des Produkts selbst, zum anderen durch die Interaktion des Anbieters mit dem Kunden und des weiteren auch durch die Verwendung der Leistung durch den Kunden. Erst die richtige Einschätzung dieser Selbstpositionierungseffekte erlaubt eine Beratung des Kunden und Interaktion mit ihm, die dessen Stigmamanagementstrategie gerecht wird und ihm somit einen Zusatznutzen bieten kann. Auch die Gestaltung des Zielgruppenmix muss vor allem unter dem Aspekt der Kompatibilität der Selbstpositionierungswünsche erfolgen.

Eine mögliche Vertiefung des Stigmamanagementansatzes über die vorliegende Arbeit hinaus könnte darin bestehen, die Unterscheidung zwischen Normalitätsstrategie, Strategie der Betonung von Andersartigkeit und Strategie der Kompatibilisierung auch zum primären Gliederungskriterium bei der Erarbeitung der Marketingstrategien zu machen. Der Verfasser hat dies absichtlich nicht getan, weil zum einen sein Interesse primär den Gemeinsamkeiten der Zielgruppe gilt, und weil er zum anderen davon ausgeht, dass ein Marketingansatz, der nur eine Teilgruppe schwuler Männer bedienen will, nur für eine Nischenstrategie innerhalb der schwulen Szene praktisch verwertbar wäre, was die Relevanz der Analyse in seinen Augen stark einschränkt.

Ein weiterer Aspekt, der vertieft werden könnte, betrifft den Einsatz von Marketingmitteln für Zwecke **der Überwindung von Stigma auf gesamtgesellschaftlicher Ebene**. Eine solche Untersuchung müsste allerdings sinnvollerweise neben der schwulen Zielgruppe weitere Zielgruppen und deren Einstellung zu Homosexualität in die Analyse einbeziehen. Darin liegt auch der Grund, warum auf diesen Aspekt in der vorliegenden Arbeit nicht näher eingegangen werden konnte. Schließlich wäre es interessant, die hier gewonnenen Einblicke auf die Analyse des Konsumentenverhaltens **anderer stigmatisierter Gruppen** anzuwenden, um die Tragfähigkeit des Konzepts Stigmamanagement zu testen. In diesem Zusammenhang könnte schließlich auch noch der Versuch unternommen werden, anhand der Analyse des Verhaltens privilegierter Gruppen zu untersuchen, ob es hier ein Pendant zu Stigmamanagement gibt. Denn so wie Stigma eine Abweichung von der Norm im negativ bewerteten Sinne darstellt, so gibt es auch Abweichungen von der Norm, die positiv bewertet werden, und die die betroffenen Akteure möglicherweise vor analoge Herausforderungen im Umgang mit Normalität und Abweichung von der Norm stellt.

Vor allem in dieser letztgenannten Thematik des **Umgangs mit Normalität und Abweichung von Normalität** lag und liegt der Interessensschwerpunkt des Verfassers. Der Verfasser hofft, in der vorliegenden Arbeit diesen Interessensschwerpunkt in einer auch für andere interessanten Weise aufgegriffen und dabei den Wandel von Normen und Normalitätsverständnis genügend berücksichtigt zu haben, so dass neben Erscheinungsformen auch grundlegende, theorierelevante Strukturen sichtbar wurden.

Literaturverzeichnis

Ajzen, I. (1993): Attitude Theory and the Attitude-Behavior Relation, in: Krebs, D. / Schmidt, P. (Eds.): New Directions in Attitude Measurement, pp.41-57

Assig, D. (Hrsg.) (1993): Zielgruppe Frauen: Konzepte für effektives Marketing, Frankfurt/M. / New York, Campus

Bay, R.H. (1988): Erfolgreiche Gespräche durch aktives Zuhören, Ehningen bei Böblingen, Expert Verlag

Bearden, W.O. / Etzel, M.J.(1982): Reference Group Influence on Product and Brand Purchase Decisions, in: Journal of Consumer Research, Vol.9, No.2, pp.183-194

Behrens, G. (1991): Werbepsychologie, 3.Aufl., München, Verlag für Wirtschaftsskripten

Belk, R.W. (1987): Identity and the Relevance of Market Personal and Community Objects, in: Umiker-Sebeok, J. (Ed.): Marketing and Semiotics: New Directions in the Study of Signs for Sale, pp.151-164

Belk, R.W. (1988): Possessions and the Extended Self, in: Journal of Consumer Research, Vol.15, September 1988, pp.139-168

Bell, A.P. / Weinberg, M.S. (1978): Homosexualities: A Study of Diversity Among Men and Women, New York, Simon and Schuster

Berger, P.L. / Luckmann, T. (1980): Die gesellschaftliche Konstruktion der Wirklichkeit, Frankfurt am Main, Fischer Taschenbuch Verlag

Biechele, U. (1996): Schwule Männer aus der Unterschicht, Aids-Forum D.A.H., Band XXV, Deutsche AIDS-Hilfe e.V., Berlin

Bloom, P. / Krips, J. (1982): An Experiment in the Economics of Information, in: Journal of Marketing and Public Policy, Vol.1, pp.24-42

Blumer, H. (1969): Symbolic Interactionism: Perspective and Method, Englewood Cliffs/ NJ, Prentice-Hall

Bochow, M. (1993): Einstellungen und Werthaltungen zu homosexuellen Männern in Ost- und Westdeutschland, in: Lange, C. (Hrsg.): Aids - eine Forschungsbilanz, Berlin, Edition Sigma, S.115-128

Bochow, M. (1993a): Die Reaktionen homosexueller Männer auf Aids in Ost- und Westdeutschland, Aids-Forum D.A.H., Band X, Ergebnisbericht zu einer Befragung im Auftrag der Bundeszentrale für gesundheitliche Aufklärung, Deutsche AIDS-Hilfe e.V., Berlin

Bochow, M. (1994): Schwuler Sex und die Bedrohung durch Aids - Reaktionen homosexueller Männer in Ost- und Westdeutschland, Aids-Forum D.A.H., Band XVI, Ergebnisbericht zu einer Befragung im Auftrag der Bundeszentrale für gesundheitliche Aufklärung, Deutsche AIDS-Hilfe e.V., Berlin

Bochow, M. (1997): Informationsstand und präventive Vorkehrungen im Hinblick auf AIDS bei homosexuellen Männern der Unterschicht, Aids-Forum D.A.H., Band XXVI, Expertise im Auftrag des Bundesministeriums für Gesundheit, Deutsche AIDS-Hilfe e.V., Berlin

Boxer, A. / Cohler, B.J. (1989): The Life Course of Gay and Lesbian Youth: An Immodest Proposal for the Study of Lives, in: Herdt, G. (Ed.): Gay and Lesbian Youth, pp.315-355

Browning, F. (1993): The Culture of Desire: Paradox and Perversity in Gay Lives Today, New York, Crown Publishers

Bruhn, M. / Stauss, B. (Hrsg.) (1991): Dienstleistungsqualität: Konzepte, Methoden, Erfahrungen, Wiesbaden

Bukow, W. (1993): Leben in der multikulturellen Gesellschaft, Opladen, Westdeutscher Verlag

Burns, T. (1992): Erving Goffman, London and New York, Routledge

Button, K. (1990): The gay consumer, in: Financial Times, 9th November 1993, p.10

Caplan, P. (Ed.) (1987): The Cultural Construction of Sexuality, London, Tavistock Publications

Cass, V.C. (1984): Homosexual Identity: A Concept in Need of Definition, in: Journal of Homosexuality, Vol.9, No.2/3, pp.105-126

Clement, U. (1986): Sexualität im sozialen Wandel, Stuttgart, Ferdinand Enke Verlag

Cruikshank, M. (1990): Lavender and Gray: A Brief Survey of Lesbian and Gay Aging Studies, in: Lee, J.A. (Ed.): Gay Midlife and Maturity, pp.77-87

Dankmeijer, P. (1993): The Construction of Identities as a Means of Survival: Case of Gay and Lesbian Teachers, in: DeCecco, J.P. / Elia, J.P. (Eds.): If You Seduce a Straight Person, Can You Make Them Gay: Issues in Biological Essentialism Versus Social Constructionism in Gay and Lesbian Identities, pp.95-105

Dannecker, M. / Reiche, R. (1974): Der gewöhnliche Homosexuelle, Frankfurt am Main, Fischer

Dannecker, M. (1989): Zur Konstitution des Homosexuellen, in: Zeitschrift für Sexualforschung, 2.Jg., Heft 4, S.337-348

Dannecker, M. (1990): Homosexuelle Männer und AIDS, Eine sexualwissenschaftliche Studie zu Sexualverhalten und Lebensstil. Schriftenreihe des Bundesministers für Jugend, Familie, Frauen und Gesundheit, Bd.252, Stuttgart, Verlag W. Kohlhammer

Dannecker, M. (1993): Vorwort, in: Puff, H. (Hrsg.): Lust, Angst und Provokation: Homosexualität in der Gesellschaft, S.9-14

Davis, R. A. (1993): Sky's the limit for tour operators, in: Advertising Age, Vol.64, No.18 (18th January), p.36

DeCecco, J.P. / Elia, J.P. (Eds.) (1993): If You Seduce a Straight Person, Can You Make Them Gay: Issues in Biological Essentialism Versus Social Constructionism in Gay and Lesbian Identities, New York, Harrington Park Press

Degenhardt, A. / Trautner, H.M. (Hrsg.) (1979): Geschlechtstypisches Verhalten: Mann und Frau in psychologischer Sicht, München, Beck

Dennersmann, U. / Ludwig, R. (1986): Das gewandelte Altenbild in der Werbung - Ergebnisse einer neueren Studie aus dem Jahre 1985, in: Zeitschrift für Gerontologie, 19.Jg. (1986), Heft 5, S.362 - 368

Dickemann, M. (1993): Reproductive Strategies and Gender Construction: An Evolutionary View of Homosexualities, in: DeCecco, J.P. / Elia, J.P. (Eds.): If You Seduce a Straight Person, Can You Make Them Gay: Issues in Biological Essentialism Versus Social Constructionism in Gay and Lesbian Identities, pp..55-71

Donovan, J.M. (1992): Homosexual, Gay, and Lesbian: Defining the Words and Sampling the Populations, in: Journal of Homosexuality, Special Issue on Gay and Lesbian Studies, Vol.24, No.1/2, pp.27-47

Düring, S. / Hauch, M (Hrsg.) (1995): Heterosexuelle Verhältnisse, Beiträge zur Sexualforschung Band 71, Stuttgart, Ferdinand Enke Verlag

Dynes, W.R. / Donaldson, S. (Ed.) (1992): Studies in Homosexuality, Volume XIII, Sociology of Homosexuality, New York, Garland Publishing

Elliott, S. (1993): When a play has a gay theme, campaigns often tell it as it is, in: New York Times, 15th June 1993, p. C-15

Escoffier, J. (1992): Generations and Paradigms: Mainstreams in Lesbian and Gay Studies, in: Journal of Homosexuality, Special Issue on Gay and Lesbian Studies, Vol.24, No.1/2, pp.7-26

Feldmann, L.P. (1971): Societal Adaptation: A New Challenge for Marketing, in: Journal of Marketing, Vol.35 (1971), No.3, pp.54-60

Fishbein, M. / Ajzen, I. (1975): Belief, Attitude, Intention and Behavior: An Introduction to Theory and Research, Reading/Mass., Addison-Wesley Publishing Company

Fisher, R.J. / Price, L.L. (1992): An Investigation into the Social Context of Early Adoption Behavior, in: Journal of Consumer Research, Vol.19, December 1992, pp. 477-486

Flick, U. (1991): Triangulation, in: Flick, U. et al. (Hrsg.): Handbuch Qualitative Sozialforschung, S.432-434

Flick, U. / von Karsdorff, E. / Keupp, H. / von Rosenstiel, L. / Wolff, S. (Hrsg.) (1991): Handbuch Qualitative Sozialforschung, München, Psychologie-Verlags-Union

Fonquernie, P. (1994): Le Marché Gay: Economically Correct?, in: Stratégies Nr. 923, 26. Mai 1994, pp.32-33

Friend, R.A. (1990): Older Lesbian and Gay People: A Theory of Successful Aging, in: Lee, J.A. (Ed.): Gay Midlife and Maturity, pp.99-118

Frink, G. (1993): Auto und PC, Maggi und Duftwasser: Frauen in traditionellen Männermärkten, Männer in traditionellen Frauenmärkten, in: Assig, D. (Hrsg.): Zielgruppe Frauen: Konzepte für effektives Marketing, S.30-44

Fugate, D.L. (1993): Evaluating the U.S. Male Homosexual and Lesbian Population as a Viable Target Market Segment: A Review with Implications, in: Journal of Consumer Marketing, Vol.10 (1993), No.4, pp.46-57

Garfinkel, H. (1967): Studies in Ethnomethodology, Englewood Cliffs/NJ, Prentice-Hall, Neuauflage: Cambridge, Polity Press, 1984

Gallagher, J. (1994): Ikea's gay gamble, in: The Advocate, 3rd May 1994, pp.24-26

Gerstel, C.J. / Feraios, A.J. / Herdt, G. (1989): Widening Circles: An Ethnographic Profile of a Youth Group, in: Herdt, G. (Ed.): Gay and Lesbian Youth, pp.75-92

Gessenharter, W. / Fröchling, H. (1991): Minderheiten - Störpotential oder Chance für eine friedliche Gesellschaft, Baden-Baden, Nomos Verlagsgesellschaft

Gindorf, R. / Haeberle, E.J. (Hrsg.) (1986): Schriftenreihe Sozialwissenschaftliche Sexualforschung 1, Sexualität als sozialer Tatbestand, Berlin, Walter de Gruyter

Gindorf, R. / Haeberle, E.J (Hrsg.) (1989): Schriftenreihe Sozialwissenschaftliche Sexualforschung 2, Sexualitäten in unserer Gesellschaft, Berlin, Walter de Gruyter

Gindorf, R. / Haeberle, E.J (Hrsg.) (1992): Schriftenreihe Sozialwissenschaftliche Sexualforschung 3, Sexualwissenschaft und Sexualpolitik, Berlin, Walter de Gruyter

Glaser, B.G. / Strauss, A.L. (1967): The Discovery of Grounded Theory, Chicago, Aldine

Glaser, B.G. / Strauss, A.L. (1979): Die Entdeckung gegenstandsbezogener Theorie: Eine Grundstrategie qualitativer Sozialforschung; in: Hopf, C. / Weingarten, E. (Hrsg.): Qualitative Sozialforschung; S.91-111

Gluckman, A. / Reed, B. (Eds.) (1997): Homo Economics: Capitalism, Community, and Lesbian and Gay Life, New York, Routledge

Gluckman, A. / Reed, B. (1997): The Gay Marketing Moment, in: Gluckman, A. / Reed, B. (Eds.): Homo Economics: Capitalism, Community, and Lesbian and Gay Life, pp.3-9

Goffman, E. (1961): Asylums, Essays on the Social Situation of Mental Patients and Other Inmates, Harmondsworth, Penguin

Goffman, E. (1964): Stigma. Notes on the Management of Spoiled Identity, Englewood Cliffs/NJ, Prentice-Hall, deutsche Ausgabe (1975): Stigma. Über Techniken der Bewältigung beschädigter Identität, Frankfurt am Main, Suhrkamp-Taschenbuch Wissenschaft

Goffman, E. (1974): Frame Analysis: An Essay on the Organization of Experience, New York, Harper and Row

Goffman, E. (1979): Gender Advertisements, London, Macmillan

Haeberle, E.J. (1993): Alfred Kinsey, in: Lautmann, R. (Hrsg.): Homosexualität: Handbuch der Theorie- und Forschungsgeschichte, S.230-238

Haeberle, E.J. (1994): Bisexualitäten - Geschichte und Dimension eines modernen wissenschaftlichen Problems, in: Haeberle, E.J. / Gindorf, R. (Hrsg.): Bisexualitäten, S.1-39

Haeberle, E.J. / Gindorf, R. (Hrsg.) (1994): Bisexualitäten, Stuttgart, Gustav Fischer Verlag

Hansen, U. (1982): Die Stellung der Konsumenten im Prozess der unternehmerischen Produktentwicklung, in: Marketing ZFP, 4. Jg. (1982), Heft 1, S.27-36

Hansen, U. (1988): Marketing und soziale Verantwortung, in: Die Betriebswirtschaft (DBW), 48. Jg. (1988), Heft 6, S.711-721

Hansen, U. (1989): Verbraucherpolitische Herausforderungen für das Handelsmarketing, in: Specht/Silberer/Engelhardt (Hrsg.) (1989): Marketing-Schnittstellen - Herausforderungen für das Management, Stuttgart, S.201-226

Hansen, U. (1995): Verbraucher- und umweltorientiertes Marketing - Spurensuche einer dialogischen Marketingethik, in: dies. (Hrsg.): Verbraucher- und umweltorientiertes Marketing: Spurensuche einer dialogischen Marketingethik, S.3-9

Hansen, U. (Hrsg.) (1995): Verbraucher- und umweltorientiertes Marketing: Spurensuche einer dialogischen Marketingethik, Stuttgart, Schäffer-Poeschel

Hansen, U. (Hrsg.) (1996): Marketing im gesellschaftlichen Dialog, Frankfurt/M. / New York, Campus

Hansen, U. / Stauss, B. (1983): Marketing als marktorientierte Unternehmenspolitik oder als deren integrativer Bestandteil?, in: Marketing ZFP, 5.Jg. (1983), Heft 2, S.77-86

Hansen, U. / Schoenheit, I. (1987): Verbraucherzufriedenheit und Beschwerden - Strategische Herausforderungen für Unternehmen und Verbraucherorganisationen, in: Hansen, U. / Schoenheit, I. (Hrsg.): Verbraucherzufriedenheit und Beschwerdeverhalten, S.11-27

Hansen, U. / Schoenheit, I. (Hrsg.) (1987): Verbraucherzufriedenheit und Beschwerdeverhalten, Frankfurt/M. / New York, Campus

Hansen, U. / Jeschke, K. (1991): Beschwerdemanagement für Dienstleistungsunternehmen: Beispiel des Kfz-Handels, in: Bruhn, M. / Stauss, B. (Hrsg.): Dienstleistungsqualität: Konzepte - Methoden - Erfahrungen, S.199-223

Hansen, U. / Jeschke, K. (1992): Nachkaufmarketing - Ein neuer Trend im Konsumgütermarketing, in: Marketing ZFP, 14. Jg. (1992), Heft 2, S.88-97

Hansen, U. / Hennig, T. (1995): Der Co-Produzenten-Ansatz im Konsumgütermarketing. Darstellung und Implikationen einer Neuformulierung der Konsumentenrolle, in: Hansen, U. (Hrsg.): Verbraucher- und umweltorientiertes Marketing: Spurensuche einer dialogischen Marketingethik, S.309-331

Hansen, U. / Raabe, T. (1995): Theoretische Grundlagen des Dialogs als Interessenausgleichsinstrument im Markt, in: Hansen, U. (Hrsg.): Verbraucher- und umweltorientiertes Marketing: Spurensuche einer dialogischen Marketingethik, S.49-71

Hansen, U. et al. (1995): Unternehmensdialoge als besondere Verfahren im Rahmen des Interessenausgleichs zwischen Unternehmen und Gesellschaft, in: Hansen, U. (Hrsg.): Verbraucher- und umweltorientiertes Marketing: Spurensuche einer dialogischen Marketingethik, S.109-125

Hearn, J. et al. (Eds.) (1989): The Sexuality of Organization, London, Sage Publications

Heckmann, W. / Koch, M.A. (Hrsg.) (1994): Sexualverhalten in Zeiten von Aids (Ergebnisse sozialwissenschaftlicher Aids-Forschung, Band 12), Berlin, Edition Sigma

Hennig-Thurau, T. (1998): Konsum-Kompetenz: Eine neue Zielgröße für das Management von Geschäftsbeziehungen: theoretische Begründung und empirische Überprüfung der Relevanz für das Konsumgütermarketing, Band 8 der Reihe: Markt und Konsum (Hrsg.: U. Hansen), Frankfurt am Main, Lang

Herdt, G. (Ed.) (1989): Gay and Lesbian Youth, New York, Harrington Park Press

Herdt, G. (1989): Introduction: Gay and Lesbian Youth, Emergent Identities, and Cultural Scenes at Home and Abroad, in: Herdt, G. (Ed.): Gay and Lesbian Youth, pp.1-42

Hirschauer, S. (1992): Konstruktionismus und Essentialismus, Zeitschrift für Sozialforschung, 5.Jg., Heft 4, S.331-345

Hollstein, W. (1989): Der Schweizer Mann - Probleme, Hoffnungen, Ängste, Wünsche - Eine empirische Untersuchung, o. Ortsangabe, Werd Verlag

Hollstein, W. (1990): Die Männer - Vorwärts oder zurück?, Stuttgart, Deutsche Verlags-Anstalt

Holt, D. (1995): How Consumers Consume: A Typology of Consumption Practices, in: Journal of Consumer Research, Vol.22, June 1995, pp.1-16

Holt, D. (1997): Poststructuralist Lifestyle Analysis: Conceptualizing the Social Patterning of Consumption in Postmodernity, in: Journal of Consumer Research, Vol.23, March 1997, pp.326-350

Hopf, C. / Weingarten, E. (Hrsg.) (1979): Qualitative Sozialforschung, Stuttgart, Klett-Cotta

Hoshino, K. (1987): Semiotic Marketing and Product Conceptualization, in: Umiker-Sebeok, J (Ed.): Marketing and Semiotics: New Directions in the Study of Signs for Sale, pp.41-55

Humphreys, L. / Miller, B. (1980): Identities in the Emerging Gay Culture, in: Marmor, J. (Ed.): Homosexual Behavior: A Modern Reappraisal, pp.142-156

Hunnius, G. / Jung, H. (1994): Sexualverhalten in Zeiten von AIDS im Spiegel repräsentativer Bevölkerungsumfragen, in: Heckmann, W. / Koch, M.A. (Hrsg.): Sexualverhalten in Zeiten von Aids (Ergebnisse sozialwissenschaftlicher Aids-Forschung, Band 12), S.33-52

Hutter, J. (1993): The Social Construction of Homosexuals in the Nineteenth Century: The Shift from the Sin to the Influence of Medicine on Criminalizing Sodomy in Germany, in: DeCecco, J.P / Elia, J.P. (Eds.): If You Seduce a Straight Person, Can You Make Them Gay: Issues in Biological Essentialism Versus Social Constructionism in Gay and Lesbian Identities, pp.73-93

Jackson, P.A. (1995): Dear Uncle Go - Male Homosexuality in Thailand, Bangkok/SanFrancisco, Bua Luang Books

Johnson, B. (1993): The gay quandary: Advertising's most elusive, yet lucrative target market proves difficult to measure, in : Advertising Age, Vol.64, No.18 (18th January), p.29

Jones, D.A. (1996): Discrimination Against Same-Sex Couples in Hotel Reservation Policies, in: Wardlow, D.L. (Ed.): Gays, Lesbians and Consumer Behavior: Theory, Practice, and Research Issues in Marketing, pp.153-159

Jung, A. (1995): Zielgruppe Rosa, in: Die Woche, 10. Februar 1995, S.9

Kates, S.M. (1998): Twenty Million New Customers: Understanding Gay Men's Consumer Behavior, New York, The Harrington Park Press

Kinsey, A.C. / Pomeroy, W.P. / Martin, C.E. (1948): Sexual Behavior in the Human Male, Philadelphia, W.B. Saunders

Kleine, R.E. III. / Kernan, J (1991): Contextual Influences on the Meanings Ascribed to Ordinary Consumption Objects, in: Journal of Consumer Research, Vol.18, December 1991, pp.311-324

Korpiun, M. (1998): Erfolgsfaktoren personendominanter Dienstleistungen: eine quantitative Analyse am Beispiel der Friseurdienstleistung, Band 7 der Reihe: Markt und Konsum (Hrsg.: U.Hansen), Frankfurt am Main, Lang

Kotler, P. (1986): The Prosumer Movement: A New Challenge for Marketers, in: Advances in Consumer Research, Vol.13, Provo, pp.510-513

Kotler, P. / Armstrong, G. (1989): Principles of Marketing, 4th edit., Eaglewood Cliffs NJ, Prentice Hall

Kotler, P. / Bliemel, F. (1995): Marketing-Management: Analyse, Planung, Umsetzung und Steuerung, 8.Aufl., Stuttgart, Schäffer-Poeschel

Krebs, D. / Schmidt, P. (Eds.) (1993): New Directions in Attitude Measurement, Berlin und New York, de Gruyter

Kroeber-Riel, W. (1986): Innere Bilder: Signale für das Kaufverhalten, in: absatzwirtschaft 29/1, S.50-57

Kroeber-Riel, W. (1988): Strategie und Technik der Werbung, Stuttgart, Kohlhammer

Kroeber-Riel, W. / Weinberg, P. (1996): Konsumentenverhalten, 6.Auflage, München, Vahlen

Kvale, S. (1991): Validierung: Von der Beobachtung zu Kommunikation und Handeln, in: Flick, U. et al. (Hrsg.): Handbuch Qualitative Sozialforschung, S.427-431

Lake, D.G./ Miles, M.B. / Earle, R.B. jr. (Eds.) (1973): Measuring Human Behavior, Tools for the Assessment of Social Functioning, New York und London, Teachers College Press

Lamnek, S. (1993): Qualitative Sozialforschung, Band 1: Methodologie und Band 2: Methoden und Techniken, 2. überarb. Aufl., Weinheim, Beltz Psychologie-Verlags-Union

Lange, C. (Hrsg.) (1993): Aids - eine Forschungsbilanz, Berlin, Edition Sigma

Larson, P.C. (1981): Sexual Identity and Self-Concept, in: Journal of Homosexuality, Vol.7, No.1, pp.15-32

Lautmann, R. (Hrsg.) (1977): Seminar: Gesellschaft und Homosexualität, Frankfurt am Main, Suhrkamp

Lautmann, R. / Wienold, H. (1977): Antihomosexualität und demokratische Kultur in der BRD, in: Lautmann, R. (Hrsg.): Seminar: Gesellschaft und Homosexualität, S.384-416

Lautmann, R. (1992): Konstruktionismus und Sozialwissenschaften, in: Zeitschrift für Sexualforschung, 5.Jg., Heft 3, S.219-244

Lautmann, R. (Hrsg.) (1993): Homosexualität: Handbuch der Theorie- und Forschungsgeschichte, Frankfurt/Main, Campus Verlag

Lautmann, R. (1993): Homosexualität? Die Liebe zum eigenen Geschlecht in der modernen Konstruktion, in: Puff, H. (Hrsg.): Lust, Angst und Provokation: Homosexualität in der Gesellschaft, S.15-37

Lautmann, R. / Hutter, J. / Koch, V. (1993): Typen des Stigma-Managements und sexuellen Handlungsstils bei homosexuellen Männern, in: Lange, C. (Hrsg.): Aids - eine Forschungsbilanz, S.139-153

Lee, J.A. (Ed.) (1991): Gay Midlife and Maturity, New York, Harrington Park Press

Lukenbill, G. (1995): Untold Millions, Positioning Your Business for the Gay and Lesbian Consumer Revolution, New York, Harper Collins Publishers

Mallen, C.A. (1983): Sex Role Stereotypes, Gender Identity and Parental Relationships in Male Homosexuals and Heterosexuals, in: Journal of Homosexuality, Special Issue on Homosexuality and Social Sex Roles, Vol.9, No.1, pp.55-74

Manning, P. (1992): Erving Goffman and Modern Sociology, Cambridge, Polity Press

Marmor, J. (Ed.) (1980): Homosexual Behavior: A Modern Reappraisal, New York, Basic Books

Mayring, P. (1993): Einführung in die qualitative Sozialforschung, 2.Aufl., Weinheim, Beltz Psychologie-Verlags-Union

Meffert, H. (1980): Marketing, 5. Auflage, Wiesbaden, Gabler

Meffert, H. / Bruhn, M (1995): Dienstleistungsmarketing, Wiesbaden, Gabler

Meyer, A. / Mattmüller, R. (1987): Qualität von Dienstleistungen, in: Marketing ZFP, 9.Jg. (1987), Heft 3, S.187-195

Meyer, A. / Westerbarkey, P. (1991): Bedeutung der Kundenbeteiligung für die Qualitätspolitik von Dienstleistungsunternehmen, in: Bruhn, M. / Stauss, B. (Hrsg.): Dienstleistungsqualität: Konzepte, Methoden, Erfahrungen, S.83-105

Miller, C. (1992): Mainstream marketers decide time is right to target gays, in: Marketing News, 20th July 1992), p.8

Minton, H.L. / McDonald, G.J. (1984): Homosexual Identity Formation as a Developmental Process, in: Journal of Homosexuality, Vol.9, No.2/3, pp.91-104

Münch, R. (1994): Sociological Theory, Vol. I-III, Chicago, Nelson Hall Publishers

Newman, P.J / Nelson, M.R. (1996): Mainstream Legitimization of Homosexual Men Through Valentine's Day Gift-Giving and Consumption Rituals, in: Wardlow, D.L. (Ed.): Gays, Lesbians and Consumer Behavior: Theory, Practice, and Research Issues in Marketing, pp.57-70

Nieschlag, R. / Dichtl, E / Hörschgen, H. (1991): Marketing, 16.Aufl., Berlin, Duncker & Humblot

o.V. (1994): Community Yellow Pages, Southern California's Gay and Lesbian Telephone Book, Los Angeles, Cordova Publications o.V. (1995): Schwul leben in Düsseldorf, in: Prinz, Ausgabe für Düsseldorf, Juni 1995, S.22

o.V. (1995/96): Spartacus International Gay Guide, 24th edition, Berlin, Bruno Gmünder

Patton, M.Q. (1990): Qualitative Evaluation and Research Methods, Newbury Park, Sage Publications

Paul, J.P. (1984): The Bisexual Identity: An Idea Without Social Recognition, in: Journal of Homosexuality, Vol.9, No.2/3, pp.45-63

Plummer, K. (Ed.) (1991): Symbolic Interactionism, Volumes I and II, Aldershot, Edward Elgar Publishing

Page, S. / Yee, M (1985): Conception of Male and Female Homosexual Stereotypes Among University Undergraduates, in: Journal of Homosexuality, Vol.12, No.1, pp.109-118

Parasuraman, A. / Zeithaml, V.A. / Berry, L.L. (1994): Alternative Scales for Measuring Service Quality: A Comparative Assessment Based on Psychometric and Diagnostic Criteria, in: Journal of Retailing, Vol.70, No.3, pp.201-230

Peñaloza, L. (1994): Atravesando fronteras/Border crossings, a critical ethnographic exploration of the consumer acculturation of Mexican immigrants, in: Journal of Consumer Research, Vol.21, No.1 (June), pp.32-54

Peñaloza, L. (1996): We´re Here, We´re Queer, and We´re Going Shopping! Critical Perspective on the Accommodation of Gays and Lesbians in the U.S. Marketplace, in: Wardlow, D.L (Ed.): Gays, Lesbians and Consumer Behavior: Theory, Practice, and Research Issues in Marketing, pp.9-41

Price, L.L. / Arnould, E.J. / Tiernay, P. (1995): Going to Extremes: Managing Service Encounters and Assessing Provider Performance, in: Journal of Marketing, Vol.59 (1995), pp.83-97

Pronger, B. (1991): The Arena of Masculinity: Sports, Homosexuality, and the Meaning of Sex, London, GMP Publishers

Puff, H. (Hrsg.) (1993): Lust, Angst und Provokation: Homosexualität in der Gesellschaft, Göttingen, Vandenhoeck und Ruprecht

Remy und Marcuse (1994): Homogene Zielgruppe - die Media Info-Broschüre, Agentur Remy & Marcuse, Mainzer Straße 59, 56068 Koblenz

Richardson, D. (1984): The Dilemma of Essentiality in Homosexual Theory, in: Journal of Homosexuality, Vol.9, No.2/3, pp.79-90

Roscoe, W. (1988): Making History: The Challenge of Gay and Lesbian Studies, in: Journal of Gay and Lesbian Studies, Vol.15, No.3/4, pp.1-40

Ross, M.W. (1983): Homosexuality and Social Sex Roles: A Re-Evaluation, in: Journal of Homosexuality, Special Issue on Homosexuality and Social Sex Roles, Vol.9, No.1, pp.1-6

Ross, M.W. (1983): Femininity, Masculinity, and Sexual Orientation: Some Cross-Cultural Comparisons, in: Journal of Homosexuality, Special Issue on Homosexuality and Social Sex Roles, Vol.9, No.1, pp.27-36

Rucker, M. / Freitas, A. / Huidor, O. (1996): Gift-Giving Among Gay Men: The Reification of Social Relations, in: Wardlow, D.L (Ed.): Gays, Lesbians and Consumer Behavior: Theory, Practice, and Research Issues in Marketing, pp.43-56

Rudd, N.A. (1996): Appearance and Self-Presentation Research in Gay Consumer Cultures: Issues and Impact, in: Wardlow, D.L. (Ed.): Gays, Lesbians and Consumer Behavior: Theory, Practice, and Research Issues in Marketing, pp.109-134

Runkel, G. (1987): AIDS und das Sexualverhalten der Bürger der Bundesrepublik Deutschland, in: Angewandte Sozialforschung, 14.Jg., Heft 2/3 (1986/87)

Runkel, G. (1994): Bisexuelles Verhalten in Deutschland - Eine empirische Untersuchung, in: Haeberle, E.J. / Gindorf, R. (Hrsg.): Bisexualitäten, S.259-270

Savin-Williams, R.C. (1989): Parental Influence on the Self-Esteem of Gay and Lesbian Youths: A Reflected Appraisals Model, in: Herdt, G. (Ed.): Gay and Lesbian Youth, pp.93-109

Schenk, C.T. / Holman, R.H. (1980): A Sociological Approach to Brand Choice: The Concept of Situational Self-Image, in: Advances in Consumer Research, Vol.7 (1980), pp.610-614

Schmidt, G. (1995): Emanzipation und der Wandel heterosexueller Beziehungen, in: Düring S. / Hauch, M. (Hrsg.): Heterosexuelle Verhältnisse, Beiträge zur Sexualforschung, Band 71, S.1-13

Schmitt, A. / Sofer, J. (Eds.) (1992): Sexuality and Eroticism Among Males in Moslem Societies, New York, Harrington Park Press

Schneider, M. (1989): Sappho Was a Right On Adolescent: Growing Up Lesbian, in: Herdt, G. (Ed.): Gay and Lesbian Youth, pp.111-130

Schouten, J.W. / McAlexander, J.H. (1995): Subcultures of Consumption: An Ethnography of the New Bikers, in: Journal of Consumer Research, Vol.17, December 1995, pp.245-262

Schulze, G. (1993): Die Erlebnisgesellschaft: Kultursoziologie der Gegenwart, Frankfurt/M. / New York, Campus

Schumacher, H. (1993): Homosexualität: Bündnis des Schweigens, in: Wirtschaftswoche, Nr.15, 9.April.1993, S.46-53

Schwarz, C. / Sturm, F. / Klose, W. (Hrsg.) (1987): Marketing 2000: Perspektiven zwischen Theorie und Praxis, Wiesbaden, Gabler

Schwulenreferat im Allgemeinen Studentenausschuss der Freien Universität Berlin (Hrsg.) (1992): Homosexualität und Wissenschaft II, Berlin, Verlag rosa Winkel

Scott, L.M.(1994): Images in Advertising: The Need for a Theory of Visual Rhetoric, in: Journal of Consumer Research, Vol.21, No.2, pp.252 -273

Seeman, M. (1993): A Historical Perspective on Attitude Research, in: Krebs, D. / Schmidt, P (Eds.): New Directions in Attitude Measurement, pp.3-20

Sirgy, J.M. (1982): Self-Concept in Consumer Behavior: A Critical Review, in: Journal of Consumer Research, Vol.9 (December 1982), pp.287 -300

Solomon, M.R. / Assael, H. (1987): The Forest or the Trees: A Gestalt Approach to Symbolic Consumption, in: Umiker-Sebeok, J. (Ed.): Marketing and Semiotics: New Directions in the Study of Signs for Sale, pp.189-217

Specht, G. (1979): Die Macht aktiver Konsumenten, Stuttgart

Spiggle, S. (1994): Analysis and Interpretation of Qualitative Data in Consumer Research, in: Journal of Consumer Research, Vol.23, No.3 (December 1994), pp.491-503

Spörrle, M. (1995): Kaufkräftig, kinderlos und konsumorientiert: Der schwule Mann ist der Traum der Werbebranche, aber die Wirtschaft hat Berührungsängste, in: Süddeutsche Zeitung, 6./7. Mai 1995, S. VII

Stauss, B. (1980): Verbraucherinteressen: Gegenstand, Legitimation und Organisation, Stuttgart

Stern, B. (1994): Authenticity and the Textual Persona: Postmodern Paradoxes in Advertising Narrative, in: International Journal of Research in Marketing, Vol.11, No.4, September 1994, pp.387-400

Strauss, A.L. (1987): Qualitative Analysis for Social Scientists, Cambridge, Cambridge University Press

Taylor, A. (1983): Conceptions of Masculinity and Femininity as a Basis for Stereotypes of Male and Female Homosexuals, in: Journal of Homosexuality, Special Issue on Homosexuality and Social Sex Roles, Vol.9, No.1, pp.37-53

Tietz, B. (1978): Marketing, Tübingen / Düsseldorf (2. überarbeitete und erweiterte Auflage 1989)

Toffler, A. (1980): Die dritte Welle, München, 1980

Troiden, R.R. (1984): Self, Self-Concept, Identity, and Homosexual Identity: Constructs in Need of Definition and Differentiation, in: Journal of Homosexuality, Vol.10, No.3/4, pp.97-109

Troiden, R.R. (1989): The Formation of Homosexual Identities, in: Herdt, G. (Ed.): Gay and Lesbian Youth, pp.43-73

Trommsdorff, V. (1989): Konsumentenverhalten, Stuttgart, Kohlhammer

Umiker-Sebeok, J. (Ed.) (1987): Marketing and Semiotics: New Directions in the Study of Signs for Sale, Berlin, Mouton de Gruyter

van der Gast, H. (1993): Homosexuality and Marriage, in: DeCecco, J.P / Elia, J.P. (Eds.): If You Seduce a Straight Person, Can You Make Them Gay: Issues in Biological Essentialism Versus Social Constructionism in Gay and Lesbian Identities, pp.115-123

Veblen, T. ([Erstausgabe 1899] 1970): The Theory of the Leisure Class, London, Unwin

Vester, M. / von Oertzen, P. (1993): Soziale Milieus im gesellschaftlichen Strukturwandel, Köln, Bund Verlag

Walters, A.S. / Curran, M. (1996): „Excuse Me, Sir? May I Help You and Your Boyfriend?": Salespersons' Differential Treatment of Homosexual and Straight Customers, in: Wardlow, D.L. (Ed.): Gays, Lesbians and Consumer Behavior: Theory, Practice, and Research Issues in Marketing, pp.135-152

Ward, R. / Jenkins, R. (Eds.) (1984): Ethnic Communities in Business, Cambridge, Cambridge University Press

Wardlow, D.L. (Ed.) (1996): Gays, Lesbians and Consumer Behavior: Theory, Practice, and Research Issues in Marketing, New York, The Haworth Press, veröffentlicht als: Journal of Homosexuality, Special Double Issue, Vol.31, No.1/2

Wardlow, D.L. (1996): Introduction, in: Wardlow, D.L. (Ed.): Gays, Lesbians and Consumer Behavior: Theory, Practice, and Research Issues in Marketing, pp.1-8

Warren, C. (1980): Homosexuality and Stigma, in: Marmor, J. (Ed.): Homosexual Behavior: A Modern Reappraisal, pp.123-141

Weeks, J. (1981): Sex, Politics and Society, Harlow, Longman Group

Weinberg, T.S. (1984): Biology, Ideology, and the Reification of Developmental Stages in the Study of Homosexual Identities, in: Journal of Homosexuality, Vol.10, No.3/4, pp.77-84

Wiedemann, P. (1991): Gegenstandsnahe Theoriebildung, in: Flick, U. et al. (Hrsg.): Handbuch Qualitative Sozialforschung, S.440-445

Wikström, S. (1996): Creating Value through Company-Consumer Interaction, in: Hansen, U. (Hrsg.): Marketing im gesellschaftlichen Dialog, S.247-266

Wiswede, G. (1972): Soziologie des Verbraucherverhaltens, Stuttgart, Ferdinand Enke Verlag

Yinger, J.M. (1960): Contraculture and Subculture, in: American Sociological Review, Vol.25, No.5, pp.625-635

Zillich, N. (1988): Homosexuelle Männer im Arbeitsleben, Frankfurt/M. / New York, Campus

Markt und Konsum

Herausgegeben von Ursula Hansen

Band 1   Kurt Jeschke: Nachkaufmarketing. Kundenzufriedenheit und Kundenbindung auf Konsumgütermärkten. 1995.

Band 2   Jürgen Schwill: Reparaturservice als Marketingaufgabe des Handels. 1995.

Band 3   Holger Wochnowski: Veranstaltungsmarketing. Grundlagen und Gestaltungsempfehlungen zur Vermarktung von Veranstaltungen. 1996.

Band 4   Peter Schöber: Organisatorische Gestaltung von Beschwerdemanagement-Systemen. 1997.

Band 5   Thomas Nassua: Die Rolle des Einzelhandels bei der Entwicklung des Konsumentenverhaltens in den neuen Bundesländern. 1998.

Band 6   Stephan Kull: Ökologieorientiertes Handelsmarketing. Grundlegungen, konzeptuale Ausformungen und empirische Einsichten. 1998.

Band 7   Michael Korpiun: Erfolgsfaktoren personendominanter Dienstleistungen. Eine quantitative Analyse am Beispiel der Friseurdienstleistung. 1998.

Band 8   Thorsten Hennig-Thurau: Konsum-Kompetenz: Eine neue Zielgröße für das Management von Geschäftsbeziehungen. Theoretische Begründung und empirische Überprüfung der Relevanz für das Konsumgütermarketing. 1998.

Band 9   Bernd Rettberg: Der Unternehmensdialog als Instrument einer gesellschaftsorientierten Unternehmensführung. Theoretische Fundierung, empirische Untersuchung und Handlungsempfehlungen. 1999.

Band 10   Ulf Schrader: Konsumentenakzeptanz eigentumsersetzender Dienstleistungen. Konzeption und empirische Analyse. 2001.

Band 11   Klaus Wieser: Schwule Männer als Zielgruppe für das Marketing. Eine qualitativ orientierte empirische Untersuchung. 2001.